新编21世纪远程教育精品教材

• 法学系列 •

经济法

（第三版）

吴宏伟　主编

中国人民大学出版社
·北京·

新编 21 世纪远程教育精品教材
编委会

主 编 简 介

吴宏伟，中国人民大学法学院教授，博士生导师，中国人民大学法学院经济法律科学研究中心副主任，中国法学会经济法研究会常务理事。研究方向：经济法基础理论、竞争法、涉外经济法。主讲课程：经济法、竞争法、涉外经济法等。主要著作：《竞争法有关问题研究》《社会主义市场经济的法律调整》《中国经济法原理》等。《经济法律百科全书》（担任副主编）获评国家“八五”重点优秀图书。

本教材是为网络教育学院的学生学习和掌握我国的经济法制度而编写的。教材的设计和编写，严格遵循了多媒体远程教学要求，并结合网络教育的特点，由浅入深地介绍了经济法的基本理论和具体的法律制度，包括经济管理主体制度、企业法律制度、竞争法律制度、消费者权益保护法律制度、产品质量法律制度、财政与税收法律制度、金融法律制度、对外贸易法律制度、自然资源与环境保护法律制度等，体现了指导性、理论性与实践性、适用性相结合的特点。

总　序

我们正处在教育史尤其是高等教育史上的一个重大的转型期。在全球范围内，包括在我们中华大地，以校园课堂面授为特征的工业化社会的近代学校教育体制，正在向基于校园课堂面授的学校教育与基于信息通信技术的远程教育相互补充、相互整合的现代终身教育体制发展。一次性学校教育的理念已经被持续性终身学习的理念所替代。在高等教育领域，从1088年欧洲创立博洛尼亚（Bologna）大学以来，21世纪以前的各国高等教育基本是沿着精英教育的路线发展的，这也包括自19世纪末创办京师大学堂以来我国高等教育短短百多年的发展史。然而，自20世纪下半叶起，尤其在迈进21世纪时，以多媒体计算机和互联网为主要标志的电子信息通信技术正在引发教育界的一场深刻的革命。高等教育正在从精英教育走向大众化、普及化教育，学校教育体系正在向终身教育体系和学习型社会转变。在我国，党的十六大明确了全面建设小康社会的目标之一就是构建学习型社会，即要构建由国民教育体系和终身教育体系共同组成的有中国特色的现代教育体系。

教育史上的这次革命性转型决不仅仅是科学技术进步推动的。诚然，以电子信息通信技术为主要代表的现代科学技术的进步，为实现从校园课堂面授向开放远程学习、从近代学校教育体制向现代终身教育体制和学习型社会的转型提供了物质技术基础。但是，教育形态演变的深层次原因在于人类社会经济发展和社会生活变革的需求。恰在这次世纪之交，人类社会开始进入基于知识经济的信息社会。知识创新与传播及应用、人力资源开发与人才培养已经成为各国提高经济实力、综合国力和国际竞争力的关键和基础。而这些是仅仅依靠传统学校校园面授教育体制所无法满足的。此外，国际社会面临的能源、环境与生态危机，气候异常，数字鸿沟与文明冲突，对物种多样性与文化多样性的威胁等多重全球挑战，也只有依靠世界各国进一步深化教育改革与创新、人与自然的和谐发展才能得到解决。正因为如此，我国党和政府提出了“科教兴国”“可持续发展”“西部大开发”“缩小数字鸿沟”等战略以及“人与自然和谐发展”的科学发展观。其中，对教育作为经济建设的重要战略地位和基础性、全局性、前瞻性产业的确认，对高等教育对于知识创新与传播及应用、人力资源开发与人才培养的重大意义的关注，以及对发展现代教育技术、现代远程教育和教育信息化并进而推动国民教育体系现代化、构建终身教育体系和学习型社会的决策更得到了教育界和全社会的共识。

在上述教育转型与变革时期，中国人民大学一直走在我国大学的前列。中国人民大学是一所以人文、社会科学和经济管理为主，兼有信息科学、环境科学等的综合性、研究型大学。长期以来，中国人民大学充分利用自身的教育资源优势，在办好全日制高等教育的同时，一直积极开展远程教育和继续教育。中国人民大学在我国首创函授高等教育。1952年，校长吴玉章和成仿吾创办函授教育的报告得到了刘少奇的批复，并于1953年率先招生授课，为新建的共和国培养了一大批急需的专门人才。在 20 世纪 90 年代末，中国人民大学成立了网络教育学院，成为我国首批现代远程教育试点高校之一。经过短短几年的探索和发展，中国人民大学网络教育学院创建的“网上人大”品牌，被远程教育界、媒体和社会誉为网络远程教育的“人大模式”，即“面向在职成人，利用网络学习资源和虚拟学习社区，支持分布式学习和协作学习的现代远程教育模式”。成立于 1955 年的中国人民大学出版社是新中国建立后最早成立的大学出版社之一，是教育部指定的全国高等学校文科教材出版中心。在过去的几年中，中国人民大学出版社与中国人民大学网络教育学院合作创作、设计、出版了国内第一套极富特色的“现代远程教育系列教材”。这些凝聚了中国人民大学、北京大学、北京师范大学等北京知名高校学者教授、教育技术专家、软件工程师、教学设计师和编辑们广博才智的精品课程系列教材，以印刷版、光盘版和网络版立体化教材的范式探索构建全新的远程学习优质教育资源，实现先进的教育教学理念与现代信息通信技术的有效结合。这些教材已经被国内其他高校和众多网络教育学院所选用。中国人民大学出版社基于“出教材学术精品，育人文社科英才”理念的努力探索及其初步成果已经得到了我国远程教育界的广泛认同，是值得肯定的。

2005 年 4 月，我被邀请出席《中国远程教育》杂志与中国人民大学出版社联合主办的“远程教育教材的共建共享与一体化设计开发”研讨会并做主旨发言，会后受中国人民大学出版社的委托为“新编 21 世纪远程教育精品教材”撰写“总序”，这是我的荣幸。近几年来，我一直关注包括中国人民大学网络教育学院在内的我国高校现代远程教育试点工程。这次更有机会全面了解和近距离接触中国人民大学出版社推出的“新编 21 世纪远程教育精品教材”及其编创人员。我想将我在上述研讨会上发言的主旨做进一步的发挥，并概括为若干原则作为我对包括中国人民大学出版社、中国人民大学网络教育学院在内的我国网络远程教育优质教育资源建设的期待和展望：

• 新编 21 世纪远程教育精品教材的教学内容要更加适应大众化高等教育面对在职成人、定位在应用型人才培养上的需要。

• 新编 21 世纪远程教育精品教材的教学设计要更加适应地域分散、特征多样的远程学生自主学习的需要，培养适应学习型社会的终身学习者。

• 在我国网络教学环境渐趋完善之前，印刷教材及其配套教学光盘依然是远程教材的主体，是多种媒体教材的基础和纽带，其教学设计应该给予充分的重视。要在印刷教材的显要部位对课程教学目标和要求做明确、具体、可操作的陈述，要清晰地指导远程学生如何利用多种媒体教材进行自主学习和协作学习。

• 应组织相关人员对多种媒体的远程教材进行一体化设计和开发，要注重发挥多种媒体教材各自独特的教学功能，实现优势互补。要特别注重对学生学习活动、教学交互、学习评价及其反馈的设计和实现。

• 要将对多种媒体远程教材的创作纳入对整个远程教育课程教学系统的一体化设计和开发中，以便使优质的教材资源在优化的教学系统、平台和环境中，在有效的教学模式、学习策略和学习支助服务的支撑下获得最佳的学习成效。

• 要充分发挥现代远程教育工程试点高校各自的学科资源优势，积极探索网络远程教育优质教材资源共建共享的机制和途径。

中华人民共和国教育部远程教育专家顾问
丁兴富

第三版前言

经济关系是人类社会中最重要、最基本的社会关系，对经济关系的调整，历来都是法的首要任务。进入现代社会后，对于发生了重大变化的社会经济关系，国家既不能依靠完全自由经济理论以及基于此而形成的市场调节手段，也不能依靠完全高度集中经济理论以及基于此而形成的国家调节手段，来实施国家经济职能、规范社会经济秩序、协调社会各层次的经济利益和经济行为。在传统法律部门不能完全胜任对现代社会经济关系调整任务的历史前提下，新型的经济法与经济法学便顺应时代潮流而诞生。

经济法是调整经济管理关系、维护公平竞争关系、组织管理性的流转和协作关系的法律。在调整经济关系的法律部门中，经济法以其宏观性和经济主导性而不同于民商法、劳动法等法律部门，其固有的特点在于，经济法与国家直接参与经济过程、对经济进行干预和调控紧密相关。社会主义市场经济的发展和完善，客观上需要经济法对国民经济的各种经济关系进行总体的、综合的、统一的法律调整。

改革开放以来，经济法及经济法学已经成为我国法学园地中的一朵奇葩。它立足于中国的基本国情，致力于改革开放和社会经济的协调、有序的发展，着眼于将市场经济的要求和规则法律化，侧重于研究如何以法的各种手段来对经济关系进行有效的调整，具有极大的整合及开放性、创新精神和包容性。

本教材是为中国人民大学网络教育学院的学生学习和掌握我国的经济法律制度而编写的。教材的设计和编写，严格遵循了多媒体远程教学要求，并结合网络教育的特点，由浅入深地介绍了经济法的基本理论和具体的法律制度，体现了指导性、理论性与实践性、适用性相结合的特点。

本教材第一版由中国人民大学法学院教授、博士生导师吴宏伟任主编，各章的编写分工为：吴宏伟、余金保，第一章至第七章、第九章；乔宝杰，第八章、第十章至第十八章。

自 2003 年 12 月发行第一版以来，我国诸多经济法律法规发生了变化，为了教学与科研的需要，吴宏伟教授对本教材进行了多次修订，章节安排有所增删变化。本次修订由法学博士董笃笃完成，吴宏伟教授审定。

作为新兴的法律学科和法律部门，经济法极富有挑战性，理论上的定论较少，学派纷呈，其法规数量之多、内容之丰富、专业性之强、更新速度之快，都是其他传统法律部门无法比拟的。因而，对于本书的编写，尽管我们付出了很大的努力，但是仍会有我们尚未发现的错误和缺点，内容和观点也难免有不妥之处，恳请批评指正。

主　编

目　录

第一章

经济法基础理论

本章导读

学习经济法必须从理解其基础理论开始。

首先，本章梳理了经济法的发展历史，并阐释了经济法产生的历史背景与时代特征。在本章中，要注意了解西方国家、苏联及东欧社会主义国家和我国经济法产生的历史背景与发展过程，尤其是要重点理解与掌握不同国家经济法产生的一般规律，从而为以后各章学习奠定良好的理论基础。

其次，学习经济法必须深入理解与掌握下列经济法的核心理论问题：经济法的调整对象及其概念，经济法所奉行的基本原则，经济法的本质与特征。这些内容是现实经济法现象的概括与抽象。经济法这一新型法律部门产生后，学者们以极大的热情对其概念、本质等基本理论问题进行探讨，涌现出多种有关经济法含义的观点和学说。其中纵横统一说较为准确地把握了经济法发展的本质和规律，科学地揭示了经济法的概念、本质和应遵循的基本原则，是当前的主流学说。

最后，经济法的本质决定了经济法是在我国法律体系中具有独立地位的法律部门。经济法的实施，即意味着经济法规范在社会经济生活中的贯彻、落实与实现。经济法的地位问题在经济法的产生初期广受争议，现在法学界已经公认经济法是一个独立的法律部门，是与民法、行政法、刑法等传统法律部门相并列的一个新兴法律部门。经济法的实施则是指经济法的具体贯彻和落实，是经济法规范的要求在社会生活中得以实现的活动。经济法的实施是经济法理论发展的基础和验证，也是研究经济法理论的意义所在。

经济法是顺应现代市场经济的完善而发展起来的新型的法律制度，也是现代国家规范市场经济运行的有效措施。

经济法的产生过程，在西方市场经济国家和在我国是不同的。在西方国家，当市场经济进入垄断阶段而引发多种经济利益冲突与矛盾时，国家以其经济职能为据介入到原来属于私法范畴的市场经济关系，从而引起了现代资本主义国家经济法的产生和发展。我国经济体制改革的目标是建立与完善社会主义市场经济，逐步扩大市场资源配置的基础性作用，继而强化市场资源配置的决定性作用，更好地发挥政府的作用，实现国家经济政策，经济法便应运而生。

西方市场经济国家和我国的经济法的产生与发展，沿着两个不同的轨迹运行。由于社会制度及经济发展水平的不同，两种不同的社会所奉行的经济管理的理念有着本质的差别，但随着市场经济的发展和现代经济管理方式的演进，经济的和社会管理的一般规律都共同促进了经济法这一法律现象的产生。两种社会制度的经济及法律的发展从一个角度证明了经济法产生的必然性及经济法包含的一般内容。

经济法反映了社会化大生产和生产关系之间矛盾的调和，体现了经济民主和经济集中的对立统一，是公法与私法融合的必然产物。

第一节　经济法的发展沿革和一般规律

一、经济法产生与发展的历史

（一）西方国家经济法的产生与发展

1. 西方国家经济法的产生

西方国家经济法起源于市场经济的发展与国家实现其公共管理职能、经济职能的要求。它是国家介入到原本由私法所调整的社会关系领域而形成的不同于其他法律制度的一种新型的法律制度。从西方国家经济法的产生来看，国家因素从一开始就起着举足轻重的作用。

在自由资本主义时期，社会经济关系的运行主要取决于社会经济主体的意思自治，国家在社会经济生活中的作用只处于“守夜人”和“仲裁人”的地位，因而政府对社会经济的作用有限。社会经济生活中贯彻的是私法自治、缔约自由等基本原则，社会对政府的基本认识与要求是“管得越少的政府就是越好的政府”。这种经济制度和国家管理方式适应了资本主义国家在市场经济体制建立初期的基本要求，也适应了当时资产阶级占有廉价劳动力、积聚财富的要求，短期内使资本主义国家的少数人积累起了巨额的社会财富。

这种几乎完全自由竞争的市场经济运行活动给社会带来了一系列的问题：无序的竞争，不仅不能完全实现运用市场机制去提高资源配置效率的理想目标，相反，在某种程度上还浪费了社会资源而导致配置效率的下降；资本主义进入垄断阶段后，失业率居高不下，经济危机频繁发生，经济发展停滞，社会不同阶层之间的经济矛盾与社会矛盾日趋激化。为了缓和因垄断而引起的各种矛盾，实现现代国家正常的管理经济职能，国家必须以一定的方式介入到原来自由放任的经济生活中，确保社会经济关系的正常发展和社会制度的稳定。于是，西方国家纷纷介入到原本以私法自治为原则的社会经济关系中，以国家公权力去干预和协调私人利益范围内的社会经济问题。

西方国家介入经济生活的形式，主要是创设与落实经济政策。国家以发布命令和决定的方式来实施对社会经济的管理，以扭转因完全自由竞争或战争而歪曲的社会经济关系，保持整个国家经济秩序的稳定。这种社会调整方式在实践中逐渐以法律法规的形式确定下来，形成了一系列与传统法律制度有着鲜明区别、体现了国家管理经济意志与社会个体意志相结合、以社会责任为本位的新的法律群，这种法律群即是经济法的萌芽。

关于经济法这一概念的起源，学者们有不同的看法，一般认为是来自于1755年法国空想社会主义者摩莱里的《自然法典》和1842年法国空想共产主义者德萨米的《公有法典》两书。也有学者认为，早期从客观法角度提出“经济法”的人，法国重农学派的博多也是其中一位，他在1771年出版的《经济哲学初步入门或文明状态分析》一书中，更加明确地提出了经济法是自然法的思想。但这些提法都不是从真正的法的意义上来讲的，也没有涉及经济法的本质特征。基于现代市场经济而产生的西方国家经济法，其核心内容是反垄断法。美国在1890年颁布了第一部完整意义上的经济法典《谢尔曼法》。美国的经济立法活动注重实践，而作为科学的经济法概念，作为一个独立部门的经济法，其发源地一般被认为是德国。

2. 西方国家经济法的发展

西方国家经济法自产生至今，经历了四个各有特点的阶段。

（1）战时经济法阶段，即一些国家为了应付战争而采取经济法措施，主要有第一次世界大战期间的德国和日本的早期经济法。在德国和日本，国家为了准备发动战争，直接干预和参与经济生活，制定了大量的经济管理法规。它们直接而明确地体现了资产阶级政府准备战争的意志，采取完全排斥资产阶级经济民主的强制手段，也忽视了市场经济发展的一般规律，是一种与备战和战争这种非常态相连的资本主义经济法，是一种扭曲的经济法。一旦国家恢复到正常的发展时期，对经济关系加以正常协调而建立社会经济秩序的时候，这种经济法自然就消失了。

（2）危机对策法阶段，该时期一些国家为了摆脱经济危机而采取一定的经济法措施。在第一次世界大战后和20世纪30年代资本主义经济危机时期，德国、日本、美国等为了应对战后经济濒于崩溃和经济危机带来的经济不景气，稳定国家经济秩序和经济生活，促进国家经济的整体发展，根据凯恩斯的国家干预经济理论，制定并通过相应经济法律与经济法规，从基本政策、经济管理方式和经济管理领域等方面保证国家对经济生活的深入干预，从而实现战后重建和缓解经济危机的目的。危机对策法作为经济法的一种特殊形态，在调整社会经济关系的过程中“头痛医头、脚痛医脚”，具有相当的被动性和盲目性。因此，危机对策法虽具有经济法的国家干预经济生活、公法与私法融合的思想，但它与经济法的自觉调整社会经济关系的要求有着较大的差距，是一种低级阶段的经济法。

（3）战后经济法阶段，即一些国家在第二次世界大战后为恢复国民经济而采取经济法措施。这个阶段以日本的经济法为代表。第二次世界大战后，为了恢复和复兴经济，提高经济活力，日本政府采取了一系列的措施来应对战后的萧条：大力限制垄断财团的发展，促进中小企业的振兴，恢复经济领域中的自由竞争和经济民主，根据国家经济的需要制定产业政策和国家规划，颁布了大量的经济法律与经济法规。所颁布的这些法律范围广泛、互相配合、结构严谨、自成体系。战后经济法与前两种经济法相比，多了许多国家自觉的因素，也更体现了经济法全面系统调整的思想，但它仍然具有被动应对的特点，是一种不太成熟的经济法。

（4）现代经济法阶段，即当前一些国家在和平时期为了发展国民经济而采取经济法措施。这是继战后经济法之后经济法发展的新时期，它是经济法发展的高级阶段，是比较成熟的经济法。它通过恢复因经济危机和战争而被国家所忽略的经济民主与自由，维护市场竞争的有序进行，以促进市场经济的协调发展。现代经济法的主要标志是：经济法解决社会经济矛盾的宗旨，已经从由单纯的对市场主体的意志和行为的干预和管制转化为尽可能创造充分、适度、公平的竞争制度。欧洲各国的反垄断法乃至当今欧盟竞争法长时期内较为注重政策功能和管理功能，并运用管制手段，追求社会资源最佳配置和宏观经济效益目标，便证明了经济法的这一特点。

在现代西方国家，基于市场经济而产生的反垄断法是经济法的核心部分，并处于“经济宪法”的地位。

西方国家的现代经济法已经发展到了比较成熟的阶段，成为国家管理市场经济的有效工具。

（二）苏联及东欧社会主义国家经济法的历史沿革

苏联与东欧社会主义国家在改革前奉行高度集中的计划经济体制，国家运用计划的形式组织、领导、指挥国民经济，作为行政附庸的社会主体必须按照国家不同类型的计划进行社会经济活动。这种行政领导经济的做法，致使国民经济缺乏活力。

1. 苏联经济法的沿革

俄国十月革命后，国家为了维护和巩固革命胜利成果，分别于 1918 年和 1920 年颁布了关于大工业国有化的法令和对小型工业实行国有化的命令，随后实行“战时共产主义”。这些法令的重要特征之一，就是对生产、交换和分配实行高度集中的直接管理。1921 年，由于粮食匮乏而实施新经济政策，两年后又颁布了《国家工业托拉斯条例》，要求国有企业和国营托拉斯实行经济核算，利用市场手段，在商业的基础上开展活动，将利润作为托拉斯活动的基本目标。为配合新经济政策的实施，苏联又制定了《苏俄民法典》，但市场经济的实践并没有得到相应的贯彻。由于对社会主义国家的经济管理职能过于夸大的理解，随着《国家工业托拉斯条例》的修改及《关于集体农庄的决议》等一系列文件的制定，苏联建立了高度集权的计划经济体制。

由于对这一特殊的新型社会制度下的经济法律制度的理解不同，苏联出现了许多有关经济法的学说。20 世纪 20 年代颁布民法典时所提出的“两成分学说”是其经济法的起点。该学说认为，苏维埃民法可以分为两个部分：一部分是调整国民经济中社会主义成分的组织技术性质的规范；另一部分是以个人意志自由为出发点，贯穿资产阶级原则，调整逐渐消失的私人经济成分的规范，即民法性质的规范。前一种成分的规范，实际就是“经济-行政法”规范，并认为随着计划作用的增长，民法最终将被“经济-行政法”所取代。由此理论而出现的按照计划组织原则对国有企业间关系的调整，形成了经济法这一新的法律部门。这种学说在社会主义国家首次提出了关于社会主义组织技术性规范的经济法概念。

“战前经济法学派”是 20 世纪 30 年代苏联兴起的一种经济法学派。它主张经济法规范社会整体经济关系，社会主义组织间的经济关系和公民间的经济关系都应当纳入经济法的调整范围；在计划经济体制的状态下，应该运用经济法的手段规范社会秩序及社会主体的经济活动，并以此发展国民经济。这种学派提出的必须研究有关制订计划、经济核算和经济合同的法律问题，对日后的经济法学的发展具有积极的影响。

另外也有形形色色的否定经济法的观点，如“综合部门法学说”。该学说认为苏维埃法体系应当分为综合部门和基本部门两大部门，并试图以综合部门说解决民法与经济法的分歧。经济-行政法学派主张在行政法的基础上，通过组织手段，建立一门亚部门法律科学，即经济行政法。这两种学说都因难以自圆其说而没有得到学界的支持。

20 世纪 50—60 年代兴起的新的经济法学派即“现代经济法学派”，是在苏联占主导地位的经济法学说，它的代表人物是拉普捷夫。该学说认为，经济法是苏维埃法统一体系的一个独立部门，它的调整对象是社会主义组织在进行经济活动和领导活动中所发生的经济关系，这些经济关系都是由计划组织要素和财产要素构成。横向经济关系与纵向经济关系的统一以及在所有这些关系中计划组织因素和财产因素的结合，是经济法作为部门法的理论基础。

由于苏联高度集中的计划经济体制，其经济法学被僵化的大陆法系传统和严酷的政治气候所窒息，经济法难以从行政法及公法的夹缝中脱颖而出，其社会主义经济法实践也随着国家政治经济体制的剧变而夭折。

2. 东欧社会主义国家的经济法

从 20 世纪 50 年代初到 70 年代，南斯拉夫为了变革因学习苏联高度集权的管理体制的弊端，试图实行直接的社会自治，将全民所有制这种公有制形式转变为社会所有制形式，逐步建立起了社会所有和联合劳动的管理体制，制定了相应的宪法和联合劳动法。这是社会主义国家经济法的一个新的实践。但由于过分超越社会现实，根本无法实现。

捷克斯洛伐克和民主德国在 20 世纪 60 年代进行了社会主义经济法的开拓性的实践。在全民组成社会共同体、共同劳动、共同管理的思想下，两个国家的官方都对经济法的独立法律部门地位予以认可。前者于 1964 年制定了《捷克斯洛伐克社会主义共和国经济法典》，后者对合同法和企业法进行了修订。

罗马尼亚、匈牙利等其他一些东欧社会主义国家，在同一时期经济法的制定上也有着一定的创新和进展。

（三）我国经济法的产生与发展

我国经济体制改革前奉行的是计划经济体制。经济体制改革的目标是建立与完善社会主义市场经济。在此前提下，作为现代国家而言，一方面要运用法律制度来培育、扶持与促进市场经济的建立与完善，另一方面则需要通过市场经济的运行实施国家整体的经济目标。因此，传统法律部门是很难保障这一基本目标的实现的。这就必然引发我国经济法的产生和发展。

1. 我国经济法的产生

法的部门的产生，是主客观统一的结果。客观上必须同时具备经济法律与经济法规的出现和经济法学说的出现两个条件，因此，我国经济法的产生，只能是在 20 世纪 70 年代末改革开放之后。但在改革开放之前的计划经济体制下，我国所颁布的大量的经济法律和经济法规成为现代经济法的萌芽。

在经济体制改革前，我国实行高度集中的计划管理体制。为了巩固和发展社会主义公有制，进行社会主义经济建设，实施国家的经济职能，曾颁布了大量的具有直接经济内容和直接体现国家管理意志的经济法律和经济法规。由于实行高度集中的计划经济体制，在根本上否定商品经济，否定市场的基础性调节作用，主要经济活动都是通过行政体系、运用行政手段来完成，因此，与之相适应的经济法律和经济法规都兼具经济行政法的性质。尽管这些经济法律和经济法规在某些方面也体现着经济法的某些特性与原则，但仍称不上是科学意义上的经济法，只能算是我国特殊历史阶段的一批经济法规，是我国经济法发展的萌芽。

在总结历史经验教训的基础上，我国进行了经济体制改革，以解放生产力，促进社会主义经济的快速发展。在对计划经济和市场经济充分了解和实践的基础上，提出了建立社会主义市场经济体制的改革目标。在改革旧的产品经济的计划经济体制过程中，确立充分发展商品生产和商品交换的现代市场经济；在保持必要的国家调节的基础上，突出市场在资源配置方面的作用；在削弱多级别与多层次行政管理权力的基础上，大力发展横向经济关系和社会主义经济民主。

经济体制改革后所颁布的经济法律和经济法规与改革前相比，有着明显的不同。其一，在立法的经济体制条件上，两者有着计划经济体制和市场经济体制的明显不同。其二，在立法的指导思想上，经济体制改革后的立法更加体现企业的意志和利益，体现社会经济民主的一面。其三，在规范的内容上，经济体制改革后的法律法规的经济内容更加直接，竞争规律、价值规律等市场经济自身的规则得到了应有的尊重。其四，在法律调整手段的结构上，新的经济法律和经济法规摆脱了原来单纯依赖于行政手段的传统，综合地运用行政、民事、刑事等多种调整手段来调节经济关系。

经济体制改革后的经济法律和经济法规，体现了现代经济法平衡协调、维护社会公平竞争、社会责任本位的基本精神。一系列经济法律和经济法规的出现，再加上我国经济法学者的积极倡导，现代意义上的经济法在我国产生了，并以其崭新的面貌和思想体系影响着我国司法实践和法学理论的发展。

2. 我国经济法的发展

从 1979 年我国法学界提出经济法的概念起，经济法的发展过程大致可分为两个阶段。第一阶段（1979 年到 1986 年）为经济法的形成发展阶段。在这个时期，我国经济法学从创建时期提出的简单朴素的理论要点，逐步发展到集中探讨和论证我国经济法的概念、地位、调整对象、基本原则和经济法主体、经济法体系等基本理论问题。第二阶段（1987 年至今）为经济法的调整发展阶段。在这一时期，经济法的独立法律部门地位得到了立法机关和法学界的认同，经济法与民法的关系、经济法与行政法的关系等问题得到了深入的论证，经济法进入了纵深发展的时期。

随着对法治和市场经济关系的认识不断深入，经济法在市场经济法律体系中的地位也得到了充分的重视。中央和地方经济立法的速度不断加快，立法技术也逐渐成熟。经过 40 余年的时间，我国已经建立起符合市场经济需要的比较完善的经济法体系。

在经济管理方面，经济法律和经济法规已经趋于完善，主要有《中华人民共和国预算法》《中华人民共和国税收征收管理法》《中华人民共和国个人所得税法》《中华人民共和国企业所得税法》《中华人民共和国中国人民银行法》《中华人民共和国商业银行法》《中华人民共和国外汇管理条例》《中华人民共和国对外贸易法》《中华人民共和国土地管理法》等一系列法律法规。

在企业管理和投资方面，有《中华人民共和国全民所有制工业企业法》《中华人民共和国公司法》《中华人民共和国城镇集体所有制企业条例》《中华人民共和国外商投资法》《中华人民共和国证券法》等一系列法律法规。

在维护正常市场活动和公平竞争方面，有《中华人民共和国反不正当竞争法》《中华人民共和国反垄断法》《中华人民共和国消费者权益保护法》《中华人民共和国产品质量法》《中华人民共和国广告法》《中华人民共和国价格法》等一系列法律法规。

3. 我国经济法学说

从我国经济法产生至今，经济法独立部门地位已经得到理论界和我国官方的认可。但是在法学界，对于经济法这一社会现象还存在着不同的观点和看法，主要分为“肯定说”和“否定说”两大类。占主流的“肯定说”认为，在市场经济体制下经济法理应成为独立的法律部门，经济法的地位是其他传统法律部门无法替代的。在“肯定说”内部，在肯定经济法独立地位的前提下，大多数学者只是在对经济法的调整对象与概念、经济法应遵循的基本原则、经济法的适用范围、经济法的调整方法等问题的表述上存在着分歧。极少数学者所主张的“否定说”认为，现行传统的法律部门可以胜任对社会市场经济关系进行有效的整体调整，没有必要另行创制新的法律部门，从而否认经济法的独立地位。在“否定说”内部，也可根据否定经济法独立法律部门地位的观点和理由分为不同的派别。

各种经济法学说的存在与交流，加速了社会对经济法这一现象的更加深入的研讨。

二、经济法形成的一般规律

（一）社会化生产与生产关系的矛盾

任何一个法律部门的产生，都根源于社会经济基础的发展，是社会经济发展的需要。从根本上说，生产力与生产关系这对社会发展的基本矛盾是现代经济法产生的根本原因。

在资本主义社会，社会发展的基本矛盾表现为社会化大生产与生产关系的矛盾。资本主义经济的发展对生产关系不断提出社会化的要求，客观上要求社会成员共同占有生产资料。但是，在垄断资本主义阶段，个别人或个别财团对经济的垄断和资本的集中是该时期生产发展的主要形式，因而，资本主义不断发展的社会化大生产与私人垄断经济的过度集中的生产关系的矛盾也不断地被激化。对该矛盾引起的社会关系的法律调整的重任显然不能为民法所担负，西方传统的自由平等观念也容不得行政法在私人经济生活的领域内肆虐，因而必然要求新的法律部门来调整这种特殊的社会关系。于是，以社会责任为本位、体现平衡协调思想的经济法在资本主义国家便应运而生。

在社会主义国家，全体劳动人民共同占有生产资料，生产力与生产关系的矛盾已经基本解决。现代社会经济发展所要求的人们共同占有生产资料这一条件在社会主义国家得到了实现，但是在具体的经济管理体制上，还存在着一定的问题。社会主义国家发展初期都实行高度集中的计划管理体制，由于过分超越生产关系的实际，使得经济缺乏活力，并引起了一系列的社会问题。这种高度集中的计划经济体制使生产关系中的某些环节与生产力的发展很不适应，亟须解决。根据社会主义国家的实践和西方资本主义国家市场经济的经验，对这些社会关系的调节单纯地依靠私法自治为原则的民法或命令与服从为原则的行政法都无法解决，这就使得社会主义经济法必然产生。

（二）现代国家介入经济生活

从奴隶制、封建制社会到自由资本主义时期，传统的国家职能都是以政治统治为中心目的和基本内容，包括对内镇压敌对阶级和政治势力的反抗，对外抵御侵略并侵略他国。随着生产社会化的发展与社会的全面发展和进步，到了 19 世纪末，国家作为经济调节和管理的职能得到了较快的发展和改进，国家职能逐渐社会公共职能化，这是国家职能的重大进步。到了现代社会，国家的经济管理职能得到了进一步强化。

现代社会生产和经济的社会化，使经济关系日趋复杂，社会主体之间以及不同个体与社会整体之间的经济利益和经济行为的冲突愈加频繁和激烈，有时甚至可能影响到社会秩序的稳定和经济发展的正常进行。为此，客观上要求在经济领域内必须有一个经济调节和利益协调的中心，使经济管理社会化，从社会利益出发实行必要的经济管理和监督。在公共领域，更要求一个公共机构来承担在整个社会层面上开展合作与沟通的任务、行使经济管理职能。这是任何阶层、集团或个人都不能胜任的，唯有拥有特殊权力和责任的国家可以。20 世纪现代市场经济形成以来，各个国家都在一定经济体制的基础上，根据本国经济发展的实际，日益加强干预和参与经济生活的广度、深度和力度，充分发挥着国家管理、组织、监督经济的职能。而且，国家的这些职能主要都是通过立法的手段实现的，现代经济法也因而产生。

当然，国家介入经济生活并对经济生活施加影响，并不是片面地强调经济关系的直接国家意志，而是说国家对经济生活的参与或引导对于经济发展是合理和适当的。国家干预、参与和管理经济生活的根本目标，是维持社会经济发展的正常秩序，促进经济发展的活力和生机，而非单纯的管理和限制。经济法的平衡协调精神和社会责任本位原则也正体现了国家对经济生活的适度干预和管理。

（三）“无形之手”与“有形之手”的协同并用

“无形之手”即市场调节之手，“有形之手”为国家调节之手。在现代市场经济条件下，国家不可能实行完全自由放任的经济政策，而是发挥国家职能的作用，日益加强对社会经济生活的介入、管理和监督。因此，依靠单一的“无形之手”或单一的“有形之手”去调节经济生活，都不利于社会经济的发展，不论是社会主义国家还是资本主义国家概莫能外。经济法是“无形之手”与“有形之手”协同并用的产物。

在自由资本主义时期，为了适应商品经济自由竞争的需要，国家对经济发展采取不干预、不参与的自由放任政策。社会经济主要靠市场机制的自发调节运行，并以此来保持整体经济发展的平衡。资产阶级民法在这种情况下占据主导地位，行政法萎缩，经济法当然也无从产生。

资本主义进入垄断阶段后，由于资本的集中和垄断的盛行，市场秩序和整个社会经济的稳定受到了严重的威胁，单纯的市场调节之手已经无力使社会经济顺利健康地发展。垄断本身就是对市场调节基础机制之一的自由竞争的否定。在威胁到资本主义制度生存基础的情况下，资产阶级政府不得不摈弃以往的不干预政策，大量地运用经济法律手段和行政手段来限制垄断和其他反竞争行为，恢复被扭曲的市场关系。当然，经济法律手段的运用仍然不能脱离市场经济的基础，不能违背客观的经济规律，它是以保留和恢复市场调节能力为目的的国家干预。伴随着市场调节之手与国家调节之手的共同作用，国家意志直接或间接地体现在原本完全意思自治领域的经济关系中，“两只手”并用的调整手段必然要在法律法规中体现出来，经济法也因此而产生。

社会主义国家“两只手”共同作用形成的原因与资本主义国家刚好相反。由于在观念上对市场和计划手段的认识误区，社会主义国家实行计划管理体制，通过行政体制和强有力的行政手段来调整经济的运行，而市场调节之手极度萎缩，发育不全，因此带来了非常大的弊端：经济体制僵化、企业缺乏活力、劳动生产率不高等。经济体制改革的目的就是要改革这种僵化的经济管理体制，发挥市场在资源配置方面的基础性作用，即促进市场调节之手的发展。当然，大力发展市场调节的作用，并不完全否定国家经济管理手段的实施，国家的宏观调控是现代市场经济不可或缺的基本属性。随着国家调节之手与市场调节之手的共同作用，现代经济法在社会主义国家也就产生了。

可见，不论是资本主义国家还是社会主义国家，国家或市场任何一个方面的独自作用都不可能产生现代经济法。只有在“两只手”并存、协同作用的情况下，才可能产生现代经济法。两种不同制度类型国家的经济法的产生过程，从相反的方面证实了这个规律。

（四）经济集中与经济民主的对立统一

经济集中与经济民主的对立统一是经济法产生和形成的最一般、最根本的原因。这二者之间的矛盾，既存在于经济基础之内，又表现在上层建筑之中，如国家干预、参与和管理监督与市场主体独立自主的矛盾，中央统一领导与地方分权的矛盾，纵向经济关系与横向经济关系的矛盾等。社会化生产与生产关系的矛盾、现代国家介入经济生活、“无形之手”与“有形之手”的协同并用等几个规律都是经济集中与经济民主对立统一的反映。资本主义经济法和社会主义经济法都是在对立统一的矛盾中产生的。

社会主义国家高度集权的计划经济体制，要求突出国家对经济的集中管理，广大企业却处于无权利的地位，很少享受到经济民主。这种过度集中并不能形成真正的科学的现代经济法，只是产生了以集中为基本特点的行政法或经济行政法。经济体制改革在保持必要的经济集中的前提下，大力提倡经济民主，发挥市场在资源配置方面的基础性作用，提高企业的活力，以实现社会主义的经济民主。社会主义经济法正是在解决经济集中和经济民主的矛盾的过程中产生和发展的，一开始就体现着经济集中和经济民主的对立统一，是这对基本矛盾的产物。资本主义经济法也是在经济集中和经济民主的对立统一中产生并发展起来的。早期自由资本主义突出经济民主，抑制经济集中的作用，虽然在当时的历史条件下促进了经济的发展，但随着垄断阶段的到来，这种调整方法失去了存在的土壤。垄断集团的出现形成了以私人垄断为基础的经济集中，破坏了资产阶级的经济民主和自由。资产阶级国家为了整个资本主义的利益干预、参与经济生活，实行以国家利益为目的的集中。这种集中与私人垄断的集中针锋相对，其目的是促进资本主义经济民主和自由竞争的发展。资本主义经济法也是在资本主义社会所特有的经济集中与经济民主的矛盾中产生并发展起来的。

第二节　经济法的概念与本质

一、有关经济法含义的表述

对于经济法这一新型的法律部门的含义如何表述，学术界大致存在着两种观点：一种为肯定说，即认为经济法有着独特的调整对象，是一个独立的法律部门；另一种为否定说，即不认同经济法是独立的法律部门，而是传统法律部门的补充或者是依附于某法律部门的组成部分。

（一）肯定说

1. 大经济法说

大经济法说认为，经济法是国民经济管理主体和经济组织之间，以及它们与公民之间，在生产、交换、分配、消费过程中发生的经济关系的法律规范的总称。该学说将经济法对象的范围界定过宽，将应属于民事领域中的意思自治的社会关系也包括在经济法的调整对象之中，忽视了民法与价值规律的自发作用在市场经济中的地位。由于缺乏社会基础的支持，该学说很快就被抛弃。

2. 企业经济法说

企业经济法说认为，经济法是调整企业在经营管理活动中所产生的经济关系的法律规范的总称。它以企业为中心，以调整企业在经营管理活动中与各方面发生的关系为对象。该学说在经济法和经济法学创立时期，对经济法这一新型法律部门的地位和性质的探索具有积极的意义，在经济法的发展中占据着重要的历史地位。

3. 宏观调控法说

宏观调控法说认为，经济法的调整对象是国家作为经济管理主体与市场主体之间的间接宏观调控性经济关系，其他平等性质的经济关系、商事主体间的商品货币流通关系、国家作为行政主体与市场主体间的直接管理性经济关系等，则分别由民法、商法、行政法等调整。这种学说侧重于为经济法定性，但这种界定使经济法的研究和实践缺乏可操作性，无法具体将经济法与民法、商法、行政法等区分开来。

4. 国民经济运行法说

国民经济运行法说认为，经济法是法在调整国民经济总体运行过程中所形成的法制度、法形式和法方法的总和。它是关于国民经济总体运行的法，包括国民经济组织法、经济活动法和经济秩序法。这种观点认识到传统的法律体系和法律部门划分理论在现代经济条件下遇到的困境，试图从法的机制出发来构造经济法的体制。该学说的关键在于为经济法定性，以论证经济法存在于社会的价值和基本作用。

5. 经济管理法说

该学说认为，经济法是调整经济管理关系的法律规范的总称。经济管理关系包括政府对经济的管理、国家和企业之间的关系、企业内部的纵向关系以及实际上属于经济管理关系的不平等主体间的经济关系，这些关系既可以是强制性的命令与服从、监督与被监督的关系，也可以是非强制性的指导和被指导关系。

6. 纵横统一说

纵横统一说也可称为管理协调法学说，它是在我国经济法学界占主流地位的学说。该学说认为，经济法是有关确立国家机关、社会组织和其他经济实体的经济法律地位，以及调整它们在经济管理过程中和经营协调活动中所发生的经济关系的法律规范的统一体。该学说认识到，社会经济关系中不管是纵向经济关系还是横向经济关系，都是具有国家规划、监督、组织等因素的经济关系，它们共同构成了经济法的特定的调整对象；经济法实际上是国家自觉遵守经济规律并在此基础上组织、管理经济的法律手段。该学说由于符合我国社会经济生活的实际状况，因而自改革开放之初经济法学创立时起，就得到我国经济法学界多数人的赞同。

（二）否定说

1. 综合法律部门说

综合法律部门说认为，经济法是以经济民法方法、经济行政方法、经济劳动方法来调整平等的、行政管理性的、劳动和社会关系的法律规范的总和。也就是说，经济法是多种法律部门规范的集合。这种观点将经济法视为适用不同调整方法调整经济关系的法律规范的综合，实际是在否定经济法的独立法律部门地位。它的主要缺陷是对法律部门的划分采取了多重标准，严重影响了法律部门划分的理论和实践价值。

2. 学科经济法说

学科经济法说认为，经济法只不过是研究经济法规运用各个基本法手段和原则对经济关系进行综合调整的规律的法律学科，并不存在着经济法部门。所谓的经济法不过是运用民法、行政法、刑法、程序法、财政法、劳动法等基本部门法的手段来调整经济关系的法律法规，它并非一个法律部门，而只是一个法律学科。该学说看到了当代国家对各种经济关系普遍运用民事、行政、刑事等手段进行统一调整的现象和趋势，但它囿于法律部门的传统划分，没有能够对法律学科与法律部门的关系作出合理的解释。

3. 经济行政法说

经济行政法说认为，经济法就是经济行政法，它与行政法其他部分的区别，在于经济行政法所调整的经济关系兼有经济性和行政性。经济行政法在采用传统的行政法调整方法和行政命令方法的同时，还广泛运用其他调整方法，特别是着重发挥经济调节手段的作用。其要旨是认为经济法隶属于行政法，是行政法的一个分支，不构成独立的法律部门。这种学说是依据传统法律部门的划分理论作出的阐述。由于该学说不能有力地解释社会实践中产生的法律现象，因此，其理论缺陷是非常明显的。

（三）经济法的概念

经济法的概念或含义，一般是根据传统的独立法律部门应有自己的调整对象的要求概括的，即通过界定经济法的调整对象的方法来确定经济法的含义。当然，也可以从经济法的性质等其他方面来界定其含义。

界定经济法的概念必须满足以下几个前提条件：

其一，必须是出现了新型的经济关系，而传统法律部门对其调整无能为力或不能适应。新的法律部门出现的前提是由于经济的发展和变革而产生了新的经济关系，且这种新型经济关系需要法律的调整。只有新型经济关系的性质或特点不能为原有法律部门调整，或者以原有法律部门调整影响到该原有法律部门的系统性和完整性时，才有创设新的法律部门的必要。

其二，新型社会经济关系的形成需要新的法律部门调整。即使出现了新的经济关系，如果属于传统法律部门的调整范围，当然应当归入传统部门法调整，没有必要也不可能产生新的法律部门。只有新型的社会经济关系具有不同于原有社会关系的性质和特征，且需要法律部门调整时，新的法律部门的出现才有客观必要。

其三，新型法律部门对新型社会经济关系的调整应该是有效的。新型法律部门对于新型社会经济关系的调整不是没有意义的，也不是达不到目的的，而应该是富有成效的，否则新型法律部门也就没有产生的意义。

在满足以上条件的基础上，我们认为，纵横统一说比较确切地概括了经济法的本质和规律，符合我国公有制经济和市场经济体制的发展状况，准确地界定了我国现代经济法的含义。

根据纵横统一说的理论，经济法是调整经济法主体在经济管理过程中和经营协调活动中所发生的经济关系的法律规范的统一体。或者说是调整经济管理关系、市场竞争关系和经营协调关系的法律规范的总称。不管是经济管理关系、市场竞争关系还是经营协调关系，都是具有组织管理因素的经济关系。

二、经济法的调整对象

（一）经济管理关系

经济法所调整的经济管理关系，是指国家在管理经济过程中形成的物质利益关系。它主要是以国家为管理主体的经济管理关系。具体而言，经济管理关系是指在社会生产和再生产过程中，国家为实施组织经济职能，促进社会经济协调稳定发展，通过国家机关和授权组织，对国民经济整体和社会经济个体进行规划、组织、指挥、调节、监督等过程中所发生的社会关系。

经济管理关系属于纵向经济关系的范畴。它是一种领导与被领导、管理与被管理、监督与被监督的经济关系。在这类关系中参加者的地位并不平等，它们虽有一定的行政管理性质，但它们之间的经济管理关系实质上是不同物质利益实体之间的经济关系，属于经济法的调整范围。经济法的经济管理关系主要包括以下几种情形：综合领导机关对社会经济组织的经济管理关系，主管部门对社会经济组织的经济管理关系，职能机关对社会经济组织的经济管理关系，行业组织经济管理关系，区域经济管理关系，经济监督关系，各级经济管理机关之间所发生的经济管理关系等。

经济管理关系包括宏观管理和微观管理两方面的经济管理关系。宏观经济管理关系是指那些事关国家和社会整体的管理关系，包括国家规划和产业政策的制定和实施，国家经济预算及其主导下的投资、税收、金融、物价调节、土地利用规划、标准化管理等活动中产生的经济关系。微观经济管理关系是指那些针对社会个体的具体的经济管理关系，包括在税收征管、金融证券监督、贸易管制、价格监督、技术监督、企业登记管理、交易秩序管理等活动中产生的经济关系。宏观经济管理关系与微观经济管理关系的划分并不绝对，在实践中它们往往交织在一起。

现代国家都有一定的组织管理经济的职能。基于公有制性质，我国国家的组织管理经济的职能更加强大。但是，在实施国家组织管理经济职能时，必须实行政企分开，必须将行政管理权与经济管理权分开、经济管理权与国有财产所有权分开、所有权与经营权分开。总之，国家在实施规划、协调、监督、服务等经济管理职能过程中所发生的经济管理关系，都属于经济法的调整对象。

（二）市场竞争关系

市场竞争关系是指现代国家在实现其竞争政策的过程中，为了维护市场经济的正常运行及其活力，采取相关措施维护、促进或限制竞争的过程中所形成的社会经济关系。市场竞争是现代市场经济中市场基础性和决定性的地位和作用的重要体现，是市场经济活力和生机的重要来源，它对于维持正常的市场经济秩序和整个社会经济的稳定具有举足轻重的作用。

一般而言，在市场竞争过程中，如何竞争往往取决于市场经济主体的意思自治。但是，在完全自由竞争的状态下，市场经济主体的“竞争不足”或者是“竞争过度”，都会影响到市场竞争的有序进行，影响到社会资源的有效配置，影响到国家竞争政策的贯彻与落实。正因为市场竞争关系涉及国家竞争政策、整体竞争秩序、消费者权益、经营者竞争权利的实现、社会资源配置等市场经济体制中发生的重要问题，所以，现代国家均将市场竞争关系纳入到经济法的调整领域。由自由竞争发展到垄断和限制竞争，是自由竞争和合同自由发展的必然结果。自由竞争的直接结果是优胜劣汰，个别具有竞争力的企业或个人积聚了巨额财富。为了避免竞争的风险或出现两败俱伤的局面，少数企业联合起来，限制某种或某些产品的生产和销售，并从中攫取巨额利润。这种联合和限制的结果必然导致不正当竞争或限制竞争的出现，最终损害整个社会正常的竞争秩序。这已为西方资本主义国家的历史事实所证明。对此问题的解决不能通过否定市场经济的方法，也不能单纯依靠行政权力，而应当采取适应市场经济内在要求的法律措施，如反垄断法或反不正当竞争法等经济法律对其进行规范。对市场竞争关系的调整，体现着国家意志和经营者意志的结合，是一种具有组织管理性质的物质利益关系，应当属于经济法调整。

生产经营者之间的竞争通常是在正常的生产经营活动和交易中进行的，一般只需民商法进行调整。作为经济法所调整的市场竞争关系，主要是在依法维护公平竞争秩序的过程中产生的。只有在竞争执法机关采取相关措施或当事人依竞争法提起诉讼，或者某种民事行为或状态为法律的强制性规范明文加以规定的情况下，才会产生经济法所调整的市场竞争关系。

（三）经营协调关系

经济法所调整的经营协调关系，是指国家在实现其总体经济规划、区域经济规划以及其他重要经济发展目标过程中而形成的社会经济关系。这类关系主要是在平等地位的或彼此不具有任何管理关系的参加者之间发生的经济关系。

一般而言，因意思自治而形成的市场经济主体间的经营关系、合作关系、交易关系等横向经济关系，应当由经济法之外的其他法律部门进行调整。而经济法调整的经营协调关系是国家运用市场经济手段以实现其重大经济目标而形成的横向经济关系。这类经济关系，是国家摈弃行政手段而改用市场经济手段形成的横向经济关系，蕴含着强烈的国家主导性乃至强制性，各方主体均应在此基础上实现经营协调活动。

经济法所调整的经营协调关系不同于完全体现当事人意思自治的平等主体间的财产关系，它是含有组织管理要素的财产关系。国家意志通过不同方式、在不同程度上与当事方的意志协调结合。这类经济关系主要包括：(1) 由国家规划发生和制约的横向经济关系；(2) 与国家经济管理直接、密切联系的横向经济关系；(3) 各行业、各地区、各组织之间联合、协作和进行经济平衡时发生的经济关系；(4) 有关全局、整体和长远利益的经济关系；(5) 其他重要的、国家认为有必要管理和干预的横向经济关系。

经济法调整的经营协调关系可分为两类：经济联合关系和经济协作关系。经济法所调整的经济联合关系是指与国家整体规划、全局部署相关联的合并、兼并、改组经济实体和组织联合体过程中所发生的横向经济关系。经济法所调整的经济协作关系是指与国家规划、产业规划、社会整体利益相联的各地区、各部门、各行业、各组织之间的生产协作关系。

三、经济法的本质、功能与特征

（一）经济法的本质

经济法的本质，指经济法不同于其他法律部门的法律属性。根据我国经济法的理论和实践，经济法的本质主要体现在以下几个方面。

1. 经济法是社会责任本位法

经济法属于社会责任本位法的基本含义是：现代市场经济体制是一种兼具国家因素的市场经济体制，而经济法调整领域又与国家介入社会经济生活有关，因此无论属于何种形式的经济法主体，都必须对发展社会生产力、提高社会经济效益负责。对于经济管理主体即政府职能部门等主体而言，尽管它们在整体上代表着全局利益和长远利益，它们仍必须按照国家法律、法律精神或者是国家经济政策向社会负责，不得以不当或者过度的行政权力和长官意志阻碍社会生产力的发展，破坏市场经济秩序。对于企业、公司等市场经济主体而言，不得片面强调自身局部利益而置社会利益于不顾，不得以权利自由而损害他人利益和社会整体利益。经济法体现的是权（力）利义务相统一的原则。经济法的社会责任本位，实际上是要求以社会责任为最高原则，无论是国家还是企业，都必须对社会负责，在对社会共同尽责的基础上处理和协调好彼此之间的关系。

与经济法的社会责任本位相对，民法是个体权利本位法，它强调人人生来平等，享有平等的权利和自由。它对于保护个体的利益、提高个体的积极性和主动性具有非常大的积极作用。但民法的个体权利本位思想往往片面强调个人的权利和利益，容易忽视社会的整体意志和公共利益。行政法是以国家权力为本位的法律部门，它以行政权力的设置和制约为核心，强调通过上下级隶属的行政体系，主要依靠命令服从的机制进行调整。这种法律本位往往忽视社会个体的利益，使企业和其他经济主体成为行政的附庸。经济法的社会责任本位的思想体现了社会整体利益和公共利益，同时又兼顾社会个体的自由意志，与民法的个体权利本位和行政法的国家权力本位思想有着本质的区别。

2. 经济法是平衡协调法

在现代市场经济社会中，利益主体多元，经济关系复杂，利益冲突常有发生。在各种冲突中，既有社会主体之间的利益冲突，又有社会个体与社会整体之间的利益冲突，还有社会个体、社会整体与国家利益之间的冲突。基于传统法律部门调整利益冲突关系的局限性，且各种利益冲突又需要法律去调整，经济法便被赋予了平衡协调的功能。在经济法规范中，既要满足各种利益主体对利益的追求，又要平衡与协调利益主体之间的利益冲突，从而保证在利益平衡协调的状态下稳定、持续地发展国民经济。

经济法的平衡协调功能是贯穿于经济法始终的一种精神，也是经济法经济集中与经济民主对立统一的必然要求，它是经济法内在的本质和要求。其他法律部门虽然也有平衡协调的要求，但只是个别情况下的利益权衡。这与经济法将平衡协调作为贯彻始终的一个原则和精神的做法是根本不同的。

3. 经济法是系统调整法

根据传统理论，一个法律部门只能调整单一的社会关系，否则，这个法律部门就不能成立。但是，在现代市场经济条件下，社会经济关系复杂多样、相互联结、相互渗透，出现了对社会经济关系进行综合治理、系统调整的客观要求。对于这种呈现出“复合性”的现代社会经济关系，如果还是依照传统理论并运用传统的法律部门去调整的话，就不太可能是有效的、适当的调整。经济法的出现反映了经济关系分化与综合两种发展趋势的要求，体现了法律统、分两种机制的功能。一方面，它通过具体的制度和规范，分别细致地调整着各种经济关系；另一方面，它又在总体上和全过程中对经济关系进行综合、系统的调整。经济法对“复合性”的现代社会经济关系的调整，立足于整体、综合系统的调整，并保证这种调整是适宜的、有效的。也只有通过经济法的系统调整，才能实现经济法的根本目的。

经济法的系统调整，主要表现在其调整的社会关系方面，包括：经济管理关系、经营协调关系和经济竞争关系等不同领域的经济关系；横向经济关系和纵向经济关系等不同范围的经济关系等。这与民法调整平等主体之间的财产关系和人身关系的范围有着较大的差别。

4. 经济法是公私法兼顾的法

公法与私法，是法学界研究并划分法律属性的一种方法。一般而言，规定国家公务的、具有强制性规定的法律为公法；规定个人（社会成员）利益的、体现当事人意思自治的法律为私法。按照传统理论，基于法律调整的社会关系的要求，一个法律要么属于公法要么属于私法，不太可能出现公法与私法兼顾的法律。但是，由于现代市场经济关系的特殊性，调整特殊经济关系的手段需要多样性，使得在现实生活中出现了公法与私法兼顾的经济法。经济法的产生即体现了这个特点，资本主义国家的私法公法化，我国在经济改革过程中一定程度的公法私法化，从不同角度证明了经济法公私兼顾的属性。经济法兼顾公法与私法的目的，就在于有效地调整经济关系，有效地平衡协调主体之间的经济利益关系。

承认公私法划分的理念，重要的是要在兼顾的基础上对其予以平衡协调。要在承认私法自治这一市场经济法律原则的基础上，反对和限制行政权力对经济活动的不正当的限制和干预。只有通过经济法的平衡协调，贯彻维护企业利益、个人利益的社会责任本位原则，才能使原本水火不相容的公私法结合起来发挥作用。经济法不只是体现国家的利益和意志，体现国家对经济的干预和管理，也体现着企业、个人的权利和利益。它具有公私法共同的特征，但又有不同于二者的明显个性。

（二）经济法的功能

经济法的功能是指它对社会经济生活的调节机制和作用，也包括它对法律、法学的发展机制和作用。现代经济法具有极大的适应性，它能在各种类型的国家和社会中发挥自己的综合平衡、协调发展的功能。经济法的功能和作用主要表现在以下几个方面。

1. 全面确立社会经济组织的法律地位

社会经济组织是社会的细胞。社会经济组织的活力如何，直接影响到社会经济的发展。我国经济体制改革的中心环节是增强企业活力，即解放作为社会经济细胞的经济组织的生产力。为此，必须正确地确立经济组织的经济性质和法律地位，为搞活经济奠定基本的法律基础。经济法以其主体法律制度确立作为市场经济参与主体的社会经济组织的法律地位，并对企业的内部组织和管理关系进行相应的规范。

2. 培育和完善社会主义市场经济体系

现代经济法是与现代市场经济相匹配并为之服务的，是现代市场经济法律体系中最重要的法律部门之一。经济法通过金融、税收、竞争、企业管理等各项子部门法，为建立并完善社会主义市场经济体系做出最基本的法律准备。称市场经济是法制经济，很大程度上讲的是对经济法的要求。经济法通过综合系统调整经济关系，平衡不同市场主体的利益关系，对培育和完善健全的社会主义市场经济体系具有举足轻重的作用。

3. 保证国民经济持续、稳定、协调地发展

国家以经济法律和经济法规的形式，从多方面对社会经济生活进行直接的或间接的调控：制定、落实、修正国家的产业政策和竞争政策，并保障基于这些政策而制定的经济规划的实施；保持社会需求与供给的总量平衡，使国民经济大体上按比例地协调发展；建立符合现代市场经济要求的税收制度和金融体系，把握国民经济的命脉；贯彻物质利益兼顾原则，合理分配各方的利益收入，正确处理各社会主体间的利益分配关系；贯彻各项财经法律法规，加强对经济的管理和监督。因此，可以说经济法具有保证我国国民经济持续、稳定、协调地发展的功能。

（三）经济法的特征

经济法特征表明的是经济法与其他法律部门的区别。

1. 经济性或专业性

这一特征是由经济法调整的经济关系所决定的。经济关系是一种客观的社会关系，它有自己的规律和要求。作为调整经济关系的经济法，当然不能违背经济规律的要求，不能超越经济

发展的实际制定所谓的规则。因而，经济法往往把经济制度、经济活动的内容与要求直接规定为法律或法规，以期社会成员共同遵守。它比民法等其他法律部门更注重法律关系的内容，而非其形式。在某些领域，它还直接赋予经济规则以法的效力。如我国为与国际会计制度接轨而制定的会计法律规范，实际就是直接将会计规则以法律的程序确定并公布。一些技术规范，同时又是法的规范，二者之间已没有明显的分界。

2. 政策性

这一特征是由经济法的根本内容决定的。从一定意义上说，经济法是经济政策的法制化。因此，经济法律规范中无不反映着国家经济政策的内涵与要求。经济法根源于国家对经济的自觉调控与参与，其要旨不是如民法为主体设定权利和义务，而是应对经济生活中的某些现象，以使经济快速平衡发展，并提高国民经济整体上的竞争力。经济法的任务之一是实现一定的经济体制和经济政策的要求，从而比其他法律部门有着更加显著的政策性特征。在现代市场经济社会，经济的法律调整往往政策先行，并赋予政策以法的效力。政策随着经济形势的发展而不断发生变化，经济体制也并非一成不变，经济法受其影响也时常处于变动之中。另外，经济法的执法与司法的力度受经济政策的影响很大，随着政策的变化而变动。

3. 综合性

经济法调整经济关系所体现出的社会责任本位与利益平衡协调的功能，要求经济法具备综合性的特点。经济法综合性的特点表现在多个方面：首先，经济法是公私法因素的融合。经济法的产生即是国家公权力介入社会主体的私权利之中而形成的，是公私法结合的产物。其次，经济法在调整过程中将各种法律手段有机结合。经济法调整手段包括民事的、行政的、刑事的、程序的、褒奖的和社会性的，等等。最后，经济法在调整社会经济关系时处处体现着统分结合、指导和规制相结合的现代市场经济精神。

第三节　经济法的基本原则

经济法的基本原则是指在经济法的立法和具体适用中所应当遵循的基本准则。它是经济法精神和价值的反映，是经济法宗旨和本质的具体体现。经济法基本原则是经济法基础理论体系的重要组成部分，它对我国的经济立法、经济司法、经济执法以及经济法教学和经济法学研究都具有重要的指导作用。

一、遵循经济规律的原则

经济规律和自然规律客观存在于社会经济生活中，不以人们的意志为转移。人们只有充分认识和利用这些经济规律，才能使自己的目标得到顺利的实现。由于经济法调整的经济关系的特点以及经济法的本质、功能的要求，经济法必须将遵循经济规律作为首要原则。

遵循经济规律的原则的基本要求即是实事求是，一切从实际出发。要从我国的国情和国力的客观实际出发，发挥主观能动性，去认识和运用客观经济规律。具体到经济法来说，首先要认识并尊重经济法所涉及的经济规律和自然规律，任何经济法律和经济法规的制定和执行，都必须充分反映客观经济规律和自然规律的要求。任何违背经济规律和自然规律要求的经济法律和经济法规都不可能达到预定目的，反而会对经济发展起到消极作用或破坏作用。

我国是多种经济形式并存的社会主义国家，存在着多种规律，如生产关系适应生产力发展的规律、商品交换规律、价值规律、竞争规律、按劳分配规律等。在现代市场经济条件下，各种经济规律又相互交叉、相互制约地发生作用。我们必须认识并合理应用这些规律，才能制定出正确的经济法律和经济法规，才能使经济法律和经济法规切实得到贯彻执行。与我国社会所存在的大量相互交织的自然规律和经济规律相适应，经济法遵循经济规律原则也应体现在多个层次和领域，既要体现在市场竞争领域，也要落实于国家的经济管理过程中，从而保证实现经济法的目标。

二、国家规范市场、市场引导企业的原则

现代市场经济是一种“有形之手”与“无形之手”综合发挥作用的体制。国家实现其经济职能的有效手段，就是通过法律作用于市场，并在整体上规范市场经济运行；企业即经济法主体的存续目的在于追求自身经济利益，同时又给社会提供商品以满足社会的需求，因此，企业的经济活动又受制于市场。

国家规范市场、市场引导企业的原则，不仅仅是国家管理企业的方式和方法，实质上还涉及计划与市场、计划调节与市场调节的关系问题。

新中国成立后，由高度集中的计划经济体制到以计划经济为主、市场调节为辅，再到有计划的商品经济，计划经济与市场调节相结合，直到将改革的目标确定为市场经济体制。明确市场在资源配置方面的基础性和决定性作用，在微观领域中的主导作用，必须把企业推向市场，通过市场变动来影响企业的经营决策。国家与企业的关系也要由过去的直接领导管理为主改变为通过市场对企业实行间接管理为主，主要采用经济手段和法律手段，辅之以必要的行政手段。

我国在建立与完善社会主义市场经济体制过程中，国家宏观调控是市场经济的必不可少的部分。因而就必须按照供求关系、价值规律去配置和调节社会资源的运行机制，与国家通过计划和其他经济手段进行的宏观调控机制协调结合起来，也即将市场与规划、市场调节与国家调节结合起来。

这就决定了经济法应该遵循国家规范市场、市场引导企业的原则，在充分认识到国家调节和市场调节各自的优点与缺陷的基础上，既要准确地把握国家意志作用于市场的“度”并对其进行法律规定，利用市场去引导企业的生产经营活动，又要确认企业的法律地位以充分发挥企业的积极性与能动性，从而保证经济法目标的实现。

三、有序竞争的原则

这是经济法反映社会化经济的内在要求和理念的一项核心的、基础的原则。有序、公平竞争的要求不仅直接体现在竞争法即反垄断法和反不正当竞争法中，而且在经济法的各项制度诸如发展计划、产业政策、财政税收、金融外汇、企业组织、经济合同等制度和具体执法及司法中，都必须考虑市场主体公平竞争的问题，政府的经济管理和市场操作也应该做到公开、公平、公正，不得违背和破坏市场公平竞争的客观法则。

有序竞争原则，实际是国家以公权力来纠正市场自发调节产生的弊端，并力求使市场机制

正常发挥作用而形成的原则。在资本主义国家，正是由于有序竞争受到垄断的破坏，直接影响到了资本主义制度存在的基础，才产生了现代资本主义经济法。社会主义经济法的产生与有序竞争原则也密切相关，正是由于高度集中的计划经济体制抑制了竞争，窒息了企业的活力，才有建立与完善社会主义市场经济体制改革的要求，因此才产生了我国的经济法。

有序竞争原则是经济法立法和执法的重要依据，它应当是市场经济中经济法追求的永恒目标。这是因为，有序竞争原则要求通过法律保证市场竞争的一般规律充分地发挥作用，消除与禁止自由竞争所产生的反竞争行为，并以法律形式在市场竞争中落实与实现国家的竞争政策。在资本主义社会，以有序竞争原则为基础而建立起来的反垄断法被誉为“市场经济宪章”“经济宪法”，可见该原则的地位。在我国，情况有所不同。因为我国的改革开放是自上而下由政府主导的，竞争规则也是由政府逐渐倡导和确立，竞争规则在我国当前的经济法中的地位并不高，财政法在我国当前的经济法中居于核心地位。但这并不否定有序竞争原则在市场经济中的重要地位和意义。

四、责权利效相统一的原则

责权利效相统一的原则，是指在经济法律关系中管理主体和公有制经营主体所承受的权（力）利、利益、义务和职责必须相一致。经济效益和社会效益是我们一切经济工作的出发点和终极目的，因而，效益既是责权利的起点，又是责权利的终点，也是检验责权利的设置和制衡机制是否正确得当的实践标准。基于经济法的功能和本质要求，该原则就成为经济法的根本原则。

责指的是责任和义务。在该原则中责任有不同的层次。首先，它是一种角色责任，表明了经济法律关系对于特定角色的权利义务要求。在组织中的不同角色，决定了主体在经济法律关系中承受的权利义务和利益。其次，责任表明主体在违反义务时引起法律和国家对其的否定性评价，它是义务与制裁的连结点，执法及司法通过责任来确定相应的法律制裁。

权指的是权利和权力。在经济法中，权（力）利和义务一般而言具有一致性，只有区分不同的情形才能将其区分开来。经济管理主体在实施管理行为时所拥有的权力同时也是一项义务，其所拥有的权力对国家而言也是一种义务，只能以最大的善意代表国家保护国家利益和实现国家的利益和意志。责权利效相统一原则要求权责相当，不能失衡，以免权重责轻诱发专权擅断，或者权轻责重令人畏缩不前。

利指的是利益，这是由经济法的经济性决定的。将利与权责相联系统一，不仅因为经济关系都是物质利益关系，经济法律关系往往涉及重大经济利益，更因为经济法要在其法律调整中引入物质利益原则，将作为公有主体成员的自然人或机构本身的利益同其在公有体系中所扮演的角色及其工作成效有机地联系起来。强调责权利的统一，并非要角色之扮演者承担的责任与其造成的损害完全等同，而是说要做到角色扮演者的切身利害同其权责的关系明晰，奖罚分明。

效即效益，包括经济效益和社会效益。经济法的制度和规定都以效益为出发点，并以获得效益为终点，同时，各个局部效益必须符合整体效益的要求。责权利与每一具体经济关系及其主体直接相关，效则并非如此，具体经济法律关系主体所追求的效往往是外在于其自身的，可能需要以眼前和局部的低效、无效或效益减损去换取长远或整体的效益。

我国社会制度的性质，决定了所有的国家机关、社会组织都必须在国家的统一领导下，为发展经济建设努力工作。各个经济组织对国家、对社会、对人民，都负有庄严的义务和责任，都必须首先尽责，责字当先，以责定权、以责定利。各个经济组织只有在对国家和社会尽责的基础和前提下，才能享有相应的经济权利，获得相应的物质利益。这是按劳分配原则在更广泛意义上的体现。坚持责字当先，并不是要否定权利，而是要使权利与责任相联系，必须责到权到，责到利生。

责权利效相统一原则贯穿于经济法的整体和始终，各种经济管理主体和公有制主体都必须遵循这一原则。权责不统一，就会导致有权无责或有责无权，引起权利及其救济的滞后。权责与利益不统一，也会发生同样的弊端，经济法的经济性、效益性也就无从体现。

第四节　经济法的地位

一、经济法的渊源

法的渊源是指法的法律效力的来源，包括法的创制方式和法律规范的外在表现形式。通常所说的法的渊源是法的存在或表现的形式。

经济法的渊源与我国法律实践相适应，也主要是制定法，包括：全国人民代表大会及其常务委员会制定的法律；国务院及其各职能部门、地方人民代表大会或地方人民政府授权制定的行政法规、部门规章和地方性法规、政府规章。除此之外，国家经济政策和习惯也可以作为经济法的渊源。

（一）全国人民代表大会及其常务委员会制定的法律

在我国，只有全国人民代表大会及其常务委员会才能制定法律形式的规范性文件，这种文件主要包括宪法和法律。宪法是国家的根本大法，具有最高的法律效力，宪法中关于我国基本经济制度的规定是其他有关经济法律和经济法规制定的依据，宪法是经济法最基本的渊源。经济法律包括全国人民代表大会制定的基本法律和全国人民代表大会制定的其他法律，如《反不正当竞争法》《反垄断法》《价格法》《税收征收管理法》《对外贸易法》《公司法》《商业银行法》等法律。这些法律在宪法之下对我国基本经济制度进行比较系统的规定，是我国经济法的主体和核心部分。

（二）行政法规和部门规章

行政法规是国务院在其职权范围内制定发布的有关国家最高行政管理活动的规范性文件，其效力低于宪法和法律。国务院发布的具有规范性内容的决定和命令，与行政法规具有同等效力。国务院所属各部委在职权范围内制定、发布的规章，通常称为部门规章。部门规章的效力要低于宪法、法律和行政法规。行政法规和部门规章，规定国家具体经济管理制度和国家经济政策，是我国经济法的重要渊源。

（三）地方性法规和政府规章

地方性法规是省、自治区和直辖市人民代表大会和人大常委会制定或批准的规范性文件。

地方性法规是地方权力机关根据本地区的实际情况而制定的只适用于本地区的法律规范。为了确保国家法制的统一，地方性法规不得与宪法、法律和行政法规相抵触，否则，抵触的部分无效。地方政府也可以以“规章”的形式制定规范性文件，称为政府规章，其效力要低于地方性法规。由于地方性法规的数量很大，涉及经济管理的内容也较多，因而地方性法规和政府规章也是经济法的重要渊源。

二、经济法的体系

法的体系是指法的内部结构，即一国现行法分为不同的部门而由此形成的内在统一、有机联系的系统。由于法所调整的社会关系的性质及调整方法上的特点，再加上法学家对法的调整对象这一客观事物的主观理解和把握，法分为内在统一而有联系的不同法律部门。经济法的体系则是经济法这一法律部门的具体部门法律所组成的内在有机统一的系统。

每个国家都有自己独特的法律体系，我国的国情也决定了我国法律体系的特点。经济法是我国法律体系中的一个重要的部门法。由于经济法是调整社会经济关系的法，因而，经济法体系与我国市场经济法律体系有着紧密的联系，是我国市场经济法律体系的重要组成部分。

在学术界，学者们根据不同的方法来构建经济法的体系。有的学者依据经济法调整的社会经济关系将经济法的体系界定为“经济管理法律制度”“市场竞争法律制度”“经营协调法律制度”；也有学者根据行业或产业的不同将经济法体系界定为“公司法”“企业法”“竞争法”“金融法”等法律制度；还有的学者根据经济活动的特点和阶段将经济法的体系界定为“经济组织法”“经济管理法”“ 经济和技术合同法”“经济仲裁和经济司法”等法律制度。

确立经济法的体系实质上是对经济法的结构与内容构建。合理的经济法体系应当在经济法的调整范围内，根据经济法的内在逻辑来确定，以做到结构合理、严谨。按照经济关系及其经济法调整的内在逻辑，经济法可以大致分为经济组织法、经济管理法和经济活动法三个部分。

经济组织法主要是企业公司法。它是对经济活动主体的资格和条件的规定，也是确定市场准入的基本规则。企业是经济活动的前提和经济管理的对象，故企业法是经济法的起点。作为经济法的企业法主要是指公有制企业和公有主体联合投资经营的法律制度，独资、合伙等联合投资经营的法律制度应属于民商法的范畴。公司法与合伙企业法是一种中性的组织制度，并无直接的民商法与经济法的区别。

经济管理法是经济法的核心部分，包括综合职能管理制度和行业管理制度两个部分。前者包括计划与产业政策、财税和预算内投资、金融和外汇管理等法律制度；后者如工业、农业、商业等特定产业的管理制度。

经济活动法是调整经济主体在从事经济活动的过程中发生的法律关系的法律制度，包括反不正当竞争法、反垄断法、消费者权益保护法等。经济法所调整的经济活动的特征，在于有国家意志的直接参与或国家的直接经济参与。

三、经济法与相关法律部门

经济法独立部门法地位的确立，不仅仅表现在其特殊的调整对象及独立的法律体系上，也表现在经济法与其他部门法的区别上。

（一）经济法与民法

民法是市场经济条件下的基本法律制度。民法的调整对象是平等主体之间的财产关系和人身关系。基于这种社会关系的平等性和权利义务的相对性，民法强调的是意思自治原则、协调一致原则。民事法律制度是以民事法律行为和意思表示制度为核心而构建的，贯穿着权利本位和私法自治的精神。

经济法是现代市场经济体制的产物，是在民法对市场经济调整乏力的情况下为弥补市场缺陷而产生的新兴法律部门，也是公权力介入到私权利以维护社会整体利益和公共利益的必然结果。从其产生时起，就体现着经济集中与经济民主的协调统一，体现着社会责任的本位。民商法在市场经济条件下的根本作用在于保证各种法律主体能够按照自己真实、自由的意思参与经济关系及从事民事活动；经济法的根本作用在于创建一个自由开放、有序竞争的市场环境，为民法作用的发挥创造必要的条件。民法与经济法在调整经济关系的过程中相辅相成，互相依赖。经济法调整的有些经济关系从表面上看属于当事人之间的社会关系，但其内容却反映了国家调控社会即市场经济的要求，体现着社会责任本位的原则，如政府采购合同。

（二）经济法与行政法

行政法是国家依法行政的依据，它是调整行政关系和监督行政关系的法律规范的总称。行政法调整的行政关系是确定行政机关的设立及其职责权限，行政行为的程序和范围等。行政法是国家公权力介入到社会公共事务中而产生的法律规范，属于传统的公法的范畴。由于行政管理自身的特点，行政法贯彻严格的下级服从上级、依法行政的原则。

经济法调整的社会经济关系中，经济管理关系与行政关系具有一定的共同点。但从本质上讲，经济法所调整的经济管理关系直接或间接地为经济关系而不是一般的行政关系，是以物质利益为内容的经济关系。两者调整社会经济的目的也不同，经济法对经济关系调整的目的在于规范市场经济秩序，而行政法调整社会经济关系的目的在于规范具体的行政行为。两者是有很大区别的。

（三）经济法与国际经济法

国际经济法是调整国际经济关系的法律规范的总称。它是涉及国际法与国内法、公法与私法、国际商法与各国民商法、国内涉外经济法等多种性质规范的综合体，国际经济法特性就在于其国际性。国际经济法范围很广，包括一国的涉外经济法、国际公约、国际惯例等。国际经济法应遵循其领域所特有的尊重国家主权原则、国家间平等互利原则、合作与发展等基本原则。由于国际经济法的显著的国际性特征，它属于国际法的范畴。

经济法属于国内法的范畴，其调整对象具有直接国家意志性。在经济法领域中，经济法所调整的社会关系基本上可分为两大类，即国内的经济关系和涉外的经济关系。但是，这种分类并不影响其国内法的属性。经济法与国际经济法的调整对象、法的渊源、法的创制、执行方式等方面具有一定的差异。但由于国际经济关系的进一步发展和融合，其联系会愈来愈密切。

（四）经济法与刑法

刑法是调整国家在制裁犯罪的过程中所发生的社会关系的总称，它包括犯罪和刑罚两部分。刑法的作用范围很广，遍及社会生活的各种领域。不管是民法、行政法还是经济法所涉及的领域，都有刑法规范的存在，它为其他法律的实施提供刑法意义上的保障。

经济法律规范文件中，经常有某些行为违法并造成严重社会后果时应当承担刑事责任的规定，也即经常有刑法规范的存在。但是，经济法中这些刑法性质的规定只是刑法的补充或配套，并不影响经济法的地位，也不影响经济法律规范的性质。

四、经济法的制定与实施

（一）经济法的制定

1. 经济法律规范性文件

规范性法律文件，是指由有关国家机关制定并发布的、具有普遍约束力的法律文件。我国法的渊源，主要是以规范性法律文件的形式表现出来的。规范性法律文件是国家机关进行社会关系调整的依据。

经济法律规范性文件，是有关调整经济关系的法律文件的总称。由于经济关系的范围和领域的广泛性，经济法律规范性文件也体现在国家法律法规的各个领域和层次，包括宪法中的经济法条款，全国人民代表大会及其常委会颁布的法律，国务院及其各职能部门颁布的法规，地方人民代表大会和地方人民政府颁布的法规，最高人民法院就经济法适用而做出的司法解释等。这些文件是经济管理机关执法和司法机关处理经济纠纷的依据。

经济法律规范性文件的组成，取决于经济法的实质内容与调整对象。它是经济法体系的具体组成部分。

2. 正确理解经济法的制定

经济法的制定，是指有权国家机关依照法定的职权和程序制定、修改或废止经济法律规范的活动。经济法的制定可以从广义和狭义两个方面来理解，狭义上是指全国人民代表大会及其常务委员会依照法定职权和程序制定经济法律规范的活动；广义上是指全国人民代表大会及其常务委员会和其他有关国家机关依照法定的职权和程序制定经济法律规范的活动。

正确地理解经济法的制定，必须分清经济法的制定与经济立法的关系。所谓经济立法，是指最高国家权力机关及其常设机关和其他有关国家机关依照法定的职权和程序制定或认可调整经济关系的法律规范的活动。此处所说的法律规范，包括调整各种经济关系的法律规范，所谓各种经济关系包括经济法所涉及的经济关系和民法所涉及的经济关系。因而，经济法的制定不能等同于经济立法，它只是经济立法中的一类。

鉴于经济法渊源的层次性与多样性，不同机关的经济法的制定存在着一定的差异。经济法制定机关不同，则其制定的规范性文件的效力也是有差异的。如全国人民代表大会、国务院、地方人民代表大会、地方政府、最高人民法院、最高人民检察院等各个机关制定的规范性文件的效力是不同的，下级权力机关制定的经济法规不得与上级权力机关制定的经济法规相抵触。全国性的国家机关制定的规范性的文件适用于全国，地方政府所制定的规范性文件的适用范围在该机关的辖区，而专门机关的文件则在其主管的领域中适用。

由于经济法律规范性文件的重要性和严肃性，经济法的制定应当符合一定的程序和要求。适用于全国的法律法规更要求符合严格的程序性规定。如全国人大及其常委会的立法要求经过法律案的提出、法律案的审议、法律案的通过和法律的颁布四个阶段。其他机关的立法活动也参照此程序进行。同时，为维护国家法律的稳定性和统一性，不同效力层次、规范不同性质社会关系的规范性文件都有相应的要求。要使经济法的制定符合立法的程序，符合宪法的原则与精神，从而保证经济法的制定符合社会主义市场经济体制的要求。

（二）经济法的实施

1. 经济法实施的意义

法的实施是使法律规范的要求在社会生活中得到实现的活动。经济法的实施，是指经济法在社会经济生活中得到遵守、运用和实现的活动。它是抽象的经济法律规范具体化，由文本中的法转变为现实的法的过程。

经济法的制定是把社会经济生活的具体要求上升为法，转变为一般、抽象的法律规范的过程，它是经济法得以实施的前提和基础。但制定法的最终目的在于得到实施，在此意义上，经济法的实施比制定更为重要。只有切实做到有法必依、执法必严、违法必究，才能使经济法的规定落到实处，使经济法的作用充分发挥，维护良好的社会经济秩序，促进我国经济的顺利发展。徒法不足以自行，只有确实得到实施的法律才有其现实意义。法律的生命在于实施，不能实施的法律只会产生社会资源的浪费，没有任何的社会意义。

2. 经济法实施的手段

与民法、刑法和行政法的实施一样，经济法的实施也需要通过相应的措施、手段。经济法实施的基本途径是通过经济法律关系。通过经济法律规范的规定，确定当事人的权利、义务及责任的承担方式和范围，为社会主体提供符合经济法要求的行为模式。通过法的实施而达到经济法律和经济法规在社会经济生活中的具体实现，使权利得到享用，义务得到履行，禁令得到遵守，稳定而协调的社会经济秩序得以确立，从而为社会主义市场经济的健康发展提供法律的支持。

经济法的实施，一般包括经济法的遵守和经济法的执行两个方面，后者又可以分为经济执法和经济司法。经济法的遵守，是指经济法主体遵守经济法律规范的活动，其中重要的是提高全社会的法治意识和每一个公民、企事业团体、国家机关及其工作人员守法的自觉性。经济执法则是指国家机关依照法定的职权和程序执行经济法律规范的活动，它是经济法律规范在社会中的正常实现形式。经济司法是指国家司法机关依照法定的职权和程序处理违反经济法律规范的案件的活动。

经济法的实施与民法、行政法、刑法等其他法律部门的实施相辅相成，不可分割。经济法律关系的正常运行，还需要辅之以民事责任、行政责任、刑事责任等制裁手段。

五、经济法律关系

（一）经济法律关系的概念及种类

1. 经济法律关系的概念

经济法律关系与经济关系是两个有密切联系又有所区别的概念。经济关系是在一定生产方式基础上产生的所有生产、交换、分配和消费多种关系的总称。经济法律关系是指经济关系经过相关经济法律和经济法规调整之后所形成的经济权利和经济义务关系。它是可以获得国家法律强制保护的法律关系。

经济关系是在人们的社会活动中形成的，是客观存在的社会关系。由于经济关系是人类社会最基本的社会关系，是人类社会存在与发展的基础，所以，自法律产生之日起，国家便将经济关系作为法的调整的主要方向与基本内容。经济关系是经济法律关系的基础，经过经济法调整的经济关系已不是原来意义上的经济关系，而是被赋予了经济权利与经济义务内容的思想意志关系。

经济法律关系的产生以经济关系的存在为前提和基础，而经济法律和经济法规的存在也是经济法律关系产生的必要条件。经济关系只有经过国家法律规范调整之后才可以形成经济法律关系，并获得国家法律保护。经济关系的存在和法律法规的颁布是经济法律关系产生的两个必不可少的条件。

由经济法调整对象所决定，经济法律关系的基本特征也表现为公私法因素的融合，表现为国家意志与社会主体意志的相互沟通与协调。经济法律关系是一种新型的法律关系，它与以意思自治为特征的民事法律关系和以行政服从为特征的行政法律关系有着根本的区别。

2. 经济法律关系的种类

经济关系涉及生产、交换、分配和消费多种关系。在不同领域的经济关系又表现出不同的特征。由于经济法调整的经济关系是多种多样的，经济法调整经济关系的形式也是多种多样的，因此而形成的经济法律关系也是多种多样的。一般可以从以下几个方面对经济法律关系进行分类。

按照经济法律关系的经济内容分类，可以将经济法律关系分为：税收法律关系、金融法律关系、企业法律关系、工业法律关系、农业法律关系和商业法律关系等。这种分类的意义在于可以明确地分辨不同领域法律关系的特点。

按照经济法律关系的性质分类，可以将经济法律关系分为：组织法律关系和财产法律关系。组织法律关系是指国家机关、社会组织等经济法主体在实施组织管理职能时发生的经济法律关系，主要包括确立国家机关、社会组织等的地位、性质，以及它们在组织管理经济过程中发生的以组织管理因素为主的一类关系。财产法律关系是指以一定的具体的财产形态为客体的经济法律关系，是一种物质利益关系。它们是以财产要素为主的一类经济法律关系，是经济法律关系的主要部分。

按照经济法律关系的结构形态分类，可以将经济法律关系分为：经济管理法律关系、经营协作法律关系和经济竞争法律关系。经济管理法律关系是指纵向经济关系被经济法律和经济法规调整后所形成的经济法律关系。在经济管理法律关系中，主体双方的地位不平等，具有行政管理的性质，但本质上是一种物质利益关系。经营协作法律关系是一种横向的经济关系，但具有明显的国家意志与个体意志相融合的特征，主要表现为经济合同关系。经济竞争法律关系主要是指在反垄断法和反不正当竞争法的调整中形成的法律关系。它是在民商法对社会竞争秩序进行初步调整的基础上，以经济法的原则和规范进行二次调整所形成的法律关系。

按照经济法律关系涉及的国家或地区分类，可以将经济法律关系分为国内经济法律关系和涉外经济法律关系。这种分类的意义在于表明涉外经济法律关系可能适用不同国家的法律。随着国际经济的融合，这种分类的差别会越来越小。

（二）经济法律关系诸要素

法律关系的要素是指形成法律关系的必要条件。任何法律关系都是由主体、内容和客体三个要素组成的。主体是法律关系的参加者，内容是法律关系主体所指向的权利义务，客体则是主体权利义务所指向的对象，三者相互依存，缺一不可。作为法律关系的一种，经济法律关系当然也必须符合这些条件。

1. 经济法律关系的主体

经济法律关系的主体又称经济法主体，是指依法参加经济法律关系并享有经济权利、承担经济义务的当事人。经济法律关系主体是经济法律关系的启动者、组成者，是经济权利、经济义务的承受者；也是经济法律关系客体中的财物所有者、经营者，以及客体中行为的实施者。主体是经济法律关系的第一要素，没有主体就不存在经济法律关系。根据经济法主体的法律地位、职能性质、活动范围等情况，可以将经济法主体分为以下几类：

(1) 社会组织。主要是指企业、公司、事业单位、农村经济组织、社会团体等。它们都必须是可以独立支配一定财产的经济实体，并依照一定的法律程序设立。部分社会组织还必须拥有法人资格。社会组织是经济法主体体系中最广泛、最基本的一类，可以参与所有经济法律关系。

(2) 内部组织。内部组织是指企业、公司和其他经济组织的内部单位。它必须具有相对独立性，并有自己相对独立的利益，并非所有内部组织都可以成为经济法的主体。将内部组织作为经济法主体是经济法部门的一种开拓性规定，它对于明确企业、公司等主体内部组织之间的权利义务，适应企业经济责任制改革的需要都具有积极的意义。

(3) 个体户。个体户属于个人主体，主要包括个体工商户、农村承包户、农村专业户等。他们一般是民法上的主体，只有当他们参加经济管理性质的经济法律关系，或有经济法律和经济法规的规定时，才可以成为经济法的主体。

(4) 国家职能部门 (机关)。国家职能部门包括权力机关和管理机关。权力机关是指全国人民代表大会及其常委会，以及地方各级人民代表大会及其常委会，它们主要是财政法律关系、计划法律关系中的经济法立法主体。管理机关主要是指经济管理机关，包括国务院及其各部委，地方各级人民政府及其所属部门。它们所涉及的经济管理关系实质上是一种物质利益性质的经济法律关系。

(5) 国家。国家只有在个别情况下才成为经济法主体。如国家以政府的名义与外国签订贸易协定或发行国家债券等。

经济法主体并不是僵化的，只要参与了经济法调整的经济关系的主体，都可以成为经济法主体。

2. 经济法律关系的客体

经济法律关系的客体，是指经济法主体承受的经济权利和经济义务共同指向的对象，也是经济法主体意图通过经济法律关系所要达到的目的。它是经济法律关系主体通过经济法律关系所追求的经济目标和经济利益。没有了客体，经济法律关系也就失去了存在的意义。

经济法律关系的客体具有以下三个特征：首先，作为经济法律关系客体的物既有广泛性的一面又有限制性的一面，如作为经济法客体的土地征用和划拨。其次，经济法律关系客体具有复杂的结构。作为民事法律关系的客体的物、行为和智力成果一般是单独存在的，但在经济法律关系中，其客体往往是财物、经济行为、智力成果、管理行为等交织在一起而形成的混合体。最后，经济管理行为是经济法客体的重要组成部分。

根据经济法律关系的特点，其客体可以分为以下几种：

(1) 财物。

财物是指经济法主体能够控制、支配并具有一定经济价值和实物形态的物品，并且法律允许这些物品进入经济法律关系。财物在物权法律关系中可以作为直接客体。在物权法的意义上，可以将物分类。根据物质资料在社会再生产中的作用，可以将其划分为生产资料和生活资料；根据财物在会计记账中的特点，可以将财物分为固定资产、流动资产、无形资产、长期投资、短期投资和递延资产等；根据法律对财物的流通的限制，可以分为自由流通物和管制流通物；根据财产的所有权主体的性质，可以分为公有财产和私有财产。

（2）经济行为。

经济行为是指经济法主体为了达到经济目标而实施的行为，如完成工作、履行劳务等。它与民事行为的区别在于参加的法律关系的性质不同，并且其目的是实现一定的经济利益。经济行为也是经济法律关系的一种重要客体。

（3）智力成果。

智力成果是指脑力劳动所创造的财富，它是一种无形财产。智力成果虽然不具备物的形态，却可以带来经济价值和经济效益。智力成果只有符合一定的条件才能成为经济法律关系的客体。成为经济法律关系客体的智力成果要有一定的物质载体，具有实用性并且能带来经济价值或社会效益，同时，还要经过专门的法律法规的确认。

（4）经济管理行为。

经济管理行为是指经济法主体为了实现经济管理目标而实施的行为，它是经济管理法律关系所特有的客体，也是经济法律关系所特有的客体。经济管理行为包括国家经济管理机关管理社会经济生活的行为和公司、企业等主体对内部组织的管理行为。经济管理行为是纵向经济管理关系在经济法律关系中的反映，是经济法律关系客体的重要组成部分。

3. 经济法律关系的内容

经济法律关系的内容，是指经济法主体所承受的经济权利与经济义务。它们是联系主体之间以及主体与客体之间的纽带。

（1）经济权利。

经济权利（权力）是经济法所确认的许可和资格。享有经济权利的主体可以凭借这种许可和资格，在经济法规定的范围内，独立自主地支配财产或事物，从事经济活动。经济权利主体还可根据法律法规的规定要求义务主体的一方为一定行为或不为一定行为，以实现自己的利益和要求。经济权利主体因对方不依法履行经济义务时，可以要求国家机关强制其履行或给予其他法律救济。经济权利可以分为原生权利和取得权利。原生权利是指经济权利主体依照经济法律和经济法规取得的，是一种不必参加经济法律关系并依赖特定义务主体的行为即可行使和实现的权利。这种权利主要是指权力和职权。取得权利是指经济权利主体必须参加经济法律关系，通过特定义务主体一方的作为或不作为才能实现的一类权利。这主要是经济权力、职权之外的其他经济权利。按照法律和法学理论，经济权利主要包括：所有权、法人财产权、知识产权、债权、经营管理权、经济职权。

（2）经济义务。

经济义务是指经济法所规定的要求。承担经济义务的主体必须依照法律法规或协议的规定，为满足经济权利主体的利益要求而为一定行为或不为一定行为。经济义务主体违反法定义务或约定义务的，将会受到法律的惩罚。经济义务的表现形式，因其主体的社会性质不同而有很大的差异。经济义务主要有以下几种：贯彻执行国家的方针、政策、法律和法规的义务；正确行使经济权利的义务；服从合法干预的义务；征纳税金和其他费用的义务；承担经济法律责任的义务。

经济法主体的经济义务是一种比较复杂的法律现象，根据不同的标准，还可以将经济义务作不同的分类。根据经济义务产生的方式不同，可以分为法定义务和约定义务，前者是直接由法律规定产生的，后者是根据当事人之间的约定而产生的；根据经济义务的对象，可以将经济义务分为对相对人的义务、对国家的义务和对社会的义务，对相对人的义务是基于经济法律关系而产生，对国家和对社会的义务大都取决于经济法律和经济法规的规定；与经济权利相对应，经济义务还可以划分为正确行使所有权的义务、经营责任、经济职责、经济债务、正确行使工业产权的义务等。

本章小结

1. 经济法是顺应现代市场经济的完善而发展起来的新型的法律制度，也是现代国家规范市场经济运行的有效措施。

2. 在西方国家，当市场经济进入垄断从而引发多种经济利益冲突与矛盾时，国家以其经济职能为据介入到原来属于私法范畴的社会市场经济关系，便产生和发展了经济法。

3. 不同国家经济法的产生源自社会化生产与生产关系的矛盾，现代国家介入经济生活，“无形之手”与“有形之手”的协同并用，经济集中与经济民主的对立统一。

4. 经济法是调整经济法主体在经济管理过程中和经营协调活动中所发生的经济关系的法律规范的统一体。

5. 经济法特征的社会关系可分为经济管理关系、市场竞争关系、经营协调关系三大类。

6. 经济法具有社会责任本位、平衡协调、系统调整社会关系、公私法兼顾的本质属性。

7. 经济法具有全面确立社会经济组织的法律地位、培育和完善社会主义市场经济体系、保证国民经济持续、稳定、协调地发展的功能。

8. 经济法具有经济性或专业性、政策性、综合性的特征。

9. 经济法应遵循经济规律的原则、国家规范市场与市场引导企业的原则、有序竞争的原则、责权利效相统一的原则。

10. 经济法律规范的渊源，主要来自国家的制定法，包括不同层次机构或部门制定的法律规范性文件。

11. 经济法律关系由经济法律关系主体、经济法律关系客体、经济法律关系内容三要素构成，缺一不可。

关键概念

战时经济法　危机对策法　战后经济法
现代经济法　“无形之手”　“有形之手”
经济集中　经济民主　大经济法说
企业经济法说　宏观调控法说　国民经济运行法说
经济管理法说　纵横统一说　经济管理关系
市场竞争关系　经营协调关系　社会责任本位

有序竞争　　责权利效相统一　　经济法渊源
经济法体系　　经济法律规范性文件　　经济法律关系主体
经济法律关系客体　　经济法律关系内容　　经济权力
经济权利　　经济义务

思考题

1. 简述经济法产生于西方国家的历史背景。
2. 简述经济法产生于我国的历史背景。
3. 简述经济法产生的一般规律。
4. 简述“无形之手”与“有形之手”的内涵及关系。
5. 简述经济法的调整对象及概念。
6. 简述经济管理关系、市场竞争关系、经营协调关系之间的联系与区别。
7. 简述经济法是社会责任本位法的实质。
8. 简述经济法是平衡协调法的实质。
9. 简述经济法应遵循责权利效相统一原则的实质。
10. 简述经济法渊源的构成。
11. 简述经济法体系的框架与内容。
12. 简述经济法的独立法律部门的地位。
13. 简述经济法律关系构成的三要素。
14. 简述经济法律关系主体的种类与特征。
15. 简述经济法律关系客体的种类与特征。

第二章

经济管理主体制度

本章导读

经济管理主体即参与经济法调整的社会经济关系的国家经济管理机关或机构，属于经济法律关系主体的范畴。经济法中的经济管理主体制度，旨在通过对经济管理机关的职责权限及其职能的界定，构建我国经济管理的制度体系，促进经济管理的依法进行，从而保证经济管理富有效率。完善我国经济管理主体制度对于我国市场经济的健康发展具有举足轻重的意义。

经济管理主体在经济法律关系中作为管理主体的当事人一方，承担着社会经济管理职能，是直接执行国家经济政策的机关。明确国家执行经济管理任务的主体的职权及在社会经济管理中的职责义务，贯彻权责一致的原则，是实现经济管理责任制的关键。经济法中的经济管理主体制度，旨在通过对经济执法管理机关的职责及权能的把握并研究其中的规律，构建我国经济管理的制度体系，以使我国的经济管理保持稳定和富有效率。

第一节　经济管理主体的含义及分类

一、经济管理主体的基本含义

经济管理主体，是指在经济法律关系中承担管理职能的当事人，也即经济法管理主体。它们主要是根据宪法和组织法设立并明确规定其性质、职能、职权、隶属关系等，承担决策、协调、执行、监督等经济管理职能的组织或者机构。由国家或法律授权、承担某种社会或政府管理经济职能的其他组织，也可以成为经济管理主体。经济管理主体在经济法律关系中的权力也是该主体对国家、人民、上级的职责和义务，其职权与义务是一体的。

对经济管理主体的概念，我们可以从以下几个方面理解。首先，经济管理主体是以国家名义进行经济管理活动的社会实体。国家以管理者和调控者的身份介入社会经济运行是现代经济活动的一个突出特点，这种介入通常表现为国家对社会生产、分配、交换和消费的诸环节进行计划、组织、指导和监督。其次，经济管理主体是享有调控权和其他经济职权的社会实体。经济管理主体的经济职权主要表现为：制定经济和社会发展的战略、计划、方针和政策；制订资源开发、技术改造和智力开发的方案；协调部门、地区、行业之间的发展规划和经济关系；公布社会经济发展信息，为经济发展提供基础性的服务；掌握和运用经济调节手段与方法，调控宏观经济总量的平衡。最后，经济管理主体所享有的管理权是一种以间接调控为主的管理权。经济管理主体不以权力者的身份直接参与国民经济活动，而是通过信贷、税收、金融、统计、会计、价格等其他手段和方式来引导、规范和监督经济活动。

二、经济管理主体的分类

根据我国行政管理体制及经济管理的特点，可以将我国的经济管理主体分为以下几类。

（一）政府及其职能部门

政府及其职能部门包括中央政府及其所属部门和地方政府及其所属部门，它们是经济管理主体的主要组成部分，是我国的基本经济管理主体。我国中央政府是指国务院，其所属经济管理部门包括国家发展和改革委员会、商务部、中国人民银行等宏观调控部门；自然资源部、工业和信息化部、中国证券监督管理委员会等部委，以及国家林业和草原局等专门经济管理机关。地方政府及其所属部门是指县级以上地方各级人民政府及其所属的经济管理机关。

（二）各级人民代表大会及其常委会

人民代表大会是我国的权力机关，它管理包括经济的、政治的、法律的等一切社会事务。作为权力机关，它对经济关系的管理完全是一种间接的管理方式，通过制定经济法律法规、发布管理经济事务的命令等方式来实现其对社会经济的调控职能。根据宪法规定，我国的权力机关分五级，即全国人民代表大会，省级人民代表大会，设区的市、自治州人民代表大会，县、不设区的市、市辖区人民代表大会和乡镇人民代表大会。除了乡镇人民代表大会外，其他各级人民代表大会还设有常委会。

（三）特殊企业

作为经济管理主体的特殊企业包括政策性经营的企业和专事国有资产投资或控股管理的企业两大类。政策性经营的企业承担着执行国家经济政策及相应的管理职能，如国家开发银行、中国农业发展银行和中国进出口银行。专事国有资产投资或控股管理的企业，由于其同国有资产管理密切相关而具有经济管理主体的性质，如国家开发投资集团有限公司、中国长江三峡集团有限公司等。

（四）经授权的其他组织

由于国民经济管理的复杂性和难度，法律规定的主体不可能对所有职权范围内的经济关系进行全面而细致的管理。有些主体既非政府机关，亦非依法具有独特权能的特殊企业，但因政府的特别授权而获得了一定的管理职能，行使经济管理的权力。如国有粮食企业就是这一类特殊的企业组织。

第二节　经济管理主体的特征

一般来说，经济管理主体都属于政府及其职能部门的范畴。因此，经济管理主体表现出以下特征。

一、主体的法定性

主体的法定性是指经济管理主体的成立、撤销以及行使职权都是依据法律而进行。经济管理主体所行使的职权是国家的经济管理权，是国家的公权力。为了确保在行使经济管理权的过程中不损害处于弱势地位的当事人，保证相对人的合法权益不受损害，也为了提高经济管理的效率和质量，法律法规对经济管理主体做了严格的规定。经济管理主体依法成立，依法撤销，其职权范围和行使职权的程序都由法律明确规定。对于行使经济管理职权的政府部门来说如此，对于行使部分经济管理职权的特殊企业来说也是如此，这些企业通过国家或法律授权的形式而享有国家经济管理职能。

二、主体的权力与责任的一致性

这是责权利原则在经济法具体制度中的体现，也是经济责任制的直接要求。

所谓经济责任制，是指在公有制主导的经营管理中，企事业机关单位及其内部机构因角色设置及其实现而相互承担义务和享有权益的经济法律关系。经济管理主体参与经济法律关系往往是依法行使经济权力，根据经济责任制的要求，在行使经济权力的同时，要全面履行经济责任，经济权力与经济责任要相一致。不允许存在无责任的权力和无权力的责任。

由于长期的人治和非制度化传统的影响，我国经济管理主体的角色设定、运作及责任等方面还存在一系列的问题。例如：经济管理机关及其职责不确切、刚性不足；对经济管理机关及其管理人员的行为缺少法律法规的约束，少有制裁；在传统的官僚体系下，行政管理与经济管理不分；等等。由于各种原因，经济管理主体权力与责任相一致的原则并没有真正得到贯彻。只有确实贯彻经济责任制，体现主体权力与责任相一致的原则，才能达到市场经济秩序和经济自由的和谐统一。

三、主体间关系的单方面性和隶属性

主体间关系的单方面性，主要是指经济管理主体与其被管理对象之间法律关系的形成上，往往是依据经济管理主体单方面的意思表示产生的。经济管理主体所行使的职权均来自法律的规定；经济管理主体有权在法律规定的范围内创设、变更和终止某种经济法律关系，这种关系与行政管理过程中法律关系的产生及发展类似，而与民事法律关系当事人之间的平等性、有偿性有着明显的区别。主体间关系的隶属性主要体现在经济管理主体内部关系上。经济管理主体的基本构成是享有国家经济管理职权的各级行政机关。上下级行政管理机关之间、行政管理机关及其职权机关之间，都存在着职能上的隶属关系。

第三节　经济管理主体的职能与地位

一、经济管理主体的职能

经济管理主体的职能亦可称为经济管理主体的功能、机能，它主要表现为经济管理主体的职权，表现为经济管理主体在经济法律关系中依法享有和行使的权力。经济管理的职权决定了其职能所在。

（一）经济管理职权

经济管理职权又称经济职权，是指国家机构依法行使和组织经济职能时所享有的经济管理权力和经济管理责任。它具有以下特征。

1. 经济管理职权由法律直接规定产生

无论是经济管理职权的产生，还是国家机构取得经济管理职权的方式，都是由法律法规直接规定或赋予的。没有法定或特定的事由，经济管理主体不得超出法律规定的范围行使经济管理权力。如宪法赋予全国人民代表大会及其常务委员会审查和批准国民经济和社会发展计划及计划执行情况的报告的权力，赋予国务院编制和执行国民经济和社会发展计划与国家预算的权力；宪法及地方各级人民代表大会组织法授予各级行政机关管理经济的权力等。

2. 经济管理职权为特定的国家机构和组织所独有

经济管理职权是一种专属的职务权限。经济管理职权的享有者只能是国家各级权力机关和各级行政机关及其所属的职能部门，特殊企业和其他特定组织依照有权机关的授权代行部分经济管理职权。其他非国家机构的事业单位、企业单位所享有的权利只是财产上的所有权和对财产的经营管理权，而非经济管理职权。同时，规定经济管理职权的法律规范属于强制性的规范，不得任意改变，也不需要有关领导机关的同意和认可。

3. 经济管理职权以国家对国民经济的宏观调控为中心内容

国家管理经济的职能主要是对国民经济宏观上的决策与管理。经济管理职权也主要体现为国家对国民经济宏观上的控制权，而非微观上的干预和调控。在对宏观经济管理的方式上，主要采用法律手段、经济手段进行间接调控，而非采用行政手段进行直接调控。

4. 经济管理职权的行使受到法律的严格限制

经济管理职权是一种以国家强制力为后盾的国家公权力，依据管理机关单方的意志即可发生法律效力。被管理主体在经济管理关系中往往处于弱者的地位，其合法权利很容易受到经济管理机关的侵害。因此，经济管理机关行使职权的方式、范围、程序等都受到法律的严格限制。

5. 经济管理职权是一种权力与责任相统一的权限

经济管理主体是代表国家行使经济职权的，国家通过这些机构行使经济管理职权，以达到管理社会经济的目的。因此，经济管理职权是权力主体必须行使的一种权力，它不得根据权力主体的意志而随意改变或抛弃，权力主体在行使经济管理职权的同时也是在履行自己对国家的义务。管理主体不行使或不正当行使经济管理职权就会构成失职。

（二）不同经济管理主体的职能

从整体上讲，经济管理主体的职能是负责国民经济发展规划的决策、执行、检查监督、作出处罚等，包括所有经济管理主体的经济管理活动。就具体的经济管理主体而言，其职能是有关某一领域、行业或被授权的特殊领域的决策、执行、检查监督、作出处罚等。

1. 政府及其管理部门的经济管理职权

政府及其管理部门是经济管理主体的最重要组成部分。中央政府是国家的最高行政管理机关，因而也是最高国家经济管理主体。它对于社会经济的调节和管理是全面的、综合性的。其管理方式重在对整个社会经济从整体上和宏观上进行规划、调节和控制；中央政府也要对社会经济活动的某些重要方面、部门和环节，对某些区域、重大经济项目和活动进行比较具体的管理，但其管理的目的在于实现经济在整体上的稳健运行。国务院是我国的中央政府，是最高国家行政机关，它负责领导和管理全国的经济工作和城乡建设，领导和管理教育、科学、文化、卫生、体育等工作，编制、执行国民经济和社会发展计划以及国家预算等。国务院和地方政府承担经济管理职能的部门可分为宏观调控部门和专门经济管理部门。前者着眼于经济总量平衡，优化产业结构和经济秩序，促进经济的健康和可持续发展。后者主要是制定行业发展规划和行业政策，维护行业竞争秩序。县级以上人民政府在国务院统一领导下，依法管理本行政区域内的经济、城乡建设事业和财政税收等工作，并依法设置、运作专门经济管理部门和宏观经济调控部门。

2. 各级人民代表大会及其常委会的经济职权

全国人民代表大会是最高国家权力机关，当然也是国家经济管理的最高权力机关，是最高国家经济管理主体。它对国家经济的管理，不是局限于社会经济的某个方面或部门，而是拥有全面管理之权，但并非事无巨细地包揽所有经济管理事务，而是对国民经济中一些特别重大的和根本性的问题进行管理。全国人民代表大会享有管理经济的最高权力，包括制定和修改宪法在内的最高立法权，并有权审查和批准国民经济和社会发展计划、国家预算及预算的执行情况等。县级以上各级人民代表大会在本地区内保证国家宪法、法律、行政法规、上级人大及其常委会的决议、国家计划和预算等在本地区的遵守执行；可以决定本地区的重大事项，如审查、批准本地区的国民经济和社会发展计划、预算，批准或作出重大经济决策等；可以依照法律规定的权限，通过和发布决议，审查和决定地方的经济建设、文化建设和公共事业建设的计划。

3. 特殊企业的经济职权

无论是政策性经营的企业还是专事国有资产投资或控股管理的企业，都承担着本行业或领域一定的经济管理职能，在法律规定的范围内从事经济管理。这类特殊企业一般由法律或国家政策明确规定，其经济管理职能也与企业所处的行业或领域相关。

4. 经授权的其他组织的经济管理职权

为了适应复杂的经济管理的实际需要，国家或法律也可以对其他具备一定条件的组织进行授权，允许其享有部分经济管理的职能。

经济管理主体的设置依赖于国家的行政体制和发展国民经济的需要，其职能也要服从和服务于社会经济生活的需要。因此，经济管理主体在参与经济法律关系过程中应当进行合理的职能设置，贯彻经济权力与经济责任相一致的原则。

（三）具体经济管理职权

1. 经济决策权

经济决策权是指国家为保证经济总量的平衡、经济结构的优化和全国市场的统一，实现国民经济和社会发展规划，在合理划分中央与地方经济管理权限的过程中行使的权力。它既包括长期的决策，如国民经济和社会发展计划，也可以表现为临时的命令，如国家为整顿金融秩序、税收秩序而作出的决策。这种权力分别由国家权力机关和国家行政机关来行使。如国民经济和社会发展计划的审批和修改权，国家和地方预决算的审查、批准权，重大建设项目的决定权等。

2. 市场管理权

市场管理权是指国家机构行使管理国民经济职能时，对某些特定经济关系、主体资格及经济行为行使的命令、批准、确认、许可、审核、禁止或撤销的权力。

命令权是指国家经济管理机关要求相对人为某种行为或不为某种行为的权力；批准权是指经济管理机关依法同意特定人取得某种法律资格或实施某种行为的权力；确认权是指国家经济管理机关对存在争议的特定的法律事实或者法律关系依法宣告是否存在和有效的权力；许可权是指国家经济管理机关依法对特定人或特定事解除对一般人仍然有效的禁止的权力；审核权是指上级国家经济管理机关对所属单位的经济行为的合法性和真实性进行审查认可的权力；禁止权是指国家经济管理机关依法不允许相对人为某种行为的权力；撤销权是指国家经济管理机关依法对某种法律资格予以取缔或消灭的权力。

3. 经济协调权

经济协调权是指国家经济管理机关为了实现国民经济和社会发展计划目标，在促进横向经济联系中，协调地区、部门、企业之间经济关系的权力。这种协调既包括宏观经济计划和经济目标的协调，如在编制国民经济发展计划时平衡不同利益的协调，也包括具体经济活动中的协调，如在处理不同部门、地区利益冲突时的协调。

4. 经济监督权

经济监督权是指国家经济管理机关对社会再生产各个环节进行监督和指导的权力。它包括计划、财政、税务、银行、物价、计量、产品质量、审计、会计、统计以及市场监督等。计划监督是指对国民经济和社会发展计划的制定和执行进行的监督；财政监督是指对国家预算执行情况的检查；银行监督是指中国人民银行和政策性银行对全国的信贷、外汇使用等金融活动进行的监督；审计监督是指国家审查机关对国务院各部门和地方各级人民政府的政府收支、财政金融机构及企事业单位的财务收支及经营效益进行的监督；会计监督是指依法行使会计职权的经济法主体对有关经济法主体的款项收支、财产收发、债权债务增减等活动的合法性和有效性进行的监督。

5. 经济立法权

经济立法权是指国家机构根据宪法的规定以及最高权力机关的授权所享有的制定、修改和废止经济法律法规的权力。它是国家经济管理机关经济职权的重要内容，是国家对社会经济进行宏观调控的法律依据。我国的立法权分中央和地方两级立法体制，而经济法律和经济法规的制定权主要是由全国人民代表大会及其常务委员会、国务院等中央的经济立法机关和依法享有地方性法规制定权的地方人民代表大会及其常务委员会行使。

二、经济管理主体的地位

经济法主体制度是经济法律关系的重要内容。经济管理主体作为经济法主体制度的重要组成部分，在经济法律关系中具有举足轻重的地位。

从经济法调整的关系的角度看，无论是在经济管理关系、经济竞争关系中，还是在经营协调关系中，经济管理主体都可能成为经济法律关系的当事人。经济管理主体在参与经济法律关系时往往处于管理的一方，行使国家或法律赋予的管理、监督经济运行的职权，其行为直接或间接地影响到经济法调整的经济关系的稳定与正常运行。因此，规范经济管理主体便具有了重要的意义。

从经济法律关系当事人的角度看，经济管理主体的具体行为直接或间接地影响到对方当事人，即社会经济组织的经济利益。经济管理主体在经济法律关系中往往处于强势一方，很可能会对处于弱势地位的当事人的合法权益造成损害，故而经济管理主体更需要严格地履行法律规定的职责。

由于经济管理主体的重要性，以及可能对相对方当事人的合法权益造成损害，法律需要对经济管理主体进行更加严格的规范。经济管理主体的产生、职权范围、履行职责的程序等都由法律予以明确规定。

第四节　经济管理主体与行政体制改革

一、世界贸易组织（WTO）与经济管理

为了促进各国经济发展并推动经济国际化的进程，世界贸易组织专门规定了一些精神和原则，并以条约的形式要求参加方遵守与执行。“透明度原则”即是其中之一，它是指缔约方的法律文件要透明，即缔约方为调整社会关系而制定的所有法律、法规，以及各成员之间签订的影响国际贸易的协定要公之于众，以便于公众得以了解。透明度原则是最惠国待遇原则和国民待遇原则实现的保障，也是现代文明社会法律的基本原则，是各国法律应当遵守的基本精神。

我国加入世界贸易组织后，受世界贸易组织规则冲击最大的是政府，尤其是政府中的经济管理主体的思想理念及管理模式。首先，政府要从原来的全能政府的理念转变为有限政府的理念。经济管理要有所为有所不为，主要从宏观上调控经济的运行，抛弃计划经济条件下过多地介入公民私人事务的思想。其次，要从原来的神秘政府转变为透明政府。我国传统上的行政法规和规章数量众多并互相冲突，而经济管理上的有些问题的处理也处于不公开状态，这既为权力腐败提供了土壤，也使社会组织及公民个人权利得不到维护。要以加入世界贸易组织为契机，切实使政府的经济管理、社会管理行为透明化。最后，要从权力观念的政府转变为责任观念的政府。政府不仅行使社会管理、经济管理的权利，更要承担由此而带来的义务和责任，经济管理主体要落实经济责任制，应强调责任的重要性。

具体来说，国家实施经济管理的机关都是政府职能部门，且实施管理的依据往往又是其制

定的法规或规章制度。在“透明度原则”的前提条件下，国家实施经济管理的职能部门及其职责权限也应当依法成立与设置，其制定、颁布的法规或规章制度也应当向社会公布，使社会公众或参与国内经济贸易的国外企业及自然人明白自己的合法权利和要求，既督促政府依法行政，也保护了处于弱势地位的当事人的利益。同时，坚持“透明度原则”，对于保持一国法律在世界上的公正性和权威性，促进本国参与世界经济和政治合作，也有着非常积极的意义。

我国已经加入世界贸易组织，经济体制改革已经取得丰硕的成果，确立了基本的经济管理制度。但是，在完善政府经济管理部门对价格的调节、完善政府与国有企业的关系等问题上还需要进一步探讨；在涉外经济关系中，对货物贸易和服务贸易的管理思想等问题还要继续研究。如何根据我国所承诺的世界贸易组织法律文件的要求并结合国情改革我国现行的经济管理体制，是体制改革的一项重要内容。

二、经济管理主体与经济管理体制改革

（一）经济管理主体与行政体制的关系

我国行政体制改革的目标是：建立办事高效、运转协调、行为规范的行政管理体系；完善国家公务员制度，建设高素质的专业化行政管理干部队伍；逐步建立适应社会主义市场经济体制的中国特色行政管理体制。为了达到这个目标，应该在现有的行政体制的基础上逐步予以改革。按照发展社会主义市场经济的要求，转变政府职能，实现政企分开；按照精简、统一、效能的要求，调整政府组织结构，实行精兵简政；按照权责一致的原则，调整政府部门的职责权限；按照依法治国、依法行政的要求，加强行政体系的法制建设。要使行政管理体制符合社会主义市场经济体制的要求，同时也符合管理社会公共事务的要求。

经济管理主体以国家公权力的身份介入并干预社会经济事务，参与经济法律关系，行使国家经济管理职能。但就该管理主体的性质来看，经济管理主体仍属于国家行政机关的范畴，要受到国家行政管理体制的制约。因此，行政管理体制改革势必要涉及经济管理体制的改革，涉及经济管理主体自身的设立、职权范围、工作方式等。换言之，经济管理体制的改革属于行政体制改革的一部分。

（二）经济管理体制改革的趋势

政治体制改革与经济体制改革是促进经济发展的重要方式。经济管理体制改革则是经济体制改革的重要组成部分。我国的经济管理体制还存在一系列的问题：一是市场体系不完善，市场对资源配置的基础性作用未得到充分发挥；二是国有企业改革需要深化，企业的市场主体地位没有完全确立起来；三是政府职能定位不准确；四是对外经济管理体制不完善。

根据我国经济管理体制中存在的问题，我国经济管理体制具体应做好以下几个方面的工作：第一，按照建立现代企业制度的要求，继续推进国有企业规范的公司制改革和股份制改造，完善监督机制；第二，继续完成电力、电信、民航、铁路等行业改革，自上而下有序地进行国有资产管理体制改革，创造各类市场主体公平竞争的环境；第三，稳步实施金融体制改革，完善金融法律法规，稳步开放我国的金融市场，继续推进财税、投资和融资体制改革。通过改革，使我国的经济管理体制符合社会主义市场经济秩序发展的要求，从而推动社会主义市场经济体制的完善。

经济管理体制改革，就其根本内容而言，就是要设置符合我国市场经济运行要求的经济管理主体，并授予经济管理主体相应的职责权限，要在制度上保证经济管理主体的工作人员能够依法行使职权。

从总的方面来讲，经济管理体制改革的基本方向应该是：完善我国现有的经济管理主体并向社会公开其职责权限，以符合世界贸易组织的“透明度原则”的要求；建立并完善公务员制度，提高公务员的素质，以保证公务员真正做到依法行使职权；贯彻“收支两条线”，既监督经济管理主体依法行使职权，减少贪污腐败，同时也保障经济管理主体行使职权必需的物质条件。

本章小结

1. 国家管理经济职能的实现有赖于经济管理主体的设置及其管理活动。

2. 在我国，经济管理主体的设置具有层次性，主要包括政府及其职能部门、各级人民代表大会及其常委会、特殊企业、经授权的其他组织等。

3. 经济管理主体主要是经济管理机关或机构，因此，它具有其他经济法主体不具备的特征。

4. 经济管理主体在经济法中具有重要的地位。

5. 经济管理主体的权力与责任是一致的，这为依法管理经济奠定了基础。

6. 经济管理主体与我国行政体制改革有着密切的关系。

关键概念

国家管理经济职能	经济管理主体	经济管理主体的特征
经济管理主体的职能	经济管理主体的权限	经济管理主体的权力与责任

思考题

1. 简述国家管理经济职能与经济管理主体的关系。
2. 简述经济管理主体的概念与种类。
3. 简述经济管理主体的特征。
4. 简述经济管理主体的职能和权限。
5. 简述经济管理主体的权力与责任的基本要求。

第三章

企业法律制度

本章导读

企业是现代经济关系中最重要、最活跃的主体，是社会经济的细胞和动力之所在。企业的组织和运作又与一国的历史文化和社会经济发展水平密切相关，是一国经济发展水平的直接反映。我国经济体制改革的根本任务，就是要建立起具有中国特色的充满生机和活力的社会主义市场经济体制，使现代企业制度成为我国经济发展的基础。企业法律制度是针对企业设立、变更、终止等活动而设置的，其根本目的在于规范企业的社会经济行为，促进企业良性地发展，进而推动整个社会经济的进步。

第一节　企业法律制度概述

一、企业的概念与分类

（一）企业的概念

企业是经济法主体的一种基本形态，它属于经济法主体中的组织主体范畴。“企业”一词是外来语，经日本传入中国，原意为企图冒险从事某项事业，后来用来指经济组织或经营体。对于企业的概念，学术界有多种不同的观点。从广义上讲，企业是指从事生产、流通或服务活动的经济组织；从狭义上讲，企业往往是具有法人资格的经济组织，如工厂、商店等。由此可见，企业的概念比较广泛。

企业主要具有以下特点：

1. 经营性

企业的主要特点是经营性，即企业是为了一定的经济目的进行筹划运作，重视经济核算，并以此参加社会的各种活动。所以，具有经营性特点的经济组织都可称为企业，包括具有法人资格的经济组织、公司和不具有法人资格的经济组织。

企业的经营性并不等于营利性，经营的目的一般是营利，即企业尽力在营运过程中获得超出所投入的成本的利润或经济利益。但是，并非一切经营活动都是以营利为目的，企业也可以从事政策性经营或公益性经营，如公用事业或政策性银行等。

2. 人与物有机结合

在构成上，企业是由作为物质部分的生产资料和作为人的部分的劳动者与经营者组成的，是凭借一定的生产经营方式形成的有机整体。企业的存续时间不受限制，但是企业有着明确的解散或终止的原因或法律程序，而且不论何时，企业都是人与物有机结合的一个整体。

3. 必须依法设立

企业必须依照法律规定的设立条件和设立程序才能成立，并取得相应的权利能力和行为能力。企业必须依法设立还包括企业必须依法选择自己的组织形式，而不能自创所谓的组织形式。

4. 具有独立或相对独立的法律人格

企业人格所代表的是企业的法律地位。不同类型的企业，其法律地位各不相同。在企业基本法律形态中，公司企业属于法人企业，具有独立的法律人格，公司的财产和责任与股东的个人财产和责任完全分开。个人独资企业和合伙企业则属于自然人企业，不具有法人资格，企业的债务要由企业主和合伙人承担无限的或连带的责任。不过，即使非法人企业，法律仍赋予其一定的主体资格，企业可以以自己的名义起诉、应诉，在财产和责任的承担上也表现出相对的独立性。

依照我国现行法律的规定，企业应当是一种经济组织，并具备一定的组织形式。这就使企业与流动摊贩、一次性交易等非固定、非稳定的经营行为相区别。在我国，有相当数量的企业是具备法人资格的组织，即有自己的财产和经费，有生产场所，并能以自己的名义独立承担民事责任。企业法人在现代经济生活中占有主导地位。

（二）企业的分类

企业是一个非常复杂的经济现象，依据不同的标准可以对它做出不同的分类。对企业分类进行研究，有利于人们探寻企业的性质和特征，有利于在法律上明确而科学地对各种企业进行界定，也有利于司法实践中对企业问题的把握。

1. 根据企业的组织形式分类

根据这一分类标准，可将企业分为独资企业、合伙企业和公司。三种企业形态是典型的法律形态。

独资企业是一个自然人投资经营的企业，其法律人格与投资者的法律人格混为一体，投资者须对企业债务承担无限责任。独资企业是一种比较初级的企业形态，由于特有的灵活性和旺盛的生命力，在任何社会形态中都存在独资企业。

合伙企业是指二人以上按照协议共同占有使用财产，共同经营，共负盈亏，共担风险，对外承担无限连带责任的企业。非经营性的合伙和合伙组织，都不是合伙企业。根据合伙人在合伙企业中的地位，又可以将合伙分为有限合伙和无限合伙。

公司是两个以上的股东依公司法的要求设立的经营性的组织。公司是现代企业典型的组织形态。以公司资本的结构和股东对公司债务承担责任的方式的不同，又可以分为有限责任公司、股份有限公司、无限责任公司、两合公司和股份两合公司五种。我国公司法仅仅规定了前两种公司形式。有限责任公司是指股东以其出资额为限对公司承担责任，公司以其全部资产对公司的债务承担责任的公司形式。股份有限公司是指公司全部资本分为等额股份，股东以其所持股份为限对公司承担责任，公司以其全部资产对公司的债务承担责任的公司形式。

2. 根据企业所有制形式分类

根据这一分类标准，可将企业分为国有企业、集体企业、私营企业和混合企业。这是我国对企业传统的分类。国有企业是指企业的资本全部或部分属于国家所有，并为国家直接或间接控制的企业。由于财产上的国家属性，国有企业必然同国有资产管理制度有着密切联系，从而具有一定的行政特性，很容易受到政府的过分干预。由此也产生了国企体制不顺、缺少活力的弊端。集体企业是指企业财产归一定范围内的社会成员集体所有，由集体投资或社员集资入股设立的企业。私营企业是指企业财产属于私人所有，并由私人投资经营的企业。私营企业具有较强的灵活性和适应性，是其他公有制形式企业的必要补充。混合企业是指不同所有制形式的财产共同组成的企业，它不能简单地归属于公有或私有，要看企业中公司份额与私人份额所占的比例。混合企业也是一种重要的企业组织形态。

3. 根据企业资本来源分类

根据这一分类标准，可将企业分为内资企业、外资企业和内外合资企业。内资企业是指企业全部资产都由国内的投资者出资的企业。外资企业是指依照中国有关法律在中国境内设立的全部资本由外国投资者投资的企业，不包括外国的企业和其他经济组织在中国境内的分支机构。内外合资企业是指企业资产由国内公司企业或其他组织与国外的公司企业、其他经济组织和个人等共同出资，典型的形式包括中外合作经营企业和中外合资经营企业。外资企业和内外合资企业，统称为外商投资企业，即全部或者部分由外国投资者投资，依照中国法律在中国境内经登记注册设立的企业。

4. 根据企业性质分类

根据这一分类标准，可将企业分为普通企业和特殊企业。普通企业是指依照公司法或企业法成立，不担负其他特殊行业管理或经济管理职能的企业。特殊企业是指依照国家特别法律或政策性命令而产生，以营利性、政策性或非营利性为目标，担负着国家赋予的行业管理或经济管理职能的企业，如政策性银行等。

二、企业法的概念与体系

（一）企业法的概念

企业法是规定企业的法律地位及调整其内外部组织关系的法。它以企业为规范的对象，规定及调整企业的设立、变更、终止，企业的法律地位和能力，企业的资本，投资者相互之间及与企业的关系，企业内部的组织机构，企业与其他组织间的控制与被控制关系等。企业法是一种组织法。

企业法由调整有关企业的特定社会关系的全部法律规范组成的，不能简单地将企业法理解为是某一企业的法律、某一企业的规章或它们的总和。而且，要区分实质意义的企业法和形式意义的企业法。形式意义的企业法是指《全民所有制工业企业法》《公司法》《合伙企业法》等具体的法律法规。实质意义的企业法是指所有调整企业的设立、变更、终止、生产经营关系等的法律规范。

企业法调整的特定的社会关系，包括：国家对企业的经济管理关系；企业的内部组织关系；企业部分经营活动所产生的经济关系等。

根据企业法的内容与地位，其特征是：

1. 企业法是一种组织法

组织法是规范某种社会主体的产生、变更、消灭、组织及活动规则的一类法。企业法是规范企业这一主体，确立其法律地位、组织制度、活动规则等从设立到消亡的过程中所发生的所有关系的法。因此，企业法是一种组织法。

2. 企业法是一种行为法

企业法在规范主体的组织制度时，还对企业的基本经济行为进行规范和调整，因而企业法又具有行为法的特征。

3. 企业法是一种强制法

企业法规定企业的组织制度及其经济行为，企业的成立及生产经营等必须符合企业法的相关规定，不能根据当事人的意志而予以改变，这是由企业作为社会经济中最基本的市场主体和最主要的经济力量的地位所决定的。与一般的民事法律相比，企业法具有更多的强制性规范。当然，企业法中也规定当事人可以对一些事项自主决定。

（二）企业法的体系

企业法的体系是指调整不同类型的企业的法律法规所组成的内部协调、有机统一的企业法系统。

根据企业法是否一般地适用于普通的企业，可以将企业法分为特殊企业法和普通企业法。特殊企业法是调整特殊企业的专门法规，它对某企业或某类企业的设立、机构和运营等做专门规定及调整，该企业不再适用公司法等普通企业法。我国的特殊企业法，主要是有关国务院设立诸如政策性银行、军工和航天等特殊企业的决定和规章等。我国的大多数国有企业并不适用特殊企业法，而只是适用普通企业法。

普通企业法主要是商事合伙法和公司法，也包括民法典中有关民事主体的一般规定，如企业法人制度等。对于普通企业法，世界上存在着四种立法模式：其一为纳入民法典，如瑞士；其二为纳入商法典和制定单行法，如德国和日本；其三为制定公司法典，如法国；其四为制定法和判例法模式，如英国和美国。我国普通企业法与我国改革开放的实践相适应，表现为普通企业的核心法规加相关及配套法规的模式。

第二节　企业市场准入与退出制度

一、企业市场准入与退出制度概述

（一）市场准入制度

市场准入制度是指政府对企业或投资者进入某经营领域从事经营活动施加限制或禁止的有

关制度。市场准入制度主要是针对企业及其分支机构的设立及营业实行审批以及特许经营的制度，也涉及有关产业政策、外商投资、行业管理和竞争政策等。对企业设立和营业的审批，在一定程度上也包括特许经营。企业市场准入制度主要有下列几种。

1. 许可主义

许可主义又称“核准主义”“审批主义”，是指设立企业，除了需要符合法律规定的条件外，还需要报请主管的行政机关审核批准方能申请登记成立。我国企业的设立，除一般有限责任公司、某些类型的劳动服务企业和股份合作企业等依法不需要报主管机关审批外，都需事先报批。例如，设立国有企业须由政府主管部门审批。对企业设立由政府预先核准或许可，这是控制企业进入市场的基本手段。

2. 准则主义

准则主义又称“登记主义”，是指设立企业不需要报有关主管机关批准，只要符合法律规定的成立条件，即可向企业登记机关申请登记，经登记机关审查合格后授予合法主体的资格。我国对有限责任公司一般实行这一原则。主要发达国家于 19 世纪后半叶对企业设立均已采取准则主义，后来为了防止滥设公司和利用公司欺诈等流弊，遂严格公司设立的条件，规定公司的最低资本额、股东和董事等的资格，加重发起人的责任等，即采用“严格准则主义”。

3. 特许主义

特许主义是指根据特别法、专门法规或行政命令设立企业，或由国家领导人特许设立企业的一种企业设立模式。可分为两种情况：一种是为个别企业制定专门的法律，由该法予以特别调整，这种情况又称“法定主义”；另一种是制定特别法或专门法规，对符合条件者，经主管机关或国家领导人特许而设立企业。企业特许设立或特许经营，通常是针对公用事业等领域的重要企业所实行的制度。按照特许主义设立的企业通常是特殊企业，如我国由国务院决定设立的行业总公司、投资公司，以及其他一些承担一定的管理职能或从事军工、航天、能源、交通等关系到国计民生的企业。

4. 自由主义

自由主义是指法律对公司的设立不予规制，当事人可自由设立公司，无须履行任何法律上的手续。这种情况仅发生在企业的萌芽时期，现代的企业都必须依法设立，才能合法地存在及从事活动。

5. 市场准入负面清单制度

根据《国务院关于实行市场准入负面清单制度的意见》（国发〔2015〕55 号）的规定，市场准入负面清单制度，是指国务院以清单方式明确列出在中华人民共和国境内禁止和限制投资经营的行业、领域、业务等，各级政府依法采取相应管理措施的一系列制度安排。市场准入负面清单以外的行业、领域、业务等，各类市场主体皆可依法平等进入。

负面清单主要包括市场准入负面清单和外商投资负面清单。市场准入负面清单是适用于境内外投资者的一致性管理措施，是对各类市场主体市场准入管理的统一要求；外商投资负面清单适用于境外投资者在华投资经营行为，是针对外商投资准入的特别管理措施。

市场准入负面清单包括禁止准入类和限制准入类，适用于各类市场主体基于自愿的初始投资、扩大投资、并购投资等投资经营行为及其他市场进入行为。对禁止准入事项，市场主体不得进入，行政机关不予审批、核准，不得办理有关手续；对限制准入事项，或由市场主体提出申请，行政机关依法依规作出是否予以准入的决定，或由市场主体依照政府规定的准入条件和准入方式合规进入；对市场准入负面清单以外的行业、领域、业务等，各类市场主体皆可依法平等进入。

对各类市场主体涉及以下领域的投资经营行为及其他市场进入行为，依照法律、行政法规和国务院决定的有关规定，可以采取禁止进入或限制市场主体资质、股权比例、经营范围、经营业态、商业模式、空间布局、国土空间开发保护等管理措施：涉及人民生命财产安全、政治安全、国土安全、军事安全、经济安全、金融安全、文化安全、社会安全、科技安全、信息安全、生态安全、资源安全、核安全和新型领域安全等国家安全的有关行业、领域、业务等；涉及全国重大生产力布局、战略性资源开发和重大公共利益的有关行业、领域、业务等；依法可以设定行政许可且涉及市场主体投资经营行为的有关行业、领域、业务等；法律、行政法规和国务院决定规定的其他情形。

（二）市场退出制度

市场退出制度是指企业在解散（终止）时应依法办理退出市场手续的制度。它是与企业市场准入制度相对的市场控制制度，是市场稳定和正常运行的基础性制度。企业退出制度的基本内容包括注销登记、清偿债权债务关系。企业退出市场还会涉及福利、职工再就业问题。

1. 市场退出方式

依照我国有关法律的规定，企业法人的市场退出方式有解散、依法被撤销、依法被宣告破产以及其他原因。其一，解散，包括自动解散和决议解散。前者是指企业已达到设立的目的或者企业章程中规定的活动期限届满，不需任何法律条件，企业资格自行消灭。对于由成员共同意志成立的企业，其权力机关可以通过决议而对其解散。其二，依法被撤销，是指有关机关依照法律规定，在其职权范围内发布行政命令或者直接宣告企业解散，对企业进行撤销。其三，依法宣告破产，是指债务人不能清偿到期债务时，人民法院根据当事人的申请依照法定程序宣告其破产，并强制将其全部财产公平清偿给全体债权人的一种法律制度。其四，其他原因，指其他导致企业退出市场的情况。

2. 市场退出的程序

企业退出市场与企业进入市场一样，也须履行一定的手续，主要是向登记机关办理注销登记手续并公告。企业不管是何种原因终止时，都须向原登记机关办理注销登记，并需提供相应的文件。公告的目的在于将注销企业的情况通过一定的形式向社会公开，以免引起混乱。

3. 退出市场必须清理债权债务关系

企业主体资格消灭时，必须对企业与其他主体的债权债务关系进行清理，即要进行清算。不同的退出市场的方式，所需要的清算的方式也是不同的：企业法人解散的，应当自行成立清算组进行清算；被撤销、依法被宣告破产的，应当由主管机关或者人民法院组织有关机关和有关人员成立清算组织进行清算。

二、企业设立的管理

（一）企业设立的基本条件

1. 有自己的名称

名称是企业的标记，与自然人一样，拥有一定的名称，是企业具有法律主体资格的必要条件。企业的名称必须符合法律的规定，才能依法获得登记。

2. 制定章程

章程是企业组织及其活动的基本规章，既是规范投资者相互关系和企业内部关系的准绳，也是国家和社会对企业实施监督的依据。企业章程分别依照企业法、《公司法》、《中外合资经营企业法》等法律法规的规定制定。特殊企业章程的主要内容由决定设立该企业的国家机关根据该企业的任务、职能、组织和级别等加以确定，并经国务院、有关地方政府或其他有权机关批准。设立非法人企业，可以不制定章程。

3. 有符合规定的资金数额及与企业经营范围相适应的资金

资金是企业设立时的根本条件，也是企业独立承担经济责任的前提。为了防止无资公司的产生，国家法律规定了设立企业应具备法定的注册资本。只有符合这一根本性条件，企业才可能获得批准。

4. 有符合法律规定的组织机构和从业人员

这一条件主要指的是要具备与设立企业相应的机构与人员条件。如果没有机构或者是没有相关的人员，企业是很难生存的。

5. 有与企业的生产经营规模相适应的经营场所和设施

这一条件指的也是物质条件。规定这一条件的目的在于防止“皮包公司”。

（二）企业名称的管理

世界各国的法律都要求企业的名称能够基本上反映企业的性质和法律地位。企业的名称一旦依法确定，则企业对其享有独占权。企业的名称权是一种人身权，又是一种知识产权，法律保护其不受任何人的侵犯。鉴于企业名称的法律意义，企业在确定名称时必须遵守企业法和相关法规关于企业名称的规定。国家工商行政管理局于 1991 年发布了《企业名称登记管理规定》，2012 年修订。该法规规定了对各类企业名称的一般性要求，主要包括：一个企业只能使用一个名称，特殊情况下经省级以上登记机关核准，企业可以在规定范围内使用一个从属名称；企业名称的组成部分依次为字号或商号、行号，反映行业或经营特点的字样，企业的组织形式；全国性的公司、国务院或其授权的机关批准的大型进出口企业或企业集团等，经核准可以在名称中使用“中国”“中华”或冠以“国际”字样，其他企业须在名称中冠以企业所在地行政区划名称，历史悠久、字号驰名的企业和外商投资企业可不冠以企业所在地行政区划名称；企业名称应当使用汉字，民族自治地方的企业名称可以同时使用本民族自治地方通用的民族文字，企业使用外文名称的，其外文名称应与中文名称一致，并依法登记注册；企业名称中不得含有有损国家和社会公共利益、可能对公众造成欺骗或误解的内容或文字，不得含有外国国家（地区）名称、国际组织名称、政党名称、党政军机关名称、群众组织名称、社会团体名称、其他法人的名称和部队番号等，不得含有汉语拼音字母（外文名称中使用的除外）、数字。

三、企业登记的管理

（一）企业登记管理的一般问题

企业登记的管理，是指国家主管机关依法对企业及其有关事项进行审核登记，把登记与对企业的监督结合起来的一种工商管理制度。企业登记从理论上说，可以分为两种：一种是企业法人登记；另一种是营业登记。企业法人登记的目的是创设法人，对企业及其事项进行审核，授予其法人资格，并对其进行监督管理。营业登记的作用是政府承认某项营业及某一商号、行号的合法性，准许其开业。

世界上多数国家和地区是将这两种登记合在一起进行，我国也是如此。市场监督管理机关对符合条件、准予登记的企业发给企业法人营业执照，对非法人企业、法人企业的分支机构和个体经营发给营业执照。

国务院于1988年颁布了《企业法人登记管理条例》，并于2011年、2014年、2016年修订，2019年修正；1994年颁布了《公司登记管理条例》，并于2005年、2014年、2016年修订；1997年颁布了《合伙企业登记管理办法》，并于2007年、2014年修订。这些登记管理条例或办法的颁布标志着我国企业登记管理制度已基本确立。

（二）企业登记的管辖

我国的企业登记主管机关，是国家市场监督管理总局和地方各级市场监督管理局。企业登记，包括设立登记、变更登记和注销登记，原则上由企业所在市、县的市场监督管理局主管。全国性的公司或其分支机构、股份有限公司、企业集团、外商投资企业、进出口公司等，则依其审批机关级别、隶属关系和规模等，分别由国家市场监督管理总局或省级市场监督管理局主管。

（三）企业登记的有关事项

1. 企业登记的事项

根据《企业法人登记管理条例》和《公司登记管理条例》的规定，企业登记的主要事项为：名称、住所、股东或发起人的姓名或名称、经营场所、法定代表人、经济性质或企业类型、经营范围、经营方式、注册资金或注册资本、从业人数、经营期限、分支机构等。

根据1998年国家统计局与国家工商总局发布并于2011年修订的《关于划分企业登记注册类型的规定》，企业类型分为以下三种：一是内资企业。其具体登记类型为国有企业、集体企业、股份合作企业、联营企业、有限责任公司、股份有限公司、私营企业和其他企业。二是港、澳、台商投资企业。其具体登记类型为合资经营企业（港或澳、台资），合作经营企业（港或澳、台资），港、澳、台商独资经营企业，港、澳、台商投资股份有限公司，其他港、澳、台商投资企业。三是外商投资企业。其具体登记类型为中外合资经营企业、中外合作经营企业、外资企业、外商投资股份有限公司和其他外商投资企业。

2. 企业设立的登记

申请设立企业者，需向登记主管机关提交登记申请书、企业章程、企业主要负责人的身份证明和其他有关证明、文件，以证明拟设立的企业已符合法律规定的各项条件。依法须经主管部门或审批机关审批的企业或者拟设立企业的经营范围中有依法须经审批的项目的，申请时须提交审批机关的批准文件。

登记机关应在受理申请后30日内，做出核准登记或者不予登记的决定。须经主管部门或审批机关审批的企业，应在审批机关批准后30日内向登记机关申请开业登记。经核准登记的，登记机关对法人企业发给企业法人营业执照，对港澳台商和外商投资的法人企业发给中华人民共和国企业法人营业执照，对非法人企业发给营业执照，对港澳台商和外商投资的非法人企业、港澳台商和外商投资企业以及港澳台和外国公司的营业性分支机构发给中华人民共和国营业执照；并进行公告，对企业法人发布“企业法人登记公告”，对非法人企业发布“企业登记公告”。

3. 企业名称的预先登记

对企业名称实行预先核准，可以使企业的名称在企业申请设立登记之前就具有合法性、确定性，从而保证企业名称登记的质量和登记的顺利进行，并避免至企业登记时才发现业已使用的名称不恰当、不规范、不合法，影响企业的及时成立，耗费企业设立者或股东的时间、精力和财力，造成社会资源的浪费。

《企业名称登记管理规定》中规定，企业有特殊原因的，可以在开业登记前预先申请企业名称登记注册，登记机关在收到全部申请材料之日起 10 日内，做出核准或驳回的决定。核准企业名称预先登记的，发给“企业名称登记证书”。预先登记的企业名称保留期为 1 年，期满不办理企业设立登记的，该企业名称自行失效。《公司登记管理条例》规定，设立公司的，应当申请名称预先核准。登记机关自收到申请文件之日起 10 日内，做出核准或驳回的决定。预先核准的公司名称保留期为 6 个月。申请公司设立登记时，提交的证明和文件中须包括登记机关发给的“企业名称预先核准通知书”。

四、企业变更与终止的管理

（一）企业的变更

1. 企业合并

企业合并是指两个以上的企业依法合并为一个企业。企业合并的形式有两种：一种是吸收合并；另一种是新设合并。吸收合并是指一个企业接纳其他企业加入本企业，加入方解散并取消原企业法人或企业的资格，接纳方存续。新设合并是指公司与其他企业合并，成立新的企业，原合并各方解散，取消原企业法人或企业的资格。

2. 企业分立

企业分立是指一个企业依法分为两个以上的企业。分立的形式有两种：其一是企业分出部分财产和业务另设企业，原企业存续；其二是企业将全部财产分别归入两个以上的新设企业，原企业解散。

3. 增设或撤销分支机构

企业在存续期间，新增分支机构或者是撤销原有的分支机构。

4. 住所变更

住所变更分为两种情况：一种是企业向异地迁移，登记机关的管辖也可能随之变更；另一种是企业在同域、同一地区或同一登记机关管辖范围内的地址变更。

5. 企业转业

这是指企业以新的经营范围代替原有经营范围，企业名称须同时变更，不是经营范围在原有基础上的部分变更。

6. 企业组织形式变更

如由一般全民所有制企业改组为公司、有限公司转变为股份公司等。

7. 企业主要登记事项变更

如企业名称变更、企业住所变更、经营范围的部分变更，或者企业的法定代表人、股东、发起人、经营方式、注册资金、经营期限的变更，等等。

企业变更必须遵守有关企业法的规定。企业变更符合法律规定的，应当在允许变更的条件成就之后30日内，由主管部门或审批机关批准的，在批准后30日内，向登记机关办理有关登记。企业变更依法须在报纸上公告的，如公司合并或分立、公司注册资本变更等，则应自企业做出有关变更的决议或决定之日起90日后申请登记。

企业主要登记事项变更、住所变更、转业、增设或撤销分支机构的，办理企业变更登记；企业分立、合并、组织形式变更的，除吸收合并的接纳方和企业分立后存续的原企业办理变更登记外，其他须依法分别办理企业设立登记或注销登记。登记以后，应由登记机关向社会公告。

（二）企业的终止

企业终止的原因主要有三种，即解散、依法被撤销、依法被宣告破产。其一，解散，包括：企业因章程中规定的事由发生，如经营的目的完成、经营期限届满；企业出资者或股东做出企业解散的决议，包括政府有关部门在其权限范围内决定撤销或解散某国有企业；企业因不可抗力发生，无法继续营业而解散等。其二，依法被撤销，包括企业因从事违法活动，被市场监督管理机关或卫生、环境、质量技术监督等主管部门责令解散，吊销其营业执照。其三，依法被宣告破产。指企业因资不抵债，不能清偿到期债务，而被人民法院依法宣告破产。

企业无论因何种原因解散，都应进行清算。通常，企业正常解散的，由企业或其出资者、股东自行组织清算；因违法而被责令解散的，由政府有关部门组织清算；企业破产的，则由人民法院依法组织清算。清算期间，企业正常的权利能力终止，不得再从事生产经营活动，只能由清算组在清算的范围内代表企业从事活动，如清理企业财产、处理未了结的业务、清缴税款、索债偿债、分配剩余财产、参加民事诉讼等。

企业解散，经向登记机关办理企业注销登记而终止或消灭。企业被核准注销后，由登记机关吊销其企业法人营业执照或营业执照，撤销注册号，收缴执照的正、副本和企业公章，将注销情况通知其开户银行，并进行公告。

第三节 公司法律制度

公司是现代企业制度中的主要制度，被广泛应用于社会经济生活的各个领域。就公司的法律属性而言，它也属于经济法主体的范畴。学习公司法律制度，就可以了解与掌握公司的法律地位，公司设立、变更、终止应遵循的规范，公司内部领导机构的设置，公司债券的发行，上市公司的运行等基本内容。

一、公司的概念与性质

公司的基本含义，是指出资人为了实现共同的目的以及从事共同事业而依照公司法成立的组织或者团体。

公司具有以下基本性质：

（一）公司属于组织形态

公司本质上是一种相对于自然人的组织或者团体。公司一般是由不同利益主体联合而成立的，具有组织体的性质，其人格和财产在不同程度上与其成员的人格和财产相分离。在股份有限公司这种高级的公司形式中，公司的人格和财产与其成员的人格和财产完全分离，而在无限公司和两合公司等比较低级的公司形式中，这种分离是相对的，在公司财产不足以清偿债务时，无限责任股东要承担连带的清偿责任。

（二）公司必须依法设立

在现代社会，公司都是依法设立的，即按照法律规定的条件和程序设立的，在公司设立之后，也应当按照有关的规定进行管理和经营。公司在通常情况下都是按照《公司法》或者民商法的规定而设立，这种公司称为商事公司或者普通公司。除此之外，还有两种公司设立方式：一种是依照特别法、专门法规或者行政命令而设立，如我国的行业总公司、日本的国有铁道公司等；另一种是依照专门的法律法规设立，如我国的中外合资企业法、合营企业法和外资企业法，在这些专门的法律法规未做规定的情况下才适用《公司法》。

公司的设立，首先必须符合法律法规所规定的条件，也就是公司设立的实质要件。从法律的规定分析，以下三个要件是任何公司都必须具备的基本要素：（1）资本。公司的资本是投资者（即公司的股东）投入的作为公司经营基础的资金。（2）章程。公司的章程是记载公司组织及行动的基本规则的法律文件。（3）机关。公司机关是指就公司事务能够对外代表公司的机构。

（三）我国的公司是法人

我国的《公司法》规定，有限责任公司和股份有限公司是企业法人。也就是说，凡是按照我国《公司法》设立的公司，都具有法人资格。

（四）公司应在法律许可的范围内从事活动

公司是为了一定的目的而设立的组织体，其权利能力和行为能力都受到公司经营范围的限制。因此，公司应在法律批准的范围内从事各项活动。

二、公司的种类

按照法律规定或者学理的标准，公司可以分为不同的种类。在大陆法系，公司的基本分类，是以公司资本的结构和股东对公司债务承担责任的方式为标准，将公司分为有限责任公司、股份有限公司、无限公司、两合公司和股份两合公司五种形式。

（一）有限责任公司

有限责任公司又称有限公司，是股东以其出资额为限对公司承担责任，公司以其全部资产对公司债务承担责任的一种公司。有限责任公司的基本特征是：第一，股东对公司债务间接承担有限责任。也就是说，股东仅仅以自己的出资额为限对公司的债务承担责任，公司的债权人不能直接要求股东承担责任。第二，公司由人数不多、数额相对稳定的若干特定的股东组成。

第三，资本通常不分为均等的股份，资本构成通常称为“出资”而非“股份”。第四，公司的筹资和经营具有封闭性或者非公开性。第五，鉴于公司不具有公开性或者开放性，法律对其设立条件和监管不像股份公司那么严格。

（二）股份有限公司

股份有限公司又称股份公司，是将全部资本分为等额股份，股东以其所持有股份为限对公司承担责任，公司以其全部资产对公司债务承担责任的一种公司。其中，股票可以在证券交易所上市交易的股份公司，又称“上市公司”。股份有限公司具有的基本特征是：第一，股份有限公司经营和筹资具有开放性乃至公众性。第二，鉴于股份有限公司的开放性，法律对其的设立和监管比较严格。第三，股份有限公司是一种募集和积累资本的有效途径，而且组织管理制度十分稳定。第四，股份的流动性，为股份公司的经营及资产价值评估提供了一种客观的社会评价和监督机制。第五，在市场经济条件下，股份公司也为少数个人或企业利用公众积蓄或者小额资本来营利或投机提供了便利，容易发生损害公众利益和社会经济秩序的现象。

（三）无限公司

无限公司是指由两个以上的股东组成，全体股东对公司债务承担无限连带责任的公司。无限公司与我国的合伙相似。我国现行公司法不承认无限公司。

（四）两合公司

两合公司是指由一个以上无限责任股东和一个以上有限责任股东所组成，无限责任股东对公司债务承担无限连带责任，有限责任股东对公司债务承担有限责任的公司。其中，无限责任股东是公司的实际经营管理者，有限责任股东则不参加公司的具体经营管理，是出资者。

（五）股份两合公司

股份两合公司是由一个以上无限责任股东和一个以上有限责任股东组成，公司的资本分为等额股份的公司。这种公司也是以无限责任股东为主导，无限责任股东是公司的设立者和实际控制者，但公司的资本分为等额股份，所以，既不同于两合公司，也不同于股份公司。

上述五种公司，是公司的基本分类。除了上述公司分类之外，还有其他的分类方式。例如，按照公司与公司之间的控制和依附关系，可以将公司分为母公司和子公司；按照公司的股票是否流通上市，可以将公司分为上市公司和非上市公司；按照公司的国籍，可以将公司分为本国公司和外国公司；在学理上，以公司的信用基础为标准，可以将公司划分为人合公司、资合公司与人资两合公司等。

英美法系的公司种类与大陆法系不同。英美法系通常采用以公司股东构成和股份转让的方式作为分类标准，将公司分为公开公司（public company）和封闭公司（private company）。公开公司是指以法定程序公开招股，股东人数没有法定限制，股份可以在公开市场上自由转让的公司。多数情况下，公开公司是指股份公司，有时仅指上市公司。封闭公司是指股份全部由设立时的所有股东持有，而且股份不能在市场上自由转让的公司。

根据我国《公司法》的规定，有限责任公司和股份有限责任公司是企业法人。也就是说，依照我国《公司法》设立的公司，都是股东承担有限责任的法人，不存在两合公司、无限公司和股份两合公司。

三、公司法的概念与性质

公司法，是规定公司的法律地位及调整公司内外部组织关系的法。

公司法有广义和狭义之分。狭义的公司法，仅指冠以“公司法”名称的法律，即1993年12月29日第八届全国人民代表大会常务委员会第五次会议通过的《中华人民共和国公司法》。该法于1999年12月25日、2004年8月28日、2013年12月28日和2018年10月26日进行了修正，2005年10月27日修订。广义的公司法，包括一切有关公司的法律、法规、规章以及最高司法机关的司法解释等。在我国，除了《公司法》之外，还有《公司法》的各种配套法律法规，如《公司法实施细则》《公司登记管理条例》等；有关调整外商投资的各种法律法规，如《外商投资法》等；有关特种公司的立法，如《商业银行法》等；以及其他相关法律法规中有关公司的法律规范，如《证券法》中有关公司的内容。

公司法兼有组织法和行为法的双重性质，但是，公司法所规定的公司行为，都是与公司的组织特点有关的行为。与公司的组织性无关的公司行为，如公司的商品交易等，不属于公司法的调整范围。因而，应当说，公司法是一种组织法。

公司法兼有实体法和程序法的双重性质，以实体法为主。公司法调整公司的组织活动，就必须对参与公司活动的各种主体加以规定，规定这些主体的资格、权利义务以及法律责任等。这些主体包括公司的股东、发起人、董事、监事、公司的债权人等，以及各种公司机构。除了这些实体性的权利义务责任规定外，公司法还规定了保障权利实现、义务履行和责任承担等方面的程序性内容。

公司法兼具强行法和任意法的双重性质，以强行法为主。公司法中的规定，既有强制性的规定，也有任意性的规定，但强制性的规定占大多数，体现了国家的干预。公司的设立、经营等，已经不仅仅是公司自己的事情，而是与整个社会联系在一起的。在现代社会中，公司在商品经济活动中占主导地位，影响着社会生活的各个方面。通过国家的干预，可以保障交易的安全，维护社会和经济秩序的稳定。现代公司法要求公司负有社会责任。

综上，公司法是一种组织法，综合运用民事、行政、刑事等各种法律手段，将任意性规范与强制性规范结合一起，规定和调整公司的组织关系，因而属于经济法的一个部门。

四、公司设立的概念和原则

公司的设立，是公司发起人为了促成公司的成立并取得法人资格，依照法律规定的条件和程序所应当完成的一系列的法律行为的总称。公司的设立包括公司发起、筹建到成立的全部过程。在这一过程中，公司的发起人为公司成立而进行的各种必要的活动，是公司设立的主要内容。公司设立的内容，因拟设立的公司的类型不同而有所区别，但所有的公司设立都是以取得法人资格、使公司成为具有法律上的独立人格为宗旨的。

公司的设立应当遵循一定的原则。公司设立的原则，就是指一个国家在法律上对公司设立所采取的基本态度，即以怎样的程序来保证公司的设立。从历史上看，世界各国关于公司设立的原则大致有以下几种：

（1）自由设立主义。

这一原则的基本含义是：公司的设立由发起人自由为之，法律不做任何限制，也不必办理任何手续，即可取得公司的法律人格。这种原则产生于公司制度的萌芽时期，已经在现代公司制度中消失。

（2）特许主义。

这一原则的基本含义是：公司的设立须经国家元首发布命令或者议会通过特别法令的形式予以许可。这一原则盛行于 17 至 19 世纪的英国、荷兰等国家。

（3）核准主义。

这一原则又称许可主义原则，其基本含义是：公司的设立除了应当具备法律规定的条件之外，还需经过政府有关部门的审核批准。在这种原则下，国家对于公司设立的干预力度较大。

（4）准则主义。

这一原则又称登记主义，其基本含义是：设立公司只要符合法律规定的条件并向公司的登记机关申请登记，公司即可成立。登记机关对于符合法律规定条件的申请者予以登记，从登记之日起公司成立；对于不符合法律规定条件的申请者不予登记，登记机关与申请者对公司设立条件的认识不一致时，可以通过诉讼的方式解决。

准则主义适应自由经济和公司制度发展的需要，在 19 世纪末就已经为各国普遍采用。但是，单纯的准则主义，使得政府干预经济的程度减弱，难以防止公司的滥设和欺诈。因而，现代国家一般都是严格规定公司的设立条件，加重发起人的责任，加强政府的监督，强调公司的设立程序。这种立法现象，称为"严格准则主义"。严格准则主义是现代各国普遍采用的公司设立原则。

我国的公司设立原则经历了一个发展过程。在《公司法》颁行之前，我国一直采用严格的核准主义，设立公司必须经过政府部门的审批。《公司法》颁行后，实行准则主义与核准主义相结合的原则。《公司法》规定设立公司必须符合法律规定的条件，并对有限责任公司、股份有限公司规定了不同的设立条件，体现了公司设立的准则主义。不过，股份有限公司的设立，必须经过国务院授权的部门或者省级人民政府批准，又体现了公司设立的核准主义。

五、有限责任公司

（一）有限责任公司的设立

1. 设立条件

根据我国《公司法》的规定，设立有限责任公司应当符合以下条件：

（1）股东符合法定人数。有限责任公司的股东人数有"双重限制"和"单重限制"之分。"双重限制"是指一般有限责任公司的股东人数为 2 人以上 50 人以下；有条件的"单重限制"是指国家授权投资的机构或者国家授权的部门可以单独投资设立国有独资的有限责任公司。《公司法》承认了一人有限责任公司的法律地位，法律对股东人数的限制也调整为完全的"单重限制"，即有限责任公司由 50 人以下股东出资设立。

（2）有符合公司章程规定的全体股东认缴的出资额。《公司法》规定，法律、行政法规以及国务院决定对有限责任公司注册资本实缴、注册资本最低限额另有规定的，从其规定。

有限责任公司的注册资本为在公司登记机关登记的全体股东认缴的出资额。股东应当按期足额缴纳公司章程中规定的各自所认缴的出资额。股东可以用货币出资，也可以用实物、知识产权、土地使用权等可以用货币估价并可以依法转让的非货币财产作价出资；但是，法律、行政法规规定不得作为出资的财产除外。对作为出资的非货币财产应当评估作价，核实财产，不得高估或者低估作价。法律、行政法规对评估作价有规定的，从其规定。

股东以货币出资的，应当将货币出资额足额存入有限责任公司在银行开设的账户；以非货币财产出资的，应当依法办理其财产权的转移手续。股东不按照前款规定缴纳出资的，除应向公司足额缴纳外，还应当向已按期足额缴纳出资的股东承担违约责任。

有限责任公司成立后，发现作为设立公司出资的非货币财产的实际价额显著低于公司章程所定价额的，应当由交付该出资的股东补足其差额，公司设立时的其他股东承担连带责任。

（3）股东共同制定公司章程。有限责任公司的章程，是记载公司组织规范以及行动准则的法律文件，应当由全体股东共同订立和签署。世界各国的有关公司的立法都规定公司必须有章程，这是公司设立的要件，也是有限责任公司设立的必要程序。

有限责任公司的章程体现了全体股东的共同意志，对全体股东、公司的组织机构和经营管理人员都具有约束力。同时，公司章程还对外公开，申明公司的宗旨、营业范围、资本数额、权利以及一系列为公众了解公司所必需的内容。这些内容从根本上决定了公司的组织原则、业务经营范围和方式以及公司的发展方向，是书面的公司的组织和行动的准则。有些国家在立法上直接规定公司的章程须经公证才发生效力，我国公司法对此未予规定。也就是说，公证不是有限责任公司章程发生效力的必经程序。

有限责任公司章程应当载明下列事项：1）公司名称和住所；2）公司经营范围；3）公司注册资本；4）股东的姓名或者名称；5）股东的权利和义务；6）股东的出资方式和出资额；7）股东转让出资的条件；8）公司的机构及其产生办法、职权、议事规则；9）公司的法定代表人；10）公司的解散事由与清算办法；11）股东认为需要规定的其他事项。

（4）有公司名称，建立符合有限责任公司要求的组织机构。公司名称应当严格按照有关法律法规的规定确定。设立有限责任公司，必须在名称上标明“有限责任公司”的字样。

（5）有固定的生产经营场所和必要的生产经营条件。生产经营场所是公司进行生产经营活动的所在地。与生产经营场所相关的法律概念，是“公司住所”。公司住所是公司的主要办事机构所在地，也是公司的最重要的生产经营场所。不过，公司的生产经营场所可以有多个，而公司的住所只能有一个。

必要的生产经营条件是指除了生产经营场所、资金等以外的其他条件，如生产经营所必需的厂房、设备、运输工具、技术、专业人员等。

2. 设立程序

设立有限责任公司的一般程序为：

（1）发起人发起。有限责任公司只能由发起人发起设立。发起人为多数时，应订立发起人协议，作为发起人之间权利义务关系的法律文件。

（2）订立章程。章程是规范公司成立后的各方行为的法律文件，应当严格按照法律法规的规定进行。章程须经全体股东同意并签名盖章，报登记主管机关批准后生效。

（3）必要的行政审批。并非所有的有限责任公司的设立均要求这一程序。《公司法》第6条规定：法律、行政法规规定设立公司必须报经批准的，应当在公司登记前依法办理批准手续。所以，只有在法律、行政法规对设立公司规定必须报经审批的，才办理审批手续。例如，设立经营证券业务的有限责任公司，就应当经有关证券管理机关的审批，未经批准的不得申请登记。

（4）缴纳出资。发起人在订立发起人协议或者公司章程时应当认缴出资。

（5）申请设立登记。发起人的上述程序完成后，由全体股东指定的代表或者共同委托的代理人向公司登记管理机关申请设立登记。申请时应提交登记申请书、公司章程等文件。法律、行政法规对设立公司必须报经审批的，应当在申请时提交批准文件。

设立有限责任公司的同时设立分公司的，应当就所设分公司向登记管理机关申请登记，领取营业执照。分公司不具有法人资格，其民事责任由公司承担。公司可以设立子公司，子公司具有法人资格，依法独立承担民事责任。

（6）登记发证。公司登记管理机关对设立公司的申请进行审查，对于符合法律法规规定的条件的，予以核准登记，颁发公司营业执照；不符合法定条件的，不予登记。公司营业执照签发之日，为公司的成立之日。公司自成立时起，取得法人资格。

（二）有限责任公司的组织机构

1. 有限责任公司的股东会

（1）股东。

除国家有特殊限制外，有权代表国家投资的机构或者部门、企业法人、具有法人资格的事业单位和社会团体、自然人等，都可以作为有限责任公司的股东。

股东作为出资者，享有以下权利：1）除公司章程另有规定的外，参加股东会并根据出资份额享有表决权。2）知情权，即股东有权查阅、复制公司章程、股东会会议记录、董事会会议决议、监事会会议决议和财务会计报告。3）选举和被选举为董事会成员、监事会成员的权利。4）依法获得股利、转让出资。5）优先认购公司新增的注册资本；公司终止后，依法分得公司剩余财产。6）当董事、高级管理人员违反法律、行政法规或者公司章程的规定，损害股东利益时，股东享有直接向人民法院起诉的权利；或者他人侵犯公司合法权益，给公司造成损失的，股东享有依法向人民法院起诉的权利。7）享有诉请解散公司的权利，即当公司经营管理发生严重困难，继续存在会使股东利益受到重大损失，通过其他途径不能解决的，持有公司全部股东表决权10%以上的股东，可以请求人民法院解散公司。8）享有公司终止后对公司剩余财产的分配权。9）公司章程中规定的其他权利。股东行使权利不得违反法律、法规和公司章程的规定。

股东在享有权利的同时，也负有以下义务：1）应当按期恰当、足额地缴纳公司章程中规定的各自所认缴的出资额；2）以自己的出资额对公司承担责任和风险；3）公司成立后不得抽逃出资；4）公司章程规定的其他义务。

（2）股东会及其职权。

有限责任公司的股东会由公司的全体股东组成。股东会是公司的最高权力机构，具有以下职权：1）决定公司的经营方针和投资计划；2）选举和更换非由职工代表担任的董事、监事，决定有关董事、监事的报酬事项；3）审议批准董事会的报告；4）审议批准监事会或者监事的报告；5）审议批准公司的年度财务预算方案、决算方案；6）审议批准公司的利润分配方案和弥补亏损方案；7）对公司增加或者减少注册资本作出决议；8）对发行公司债券作出决议；9）对公司合并、分立、解散、清算或者变更公司形式作出决议；10）修改公司章程；11）公司章程规定的其他职权。对前款所列事项股东以书面形式一致表示同意的，可以不召开股东会会议，直接作出决定，并由全体股东在决定文件上签名、盖章。

（3）股东会的召开。

股东会的首次会议由出资最多的股东召集和主持，依照《公司法》的规定行使职权。

股东会会议分为定期会议和临时会议。定期会议应当按照公司章程的规定按时召开，通常为半年或者一年召开一次。临时会议在公司需要的时候召开。代表1/10以上表决权的股东、1/3以上的董事、监事会或者不设监事会的公司的监事提议召开临时会议的，应当召开临时会议。

有限责任公司设立董事会的，股东会会议由董事会召集，董事长主持；董事长不能履行职务或者不履行职务的，由副董事长主持；副董事长不能履行职务或者不履行职务的，由半数以上董事共同推举一名董事主持。有限责任公司不设董事会的，股东会会议由执行董事召集和主持。董事会或者执行董事不能履行或者不履行召集股东会会议职责的，由监事会或者不设监事会的公司的监事召集和主持；监事会或者监事不召集和主持的，代表1/10以上表决权的股东可以自行召集和主持。

召开股东会会议，应当于会议召开15日前通知全体股东；但是，公司章程另有规定或者全体股东另有约定的除外。

股东会应当对所议事项的决定作成会议记录，出席会议的股东应当在会议记录上签名。

（4）股东会的决议方式。

有限责任公司股东会的议事方式和表决程序，除《公司法》另有规定的以外，由公司章程规定。

股东会会议由股东按照出资比例行使表决权。

股东会会议作出修改公司章程、增加或者减少注册资本的决议，以及公司合并、分立、解散或者变更公司形式的决议，必须经代表2/3以上表决权的股东通过。

2. 有限责任公司的董事会和经理

（1）董事会。

有限责任公司董事会是公司股东会的执行机构，由3至13人组成。两个以上国有企业或者国有投资主体投资设立的有限责任公司，董事会中应当有职工代表参加。董事会中的职工代表，由公司职工民主选举产生。

董事长为公司的法定代表人。股东人数较少和规模较小的公司，可以设一名执行董事，不设董事会，由执行董事作为法定代表人。执行董事可以兼任公司经理。执行董事的职权由公司章程规定。

董事会向股东会负责，根据《公司法》和公司章程行使以下职权：1）召集股东会会议，并向股东会报告工作；2）执行股东会的决议；3）决定公司的经营计划和投资方案；4）制定公司的年度财务预算方案、决算方案；5）制定公司的利润分配方案和弥补亏损方案；6）制定公司增加或者减少注册资本以及发行公司债券的方案；7）制定公司合并、分立、解散或者变更公司形式的方案；8）决定公司内部管理机构的设置；9）决定聘任或者解聘公司经理及其报酬事项，并根据经理的提名决定聘任或者解聘公司副经理、财务负责人及其报酬事项；10）制定公司的基本管理制度；11）公司章程规定的其他职权。

董事会会议由董事长召集和主持；董事长不能履行职务或者不履行职务的，由副董事长召集和主持；副董事长不能履行职务或者不履行职务的，由半数以上董事共同推举一名董事召集和主持。

董事会的议事方式和表决程序，除《公司法》有规定的外，由公司章程规定。董事会应当对所议事项的决定作成会议记录，出席会议的董事应当在会议记录上签名。董事会决议的表决，实行一人一票。

（2）经理。

经理负责公司的日常经营管理工作，由董事会聘任或者解聘。经理对董事会负责，行使下列职权：1）主持公司的生产经营管理工作，组织实施董事会决议；2）组织实施公司年度经营计划和投资方案；3）拟订公司内部管理机构设置方案；4）拟订公司的基本管理制度；5）制定公司的具体规章；6）提请聘任或者解聘公司副经理、财务负责人；7）聘任或者解聘除应由董事会聘任或者解聘以外的负责管理人员；8）公司章程和董事会授予的其他职权。

经理列席董事会会议。

3. 有限责任公司的监事会

监事会是有限责任公司的内部监督机关。根据《公司法》的规定，有限责任公司设立监事会，其成员不得少于三人。股东人数较少或者规模较小的有限责任公司，可以设一至两名监事，不设监事会。监事会应当包括股东代表和适当比例的公司职工代表，其中职工代表的比例不得低于1/3，具体比例由公司章程规定。监事会中的职工代表由公司职工通过职工代表大会、职工大会或者其他形式民主选举产生。监事会设主席一人，由全体监事过半数选举产生。监事会主席召集和主持监事会会议；监事会主席不能履行职务或者不履行职务的，由半数以上监事共同推举一名监事召集和主持监事会会议。

董事、高级管理人员不得兼任监事。

监事的任期每届为3年。监事任期届满，连选可以连任。

监事会、不设监事会的公司的监事行使下列职权：(1）检查公司财务；(2）对董事、高级管理人员执行公司职务的行为进行监督，对违反法律、行政法规、公司章程或者股东会决议的董事、高级管理人员提出罢免的建议；(3）当董事、高级管理人员的行为损害公司的利益时，要求董事、高级管理人员予以纠正；(4）提议召开临时股东会会议，在董事会不履行《公司法》规定而召集和主持股东会会议职责时召集和主持股东会会议；(5）向股东会会议提出提案；(6）依照《公司法》第151条的规定，对董事、高级管理人员提起诉讼；(7）公司章程规定的其他职权。

监事可以列席董事会会议，并对董事会决议事项提出质询或者建议。监事会、不设监事会的公司的监事发现公司经营情况异常，可以进行调查；必要时，可以聘请会计师事务所等协助其工作，费用由公司承担。

4. 董事、监事、经理的任职资格与义务

(1）董事、监事、经理的任职资格。

根据《公司法》的规定，除了五种人不得担任有限公司的董事、监事或者经理外，其他人都可以担任。这五种人是：1）无民事行为能力人或限制民事行为能力人；2）因贪污、贿赂、侵占财产、挪用财产或者破坏社会经济秩序，被判处刑罚，执行期满未逾5年，或者因犯罪被剥夺政治权利，执行期满未逾5年的人；3）担任破产清算的公司、企业的董事或者厂长、经理，并对该公司、企业的破产负有个人责任的，自该公司、企业破产清算完结之日起未逾3年的人；4）担任因违法被吊销营业执照、责令关闭的公司、企业的法定代表人，并负有个人责任的，自该公司、企业被吊销营业执照之日起未逾3年的人；5）个人所负数额较大的债务到期未清偿的人。

此外，国家公务员不得兼任公司的董事、监事或经理；本公司的董事、高级管理人员不得担任本公司的监事。

(2）董事、监事和经理的义务。

根据《公司法》的规定，董事、监事和经理的义务是：1）遵守法律、行政法规和公司章程，忠实、勤勉地履行职务，维护公司利益，不得利用自己的地位和职权谋取私利；2）董事、经理不得挪用公司资金或者将公司资金借贷给他人，不得将公司资产以个人名义开立账户存储，不得以公司资产为本公司的股东或其他个人的债务提供担保；3）不得利用职权收受贿赂或者其他非法收入，不得侵占公司财产；4）董事、经理不得自营或者为他人经营与其所任职公司同类的业务或者从事损害本公司利益的活动；5）除公司章程规定或者股东会同意外，董事、经理不得同本公司订立合同或者进行交易；6）不得泄露公司秘密，但法律有规定或者股东会同意的除外；7）违反法律、法规或者章程规定给公司造成损害的，应当予以赔偿。

董事、监事和经理违反上述义务的，承担相应的民事责任、行政责任和刑事责任。

（三）一人有限责任公司的概念与特征

1. 一人有限责任公司的概念

一人有限责任公司又称独资公司或者独股公司，是指由股东一人组成的、股东负有限责任的公司。一人有限责任公司是只有一个自然人或者一个法人股东的有限责任公司，股东应当一次足额缴纳公司章程规定的出资额。一人有限责任公司应当在公司登记中注明自然人独资或者法人独资，并在公司营业执照中载明。其中，值得注意的是，一个自然人只能投资设立一个一人有限责任公司。该一人有限责任公司不能投资设立新的一人有限责任公司。

一人有限责任公司章程由股东制定。一人有限责任公司不设股东会。股东行使股东会职权时，应当采用书面形式，并由股东签名后置备于公司。一人有限责任公司应当在每一会计年度终了时编制财务会计报告，并经会计师事务所审计。一人有限责任公司的股东不能证明公司财产独立于股东自己的财产的，应当对公司债务承担连带责任。

2. 一人有限责任公司的特征

一人有限责任公司作为公司的一种特殊类型，与其他类型的有限责任公司相比，具有十分明显的特征：

（1）一人有限责任公司由一个股东投资组成。一人有限责任公司在投资主体上具有排他性和唯一性，是一人公司区别于其他公司形态的显著标志，这从名称上就可以明显地体现出来。

（2）一人有限责任公司股东对公司债务承担有限责任。倘若说有限责任的出现是为了更好地解决投资者利益的保护问题的话，那么一人有限责任公司产生的最大动力就在于满足了个人投资者对有限责任的追求。正是由于有限责任廓清了投资者的风险和利益的边界，因此，尽管一人有限责任公司股东面临公司和股东双重税赋的压力，但一人有限责任公司的有限责任仍然是吸引个人投资者的重要条件。

（3）一人有限责任公司具有法人资格。法人是指具有民事权利能力和民事行为能力，依法独立享有民事权利和承担民事义务的组织。一人有限责任公司有自己独立的财产，通过自己的组织机构从事经营活动，并以自己的财产对外承担有限责任，是独立的法律主体，有自己独立的法律人格。

（4）一人有限责任公司在内部组织上具有特殊性。在一人有限责任公司中，股东通常都身兼董事、经理数职并实际控制整个公司。一人有限责任公司的股东可以很容易地将公司财产与自己私人财产混同，为自己支付巨额报酬，通过同公司的“自我交易”牟求暴利，以公司名义为自己担保或借贷，借有限责任逃避债务。正因为如此，有一人有限责任公司的国家都毫无例外地对一人有限责任公司的内部组织进行特别的规定，防止一人有限责任公司的股东混同公司人格与股东人格而损害债权人利益和交易安全。

（四）国有独资公司的概念与特征

1. 国有独资公司的概念

国有独资公司，是指国家单独出资、由国务院或者地方人民政府授权本级人民政府国有资产监督管理机构履行出资人职责的有限责任公司。

2. 国有独资公司的特征

国有独资公司属于有限责任公司的一种形式，与一般的有限责任公司相比，具有以下特征：

（1）投资主体单一性。国有独资公司的投资主体只有一个，即国家授权投资的机构或者国家授权的部门。国家授权投资的机构，一般是指国家投资公司、国家控股公司、国有资产经营公司、具备公司法规定的条件的国有独资公司等。国家授权的部门，是指经国家批准、代表国家对授权范围内的国有资产行使股东权的特定政府机构。

（2）投资责任有限性。国有独资公司属于单一的投资主体，在形式上类似于“一人公司”，且国有独资公司的投资者承担的是有限责任而不是无限责任。

（3）公司财产国有性。投入到国有独资公司的财产，是国家授权投资的机构或者国家授权的部门所持有的国有财产。在公司运营后，原投资以及由此产生的收益仍然属于国有财产。

《公司法》中关于国有独资公司的规定，与一般的有限责任公司相比，还具有以下不同之处：

（1）章程的制定不同。国有独资公司的公司章程由国家授权投资的机构或者国家授权的部门依照《公司法》制定，或者由董事会制定，报国家授权投资的机构或者国家授权的部门批准。

（2）不设股东会。国有独资公司由国家授权投资的机构或者国家授权的部门，授权公司董事会行使股东会的部分职权，决定公司的重大事项，但公司的合并、分立、解散、增减资本和发行公司债券，必须由国家授权投资的机构或者国家授权的部门决定。

（3）监事会的组成不同。国有独资公司监事会主要由国务院或者国务院授权的机构、部门委派的人员组成，并有公司职工代表参加，监事会的成员不得少于5个人，职工代表比例不得低于1/3。

（4）董事会的设立及其成员结构不同。董事每届任期不超过三年。董事会成员中应当有公司职工代表。董事会成员由国有资产监督管理机构委派；但是，董事会成员中的职工代表由公司职工代表大会选举产生。董事会设董事长一名，可以设副董事长。董事长、副董事长由国有资产监督管理机构从董事会成员中指定。

六、股份有限公司

我国股份有限公司，是指由2人以上200人以下的发起人发起，公司资本分为等额股份，股东以其所持股份为限承担责任，公司以其全部资产对公司债务承担责任的企业法人。

股份有限公司，是人类社会生产力发展到一定阶段的产物，是与现代化大生产及市场经济体制相适应的一种现代企业组织形式。股份有限公司属于典型的资合公司，其对外信用的基础，不在于股东的个人信用如何，而在于公司资本总额的多少。因此，募集并维持公司经营所需要的资本，是股份有限公司得以设立和存续的基本条件。

（一）股份有限公司设立的方式

股份公司的设立方式分为发起设立和募集设立两种。发起设立，是指由公司发起人认购公司应发行的全部股份而设立的公司。募集设立，是指公司发起人只认购公司应发行股份的一部分，其余部分向社会公开募集而设立的公司。

（二）股份有限公司设立的条件

根据《公司法》的规定，设立股份有限公司，应当具备下列条件：

1. 发起人符合法定人数

所谓发起人，是指参与订立公司章程，依法认购其应认购的股份，并承担公司筹办事务的人。《公司法》规定，包括国有企业在内的所有法人或者自然人设立股份有限公司，发起人应当有 2 人以上 200 人以下，其中须有半数以上的发起人在中国境内有住所。

2. 有符合公司章程规定的全体发起人认购的股本总额或者募集的实收股本总额

法律、行政法规以及国务院决定对股份有限公司注册资本实缴、注册资本最低限额另有规定的，从其规定。

3. 股份发行等筹办事项符合法律规定

股份有限公司在进行其股份发行等筹办事项时，除了应该遵循《公司法》的有关规定外，还应遵循其他法律法规的规定，如《证券法》等。这些法律规定中，既有实体性的规定，也有程序性的规定。

4. 制定公司章程

公司章程是公司的内部自治性规则，应当由创立大会通过。创立大会应有代表股份总数过半数的发起人、认股人出席，方可举行。

5. 有公司名称与相应的组织机构

股份有限公司要有公司名称与相应的组织机构。

6. 有固定的生产经营场所和必要的生产经营条件

股份有限公司要有固定的生产经营场所和必要的生产经营条件。

（三）股份有限公司设立的程序

股份有限公司要有固定的生产经营场所和必要的生产经营条件。

根据我国《公司法》的规定，股份有限公司的设立，可以采用发起设立和募集设立两种方式。不同的设立方式，程序也有所不同。

1. 发起设立股份有限公司的设立程序

发起设立是指由发起人认购公司发行的全部股份并缴纳出资，经过核准登记后，公司得以成立的方式。依据《公司法》以及相关法律法规，发起设立股份有限公司具体程序如下：

（1）发起人发起。由不得少于 2 人的发起人确立共同设立股份有限公司的共同意思表示，然后订立发起人协议。

（2）制定公司章程。

（3）发起人认购股份。每个发起人都应当以书面形式认购股份，全体发起人应当认购公司应发行的全部股份（即公司的注册资本）。

（4）申请批准。法律、行政法规或者国务院决定规定设立股份有限公司应当报经批准的，必须报经批准并提交相关批准文件。

（5）缴纳股款。以发起设立方式设立股份有限公司的，发起人应当书面认足公司章程规定其认购的股份；一次缴纳的，应即缴纳全部出资；分期缴纳的，应即缴纳首期出资。以非货币财产出资的，应当依法办理其财产权的转移手续。

股东可以用货币出资，也可以用实物、知识产权、土地使用权等可以用货币估价并可以依法转让的非货币财产作价出资；但是，法律、行政法规规定不得作为出资的财产除外。对作为出资的非货币财产应当评估作价，核实财产，不得高估或者低估作价。法律、行政法规对评估作价有规定的，从其规定。

（6）验资。发起人缴纳全部出资后，应当由法定的验资机构验资并出具证明。

（7）选举董事会和监事会成员。发起人首次缴纳出资后，应当选举董事会和监事会。

（8）申请设立登记。发起人首次缴纳出资并选举董事会和监事会后，由董事会向公司登记机关报送公司章程、由依法设定的验资机构出具的验资证明以及法律、行政法规规定的其他文件，申请设立登记。

（9）核准登记。公司登记机关收到申请人提交的符合《公司登记管理条例》规定的全部文件后，发给公司登记受理通知书，并在30日内做出核准登记或者不予登记的决定。股份有限公司应当在其设立登记被核准后的30日内发布设立登记公告，并应当自公告发布之日起30日内将发布的公告报送公司登记机关备案。

2. 募集设立股份有限公司的设立程序

募集设立，是指公司发起人只认购公司应发行股份的一部分，其余部分向社会公开募集而设立公司的一种方式。根据《公司法》以及相关法律法规，募集设立股份有限公司的程序如下：

（1）发起人发起。与发起设立基本相同。

（2）发起人订立公司章程并认购部分股份。以募集设立方式设立股份有限公司的，发起人认购的股份不得少于公司股份总数的35%，其余股份应当向社会公开募集。法律、行政法规另有规定的，从其规定。

（3）申请设立审批。

（4）发起人缴纳股款并验资。与发起设立的要求基本相同。

（5）发起人起草招股说明书。招股说明书是法定的文件，由发起人在公开募集股本之前制定，用于邀请公众认股。根据《公司法》的规定，招股说明书应当附有发起人制定的公司章程，并载明发起人认购的股份数、每股的票面金额和发行价格、无记名股票的发行总数、认股人的权利和义务、本次募股的起止期限及逾期未募足时认股人可撤回所认股份的说明等事项。

（6）签订股票承销协议和代收股款协议。发起人向社会公开募集股份，应当由依法设立的证券公司承销，签订承销协议。发起人向社会公开募集股份，应当同银行签订代收股款协议。

（7）向国务院证券管理部门递交募股申请。发起人向社会公开募集股份时，必须向国务院证券管理部门递交募股申请，并报送下列主要文件：1）公司章程；2）发起人协议；3）发起人姓名或者名称，发起人认购的股份数、出资种类及验资证明；4）招股说明书；5）代收股款银行的名称及地址；6）承销机构名称及有关的协议；7）依照《证券法》的规定聘请保荐人的，还应当报送保荐人出具的发行保荐书；8）法律、行政法规规定设立公司必须报经批准的，还应当提交相应的批准文件。

（8）公告招股说明书，制作认股书。募股申请经批准后，发起人必须公告招股说明书，并制作认股书。认股书应当载明上述所列事项，由认股人填写所认股数、金额、住所，并签名、盖章。认股人按照所认股数缴纳股款。

（9）社会公众认购股份，缴纳股款。社会公众决定认股时，应当在发起人制作的认股书上填写所认股数、金额，并签名盖章。认股人的书面认股行为是一种承诺，一旦认诺，就有按照所认股份数额缴纳股款的义务。

发行的股份超过招股说明书规定的截止期限尚未募足的，或者发行股份的股款缴足后，发起人在30日内未召开创立大会的，认股人可以按照所缴股款并加算银行同期存款利息，要求发起人返还。

（10）验资。发行股份的股款缴足后，必须经法定的验资机构验资并出具证明。

（11）召开创立大会。发起人应当在发行股份的股款缴足后的30日内主持召开公司创立大会。创立大会由认股人组成。创立大会不仅是募集设立股份有限公司的必经程序，而且从事实上来说，创立大会属于公司的权力机构，是股东大会的前身，其作用与股东大会相当。

创立大会行使下列职权：1）审议发起人关于公司筹办情况的报告；2）通过公司章程；3）选举董事会成员；4）选举监事会成员；5）对公司的设立费用进行审核；6）对发起人用于抵作股款的财产的作价进行审核；7）发生不可抗力或者经营条件发生重大变化直接影响公司设立的，可以做出不设立公司的决议。

创立大会对前面所列事项做出决议，必须经出席会议的认股人所持表决权的半数以上通过。

（12）申请设立登记。董事会应于创立大会结束后30日内，向公司登记机关报送下列文件，申请设立登记：1）公司登记申请书；2）创立大会的会议记录；3）公司章程；4）验资证明；5）法定代表人、董事、监事的任职文件及其身份证明；6）发起人的法人资格证明或者自然人身份证明；7）公司住所证明。

以募集方式设立股份有限公司公开发行股票的，还应当向公司登记机关报送国务院证券监督管理机构的核准文件。

（13）核准登记。公司登记机关自接到股份有限公司设立登记申请之日起30日内做出是否予以登记的决定。对符合《公司法》规定条件的，予以登记，发给公司营业执照；对不符合《公司法》规定条件的，不予登记。公司营业执照签发日期，为公司成立日期。

（14）公告并报告募股情况。公司成立后，应当进行公告。股份有限公司经登记成立后，采取募集设立方式的，应当将募集股份情况报国务院证券管理部门备案。

（四）上市公司设立的条件

上市公司，是指所发行的股票经国务院或者国务院授权的证券管理部门批准在证券交易所上市交易的股份有限公司。上市公司必须符合以下条件：（1）股票经国务院证券监督管理机构核准已公开发行；（2）公司股本总额不少于人民币3 000万元；（3）公开发行的股份达到公司股份总数的25%以上；公司股本总额超过人民币4亿元的，公开发行股份的比例为10%以上；（4）公司最近三年无重大违法行为，财务会计报告无虚假记载。证券交易所可以规定高于上述规定的上市条件，并报国务院证券监督管理机构批准。

（五）股份有限公司的组织机构

1. 股东大会

股份有限公司中的股东大会、股东大会的职权与有限责任公司股东会基本相同。

股份有限公司的股东大会分为年会和临时大会两种。年会是在每一个会计年度结束后依法召开的股东大会，临时股东大会是在年会以外，遇见特殊情况时召开的大会。有下列情况之一的，应当在2个月内召开临时股东大会：（1）董事人数不足法定人数或者章程规定人数的2/3时；（2）公司未弥补亏损达到股本总额的1/3时；（3）单独或者合计持有公司股份10%以上的股东请求时；（4）董事会认为必要时；（5）监事会提议召开时；（6）公司章程规定的其他情形。

股东大会由董事会召集，董事长主持；董事长不能履行职务或者不履行职务的，由副董事长主持；副董事长不能履行职务或者不履行职务的，由半数以上董事共同推举一名董事主持。董事会不能履行或者不履行召集股东大会会议职责的，监事会应当及时召集和主持；监事会不召集和主持的，连续90日以上单独或者合计持有公司10%以上股份的股东可以自行召集和主持。

股东会的决议分为一般决议和特别决议。一般决议是指股东大会作出决议，必须经出席会议的股东所持表决权过半数通过。但对于公司合并、分立、解散，修改公司章程等重大事项，须以特别决议做出，即股东大会作出修改公司章程、增加或者减少注册资本的决议，以及公司合并、分立、解散或者变更公司形式的决议，必须经出席会议的股东所持表决权的2/3以上通过。

2. 董事会与经理

董事会是股东大会的执行机构，由5～19人组成。董事会设董事长一人，可以设副董事长。董事长和副董事长由董事会以全体董事的过半数选举产生。董事长召集和主持董事会会议，检查董事会决议的实施情况。副董事长协助董事长工作，董事长不能履行职务或者不履行职务的，由副董事长履行职务；副董事长不能履行职务或者不履行职务的，由半数以上董事共同推举一名董事履行职务。

股份公司董事会的职权，与有限责任公司基本相同。

董事会每年度至少召开两次会议，每次会议应当于会议召开10日前通知全体董事和监事。代表1/10以上表决权的股东、1/3以上董事或者监事会，可以提议召开董事会临时会议。董事长应当自接到提议后10日内，召集和主持董事会会议。董事会召开临时会议，可以另定召集董事会的通知方式和通知时限。

3. 监事会

股份有限公司监事会的组成和职权，与有限责任公司相同。

七、有价证券

（一）公司股票

1. 股份与股票

根据《公司法》的规定，股份是指均分公司全部资本的最小单位。股份在法律上具有两层含义：（1）股份是公司资本的构成单位，公司资本分为金额均等的若干股份，全部股份金额的总和就是公司的资本总额；（2）股份是股东权利和义务的计算单位，股东在公司权利和义务的大小，取决于其拥有的公司的股份数。

股票是股份的表现形式。我国《公司法》规定，公司的股份采取股票的形式，股票是股份有限公司在成立之后签发的证明股东所持股份的凭证。

股票具有以下基本特征：(1) 股票是一种要式证券。根据《公司法》的规定，股票应当采用纸面形式或者国务院证券管理部门规定的其他形式。股票应当载明下列主要事项：1) 公司名称；2) 公司登记成立的日期；3) 股票种类、票面金额及代表的股份数；4) 股票的编号。股票由董事长签名，公司盖章。发起人的股票，应当标明发起人股票字样。(2) 股票是一种有价证券。股票是股份的表现形式，而股份的取得，是以支付一定的财产为对价的。拥有股票，不仅表明持有者已经支付了相应的对价，而且持有者可以凭借自己拥有的股票获得相应的经济利益。

股份有限公司的股票（份），根据不同的标准有不同的分类。

(1) 普通股和特别股。

按照股份所代表的股东权的内容不同，股份可以分为普通股和特别股。

普通股是指股东拥有的权利和义务相同、无差别待遇的股份，是股份有限公司发行的股份中最普通的一种股份，其最大的特点就是股息不固定，随着公司盈利的大小而变化。普通股的股东的主要权利有表决权、收益权、剩余财产分配权、优先认股权等。

特别股是指股份所代表的权利义务不同于普通股，而且有特别内容的股份。特别股主要有优先股和劣后股。以普通股为基准，在分配收益和剩余财产等方面比普通股具有优先权的股份，就是优先股，反之则为劣后股。优先股的股东没有表决权。

(2) 记名股和不记名股。

按照股东的姓名是否记载于股票，可以将股票分为记名股和不记名股。

记名股是指将股东的姓名或者名称记载于股票之上的股份。不记名股就是股票上不记载股东姓名或者名称的股份。公司向发起人、国家授权投资的机构、法人发行的股票，应当为记名股票，并应当记载该发起人、机构或者法人的名称，不得另立户名或者以代表人的姓名记名。

(3) 国有股、法人股、个人股和外资股。

依照持有股份的主体的性质的不同，可以将股票分为国有股、法人股、个人股和外资股。

国有股又可以分为国家股和国有法人股。国家股是指有权代表国家投资的机构或者部门向股份有限公司投资形成的，或者依照法定程序取得的股份。国有法人股是指具有法人资格的国有企业、事业单位或者其他国有单位向股份有限公司投资而形成的或者依照法定程序而取得的股份。

法人股是指一般的法人单位向股份有限公司投资而形成的或者依照法定程序而取得的股份。

个人股是指自然人投资形成的或者依照法定程序而取得的股份，又可以进一步分为社会个人股和职工股。

外资股是指由外国以及我国港澳台地区的投资者投资形成的或者依照法定程序而取得的股份。

(4) 人民币股和人民币特别股。

依照是否以人民币认购和交易为标准，可以将股份分为人民币股和人民币特别股。

人民币股又称为A股，是指专供我国的法人和公民（不包括港澳台地区的投资者）以人民币认购和交易的股票。

人民币特别股，是指以人民币标明股票的面值，以外币或者港币认购和交易，专供外国和港澳台地区投资者买卖的股票。又可分为B股和H股。

2. 股票的发行原则

《公司法》规定，股票的发行，实行公开、公平、公正的原则，必须同股同权，同股同利。

（1）公开原则。

公开原则是指发行人在发行股票前，应当将与发行股票有关的一切信息予以公开披露，以使投资者能够获得必要而准确的信息，从而做出合理的投资决策。

（2）公平原则。

公平原则是指发行人在发行同种性质的股票时，所提供的条件、价格应当完全相同，不得因认股人的不同而有差别。

（3）公正原则。

公正原则是指发起人应当受到政府的公平对待；发起人应当公平对待所有的认股人。

（4）同股同权，同股同利。

同股同权，同股同利，是指同次发行的股票，每股的发行条件和价格应当相同。任何单位或者个人所认购的股份，每股应当支付相同价额。

3. 股票发行的条件

（1）股份有限公司设立时发行股票的条件。

股份有限公司设立时发行股票的条件，包括：1）生产经营符合国家产业政策；2）其发行的普通股限于一种，同股同权；3）发起人认购的股本数额不少于公司拟发行的股本总额的35%；4）在公司拟发行的股本总额中，发起人认购的部分不少于人民币3 000万元，但是国家另有规定的除外；5）向社会公众发行的部分不少于公司拟发行的股本总额的25%，其中公司职工认购的股本数额不得超过拟向社会公众发行的股本总额的10%。公司拟发行的股本总额超过人民币4亿元的，证监会按照规定可以酌情降低向社会公众发行的部分的比例，但是最低不少于公司拟发行的股本总额的10%；6）发起人在最近3年内没有重大违法行为；7）国务院证券监督管理机构规定的其他条件。

（2）发行新股的条件。

发行新股的条件，包括：前一次发行的股份已经募足，并间隔1年以上；公司最近3年连续盈利，并可向股东支付股利；公司最近3年的财务会计文件无虚假记载；公司预期利润率可达同期银行存款利率。

公司以当年利润分派新股，不受上述限制。

4. 公司股票的转让

股东持有的股份可以依法转让。股份（票）的转让，就是股票持有人将自己持有的股票让与他人，从而使他人成为公司股东的一种法律行为。根据《公司法》的规定，股东转让其股份，必须在依法设立的证券交易场所进行，或者按照国务院规定的其他方式进行。

记名股票，由股东以背书方式或者法律、行政法规规定的其他方式转让，转让后，由公司将受让人的姓名或者名称及住所记载于股东名册。无记名股票，由股东在依法设立的证券交易场所将股票交付给受让人后即生效。

股票的转让有以下限制：（1）发起人持有的本公司股份，自公司成立之日起一年内不得转让；公司公开发行股份前已发行的股份，自公司股票在证券交易所上市交易之日起一年内不得转让。（2）公司董事、监事、高级管理人员应当向公司申报所持有的本公司的股份及其变动情况，在任职期间每年转让的股份不得超过其所持有本公司股份总数的25%；所持本公司股份自公司股票上市交易之日起一年内不得转让。上述人员离职后半年内，不得转让其所持有的本公司股份。公司章程可以对公司董事、监事、高级管理人员转让其所持有的本公司股份作出其他限制性规定。(3) 记名股票的转让，在股东大会召开前30日内或者公司决定分配股利的基准日前5日内不得进行。(4) 公司不得收购本公司的股票，但为减少公司资本而注销股份或者与持有本公司股票的其他公司合并时除外。

(二) 公司债券

1. 公司债券的概念和种类

公司债券，是指公司依照法定程序发行的、约定在一定期限还本付息的有价证券。

《公司法》规定，股份有限公司、国有独资公司和两个以上的国有企业或者其他两个以上的国有投资主体投资设立的有限责任公司，为筹集生产经营资金，可以依照该法发行公司债券。发行公司债券筹集的资金，必须用于审批机关批准的用途，不得用于弥补亏损和非生产性支出。

以不同的标准，可以将公司债券分为不同的种类。

(1) 记名公司债券和不记名公司债券。

以公司债券上是否记载债券持有人的姓名或者名称，可以将公司债券分为记名公司债券和不记名公司债券。凡是在公司债券上记载持券人的姓名或者名称的债券，为记名公司债券，反之则是不记名公司债券。

(2) 担保公司债券和无担保公司债券。

以公司债券有无担保为标准，可以将公司债券分为担保公司债券和无担保公司债券。担保公司债券，是指公司在发行债券时，以特定财产或者第三人作为公司对该债券还本付息的担保的债券。

(3) 可转换公司债券和非转换公司债券。

以公司债券能否转换为公司股票为标准，公司债券可以分为可转换公司债券和非转换公司债券。可转换公司债券，是指公司债券的持有人在一定的条件下，可以将持有的公司债券转换为公司股票的公司债券。非转换公司债券即是不能转换为公司股票的债券。

公司债券上必须载明公司名称、债券票面金额、利率、偿还期限等事项，并由董事长签名、公司盖章。

2. 公司债券发行的条件

发行公司债券，应当符合以下条件：

(1) 发行公司债券的资格。

股份有限公司、国有独资公司和两个以上的国有企业或者其他国有主体投资设立的有限责任公司，可以发行公司债券，以募集生产经营资金。由此可见，在我国，允许发行公司债券的主体，除了股份有限公司之外，还有完全是国有性质的投资主体投资设立的有限责任公司，而混合所有制性质的有限责任公司不能发行公司债券。

(2) 净资产额的要求。

公司发行公司债券时，股份公司的净资产额不低于人民币3 000万元，有限公司的净资产额不低于人民币6 000万元。

净资产额，是指公司的实有的总资产减去公司负债后的余额。净资产额不仅反映了公司的经营规模，而且是判断公司偿债能力的一个基本依据。

(3) 公司债券的发行限制。

公司发行公司债券时，累计债券总额不超过公司净资产额的40%。累计债券总额是指公司成立以后发行的所有债券中尚未偿还的部分，加上拟发行的债券金额的总和。

(4) 利润的要求。

公司最近3年的平均可分配利润足以支付公司债券1年的利息。

(5) 公司债券的用途。

公司筹集的资金须投向符合国家政策的产业。发行公司债券筹集的资金，必须用于审批机关批准的用途，不得用于弥补亏损和非生产性支出。

(6) 债券利率的要求。

债券的利率不得超过国务院限定的利率水平。

(7) 国务院规定的其他条件。

除上述条件外，《证券法》第18条规定，有下列情形之一的，不得再次公开发行公司债券：1) 前一次公开发行的公司债券尚未募足；2) 对已公开发行的公司债券或者其他债务有违约或者延迟支付本息的事实，仍处于继续状态；3) 违反《证券法》规定，改变公开发行公司债券所募资金的用途。

3. 公司债券发行的程序

根据《公司法》的规定，符合发行债券条件的公司发行公司债券时，应当履行以下程序：

(1) 公司董事会制定发行公司债券的方案。

发行公司债券，应当由公司董事会制定发行方案。

(2) 股东大会审议通过发行方案或者有关部门做出决定。

股份有限公司、有限责任公司发行公司债券，由董事会制订方案，股东会做出决议。股份有限公司股东大会通过发行公司债券的决议，须经出席会议的股东所持表决权的半数以上通过。有限责任公司的股东会，须经代表1/2以上表决权的股东通过。

国有独资公司发行公司债券，应由国有资产监督管理机构决定。

(3) 向国务院证券管理部门报请批准。

公司权力机构做出发行公司债券的决议或者决定后，公司应当向国务院证券管理部门报请批准。公司向国务院证券管理部门申请批准发行公司债券，应当提交下列文件：公司登记证明；公司章程；公司债券募集办法；资产评估报告和验资报告。

国务院证券管理部门对符合《公司法》规定的发行公司债券的申请，予以批准；对不符合《公司法》规定的申请，不予批准。对已做出的批准，如发现不符合《公司法》规定的，应予撤销。尚未发行公司债券的，停止发行；已经发行公司债券的，发行的公司应当向认购人退还所缴款项并加算银行同期存款利息。

(4) 公告债券募集办法。

发行公司债券的申请经国务院证券管理部门批准后，公司应当公告公司债券募集办法。

公司债券募集办法中应当载明下列主要事项：1) 公司名称；2) 债券募集资金的用途；3) 债券总额和债券的票面金额；4) 债券利率的确定方式；5) 还本付息的期限和方式；6) 债券担保情况；7) 债券的发行价格、发行的起止日期；8) 公司净资产额；9) 已发行的尚未到期的公司债券总额；10) 公司债券的承销机构。

(5) 证券经营机构承销发售公司债券。

(6) 公众应募、缴款并领取公司债券。

（7）置备公司债券存根簿。

公司发行公司债券，应当置备公司债券存根簿。

发行记名公司债券的，应当在公司债券存根簿上载明下列事项：1）债券持有人的姓名或者名称及住所；2）债券持有人取得债券的日期及债券的编号；3）债券总额、债券的票面金额、债券的利率、债券的还本付息的期限和方式；4）债券的发行日期。

发行无记名公司债券的，应当在公司债券存根簿上载明债券总额、利率、偿还期限和方式、发行日期及债券的编号。

4. 公司债券的转让

公司债券的转让，是指通过法定的手续，使公司债券由持有者一方转让给另一方的法律行为。根据《公司法》的规定，债券的转让应当注意以下问题：（1）公司债券在证券交易所上市交易的，按照证券交易所的交易规则转让；（2）公司债券的转让价格由转让人与受让人约定；（3）记名债券，由债券持有人以背书方式或者法律、行政法规规定的方式转让，同时将受让人的姓名或者名称及住所记载于公司债券存根簿；（4）无记名债券，由债券持有人将债券交付给受让人后，即发生转让的效力。

八、公司的利润分配

（一）公司财务会计制度

公司财务会计制度，是公司财务制度和会计制度的统称。公司财务制度，是指关于公司的资金管理、成本费用的计算、营业收入的分配、货币的管理、公司的财务报告、公司的税务等方面的规程。公司会计制度，是指公司的会计体制、会计组织、会计记账、会计核算等方面的规程。公司的财务制度是通过公司的会计制度来实现的。

《公司法》规定，公司应当依照法律、行政法规和国务院财政主管部门的规定建立本公司的财务、会计制度。其基本要求是：（1）当按照有关法律法规和规定，建立财务会计制度；（2）编制的年度财务会计报表，须经注册会计师验证；（3）各种会计报表应按规定报送当地财税机关、开户银行和有关主管部门；（4）除法定的会计账册外，不得另立会计账册。

公司建立财务会计制度的基本标志，就是依法编制公司的财务会计报告。财务会计报告应当包括下列财务会计报表及附属明细表：

1. 资产负债表

资产负债表是指反映公司在某一特定日期静态的财务状况，即公司的资产、负债以及所有者权益等情况的会计报表。资产负债表是公司最重要的会计报表，能够比较全面地反映公司的资金来源及其运用情况。

2. 损益表

损益表是反映公司在一定期间的经营成果及其分配情况的报表，其内容包括公司一定期间内的所有收入、费用（包括成本）及其盈利（或者亏损）。

3. 财务状况变动表

财务状况变动表是综合反映一定会计期间内营运资金的来源和运用及其增减变动情况的报表。

4. 财务情况说明书

财务情况说明书是指对公司资产负债表、损益表、财务状况变动表等会计报表中所列示的资料和未能列示的但对公司财务状况有重大影响的其他重要事项所做的说明。

5. 利润分配表

利润分配表是反映公司年度利润分配情况和年末未分配利润节余情况的报表。

（二）公司利润的分配

利润，是指企业在一定时期（1 年）内生产经营的财务成果，包括营业利润、投资净收益和营业外收支净额。

公司利润的分配，应当按照法定的顺序进行：

1. 弥补以前年度的亏损

也就是说，公司应当在税法允许的补亏期限内，以当年的全部应纳税所得额弥补公司以前年度的亏损。

2. 缴纳所得税

公司以税前所得弥补上年度的亏损后的余额，一般应当按照 25%的税率缴纳所得税。

3. 弥补以税前利润弥补亏损后仍存在的亏损

这种亏损的弥补，有两种方式：一是以历年积累的公积金来弥补；二是超过了法定的税前补亏期限的，应按《公司法》规定，在依法提取法定公积金之前，先用当年利润弥补亏损，不足部分再以历年积累的公积金弥补。

4. 提取法定公积金

法定公积金，是公司在资本金之外所保留的资金金额，又称附加资本或储备金。根据《公司法》第 166 条第 3 款的规定，公司从税后利润中提取法定公积金之后，经股东大会或股东会决议，还可从税后利润中提取任意公积金。

根据《公司法》的规定，公司分配当年税后利润时，应当提取利润的 10%列入公司法定公积金。公司法定公积金累计额为公司注册资本的 50%以上的，可不再提取。

5. 提取任意公积金

公司在从税后利润中提取法定公积金后，经股东（大）会决议，可以提取任意公积金。

6. 支付股利

公司弥补亏损和提取公积金后所余利润，有限责任公司的股东按照实缴的出资比例分取红利，但是全体股东约定不按照出资比例分取红利的除外；股份有限公司的股东按照其持有的股份比例分配，但股份有限公司章程规定不按持股比例分配的除外。股东会或者董事会违反前款规定，在公司弥补亏损和提取法定公积金之前向股东分配利润的，必须将违反规定分配的利润退还公司。

九、公司的合并、分立与终止

（一）公司注册资本的变动

注册资本，又称法定资本或法定资本金，按照《公司法》的规定，是指在公司登记机关登记的全体股东认缴的出资额。注册资本的变动，包括注册资本的增加和减少。

公司需要减少注册资本时，必须由股东大会做出特别决议，必须编制资产负债表及财产清单。公司应当自作出减少注册资本决议之日起 10 日内通知债权人，并于 30 日内在报纸上公告。债权人自接到通知书之日起 30 日内，未接到通知书的自公告之日起 45 日内，有权要求公司清偿债务或者提供相应的担保。不清偿债务或者不提供担保的，不得减少注册资本。公司减资后的注册资本不得低于法定的最低限额。

有限公司增加注册资本，股东认缴新增资本，按关于股东缴纳出资的规定。股份公司未增加注册资本发行新股时，股东认购新股，按照关于股份公司缴纳股款的规定执行。

（二）公司的合并与分立

1. 公司合并

公司合并，是指两个或者两个以上的公司依法归并为一个公司的法律行为。

公司合并，应当由公司的股东会做出决议。股份有限公司的合并，必须经国务院授权的部门或者省级人民政府批准。

《公司法》规定，公司合并可以采取吸收合并和新设合并两种形式。一个公司吸收其他公司为吸收合并，被吸收的公司解散。两个以上公司合并设立一个新的公司为新设合并，合并各方解散。

公司合并时，合并各方的债权、债务，应当由合并后存续的公司或者新设的公司承继。

公司合并应当按照《公司法》规定的程序进行。公司合并的程序如下：

（1）签订合并协议。

合并协议是公司合并的基础，是参与合并的各方在平等协商的基础上，就合并的相关事宜达成的书面协议。合并协议由公司的董事会做出，并经股东会通过。公司的合并属于公司股东会的特别决议事项，有限责任公司应当经代表 2/3 以上表决权的股东通过，股份有限公司必须经出席会议的股东所持表决权的 2/3 以上通过。股份有限公司的合并，还需报请国务院授权的部门或者省级人民政府批准。

（2）编制资产负债表及财产清单。

公司合并，在合并各方签订合并协议并获得批准后，应当编制资产负债表及财产清单。

（3）履行债权人保护程序。

公司应当自作出合并决议之日起 10 日内通知债权人，并于 30 日内在报纸上公告。债权人自接到通知书之日起 30 日内，未接到通知书的自公告之日起 45 日内，可以要求公司清偿债务或者提供相应的担保。不清偿债务或者不提供相应的担保的，公司不得合并。

（4）办理登记手续。

合并的公司在完成上述手续后，应当在法定期限内到公司登记机关办理有关的登记手续，包括新设立的公司的登记或者存续公司的变更登记，被解散公司的注销登记。

2. 公司分立

公司分立，是指一个公司依法分成两个或者两个以上公司的法律行为。公司分立一般也有两种情形：一是派生分立（或称存续分立），即由一个公司将一部分财产或者营业依法分出，成立两个或者两个以上的公司，原公司依然存在并保留法人资格，新公司取得法人资格。二是解散分立（或称新设分立），即一个公司解散，将其全部财产分割并入新成立的两个或者两个以上的公司。

公司分立前的债务按所达成的协议由分立后的公司承担。

公司分立，应当履行以下程序：

(1) 公司股东会做出分立决议。股份有限公司的分立，必须经国务院授权的部门或者省级人民政府批准。

(2) 编制资产负债表及财产清单。

(3) 履行债权人保护程序。公司应当自作出分立决议之日起 10 日内通知债权人，并于 30 日内在报纸上公告。债权人自接到通知书之日起 30 日内，未接到通知书的自第一次公告之日起 45 日内，有权要求公司清偿债务或者提供相应的担保。不清偿债务或者不提供相应的担保的，公司不得分立。

(4) 财产分割。公司分立，其财产作相应的分割。

(5) 办理登记手续。公司分立应视不同的情况分别办理相应的登记手续。派生分立的，原公司应当办理变更登记，新公司应当办理新设登记；解散分立的，原公司应当办理注销登记，新公司应当办理设立登记。

(三) 公司的终止与清算

1. 公司终止

《公司法》规定，公司终止的情况包括以下几种：章程规定的营业期限届满或者公司章程规定的其他解散事由出现时；股东会决议解散；因公司合并或者分立需要解散的；公司违反法律、行政法规被依法责令关闭；公司破产。

前三种情况属于公司的自愿解散，后两种情况属于公司的强制解散。

2. 公司清算

公司清算与公司解散是两个相关的概念。公司解散是公司清算的直接原因，公司清算是公司解散的结果。不过，应当注意的是，公司解散只是停止了公司的生产经营的权利能力，在清算结束之前，公司的法人资格尚未消灭，只有在公司清算完毕之后，公司的法人资格才归于消灭。

公司的解散事由不同，适用的清算程序也不完全相同。在上述公司解散的事由中，公司清算有三种情况：(1) 在公司分立合并而解散时，解散公司的债权债务由分立合并后的公司承继，公司不需要进行清算；(2) 公司因被宣告破产而解散的，适用破产清算程序；(3) 除了上述情况外，进行正常清算程序。本章所说的"公司清算"，如无特殊说明，一般指正常清算。

公司清算应当按照以下程序进行：

(1) 成立清算组。

清算组，是公司清算中代表被解散公司执行清算事务的机关。公司被宣布解散后，开始进入清算程序，在清算期间，公司的董事会停止活动，丧失代表公司的资格，由清算组取而代之。清算组是公司在清算阶段最重要的机关，代表公司从事清理资产、收回债权、清偿债务、代表公司起诉应诉等活动。

公司解散后，应当在 15 日内成立清算组。有限责任公司的清算组由股东组成，股份有限公司的清算组由董事或股东大会确定其人选；逾期不成立清算组进行清算的，债权人可以申请人民法院指定有关人员组成清算组进行清算。人民法院应当受理该申请，并及时指定清算组成员，进行清算。

公司违反法律、行政法规被依法责令关闭的，应当解散，由有关主管机关组织股东、有关机关及有关专业人员成立清算组，进行清算。

公司破产的，按照《中华人民共和国破产法》和其他有关法律法规的规定组成清算组。

清算组在清算过程中履行以下职权：1）清理公司资产，分别编制资产负债表和财产清单；2）通知或者公告债权人；3）处理公司未了事务；4）清缴所欠税款；5）清理债权债务；6）处理公司清偿债务后的剩余财产；7）代表公司参与民事诉讼活动。

清算组成员负有的义务是：1）清算组成员应当忠于职守，依法履行清算义务；2）清算组成员不得利用职权收受贿赂或者其他非法收入，不得侵占公司财产；3）清算组成员因故意或者重大过失给公司或者债权人造成损失的，应当承担赔偿责任。

（2）债权人申报债权。

清算组应当自成立之日起10日内通知债权人，并于60日内在报纸上公告。债权人应当自接到通知书之日起30日内，未接到通知书的自公告之日起45日内，向清算组申报其债权。

债权人申报其债权，应当说明债权的有关事项，并提供证明材料。清算组应当对债权进行登记。在申报债权期间，清算组不得对债权人进行清偿。

（3）清理公司财物。

清理公司财产，编制资产负债表和财产清单，制定清算方案，并报股东会或者有关主管机关确认。

因公司解散而清算，清算组在清理公司财产、编制资产负债表和财产清单后，发现公司财产不足清偿债务的，应当立即向人民法院申请宣告破产。

公司经人民法院裁定宣告破产后，清算组应当将清算事务移交给人民法院。

（4）清偿公司债务。

公司财产能够清偿公司债务的，在清算方案确定以后，清算组必须按照法律规定的顺序进行清偿：1）支付清算费用；2）职工工资、劳动保险费用和法定补偿金；3）缴纳所欠税款；4）清偿公司债务。

公司在未按照上述顺序清偿债务之前，不得向公司股东分配财产。

（5）分配剩余财产。

公司财产按上述顺序清偿后的剩余财产，有限责任公司的股东，按照实缴的出资比例分取红利，但是全体股东约定不按照出资比例分取红利的除外；股份有限公司的股东，按照其持有的股份比例分配，但股份有限公司章程规定不按持股比例分配的除外。

（6）制作清算报告。

公司清算结束后，清算组应当制作清算报告，报股东会或者有关主管机关确认。

（7）办理注销登记并公告。

公司清算结束后，清算组应当向公司登记机关申请办理注销公司登记，公告公司终止。不申请注销公司登记的，由公司登记机关吊销其公司营业执照，并予以公告。

第四节　公有制企业

我国的社会制度是以公有制为基础的社会主义制度。公有制的基础地位是社会主义政治制度存在的前提。企业作为现代国家经济生活的重要组成部分，是国民经济发展的主体和动力。

因此，在企业制度中维持公有制经济的地位和作用既具有促进经济发展的现实意义，又具有重大的政治意义。我国的公有制企业法律制度可以分为全民所有制企业法律制度和集体所有制企业法律制度。由于之前国家对经济管得过死影响了企业的自主性和活力，根据现代企业制度的要求，国家正在根据现代企业制度的要求对公有制企业进行改革。

一、全民所有制企业（国有企业）

全民所有制企业，也称国有企业，是依法自主经营、自负盈亏、独立核算、自我发展、自我约束的企业法人，企业的财产属于全民所有，国家依照所有权和经营权分离的原则授予企业经营管理，企业对国家授予其经营管理的财产享有占有、使用和依法处分的权利。全民所有制企业是以全民所有制为基础的独立的商品经济组织。由于全民所有制企业的主体是全民所有制工业企业，因而，本节也以全民所有制工业企业为代表来阐述全民所有制企业的法律制度。

（一）企业的设立、变更与终止

《中华人民共和国全民所有制工业企业法》（1988 年制定，2009 年修正）和《全民所有制工业企业转换经营机制条例》（1992 年制定，2011 年修订）对全民所有制企业的设立、变更与终止的条件与内容都做了比较具体的规定。

1. 企业的设立

全民所有制企业的设立必须具备以下条件：产品为社会所需要；有能源、原材料、交通运输的必要条件；有自己的名称和生产经营场所；有符合国家规定的资金；有自己的组织机构；有明确的经营范围；法律法规规定的其他条件。依照法律规定，成立全民所有制企业还必须依照法律和国务院的规定，报请政府或政府主管部门审核批准。经政府审核部门核准批准后，由工商行政管理部门登记、发给企业营业执照，企业取得法人资格。

企业应自审批机关批准后 30 日内，向登记主管机关申请开业登记。企业登记的主管机关是国家市场监督管理局和地方各级市场监督管理局。经国务院或其授权部门批准的全国性工业公司、工业企业集团，由国家市场监督管理局核准登记注册。企业登记的内容包括企业法人名称、住所、经营场所、法定代表人、经济性质、经营范围、经营方式、注册资金、从业人数、经营期限和分支机构等。

2. 企业的变更

企业的变更是指企业分立、合并及其他重要事项的改变。全民所有制企业的变更与一般的企业变更类似，只是全民所有制企业的影响较广，并且其变更一般要经过审批部门的批准。政府可以决定或批准全民所有制企业的合并，在全民所有制企业的范围内，可以采取资产无偿转让的方式。经政府批准后，企业可以分立。企业可以自主兼并其他企业，企业被兼并则需要政府主管部门批准。分立时，应由分立各方签订分立协议，明确划分分立各方的财产和债权债务。企业其他重要事项的变更包括企业法人改变名称、住所、经营方式、经营范围、注册资金等。

企业变更过程中应当注意避免国有资产的流失，严格按照国有资产管理的规定履行审批手续，并进行资产评估。全民所有制企业变更中的其他问题，与一般企业相同。

3. 企业的终止

企业的终止是指由于出现一定的事由而丧失存在的资格。根据有关法律对全民所有制企业的规定，企业因为以下原因而终止：（1）违反法律、法规被责令撤销；（2）政府主管部门依照法律、法规的规定决定解散；（3）依法被宣告破产；（4）其他原因。企业解散的，由政府主管部门指定成立清算组进行清算。企业被依法提起破产的，应由人民法院组织有关机关和有关人员成立清算组织进行清算。

全民所有制企业终止后清算的法律制度与一般企业相同。

（二）企业生产经营的法律规定

1. 全民所有制企业的权利义务

全民所有制企业的权利义务是指依照有关法律的规定，全民所有制企业在生产经营的过程所享有的国家赋予的权利以及承担相应的义务。

（1）权利。

根据我国《全民所有制工业企业法》的规定，全民所有制企业在经营上主要享有以下几方面的权利：

第一，企业生产经营决策权。企业有权自主决定生产经营决策，有权调整生产经营的范围。

第二，投资决策权。企业在法律规定的范围内，有权以国家允许留用的资金以及实物、土地使用权、工业产权和非专利技术等向其他企事业单位投资，购买和持有其他企业的股份；经批准后还可以向境外投资。企业根据国家产业政策和行业、地区发展规划，可以用留用资金和自行筹措的资金从事生产性建设。

第三，定价权。根据价格法的规定，除了国家规定的政府定价产品之外的产品和劳务，企业可以自行或在政府规定的范围内对日用工业消费品、生产资料及劳务进行定价。

第四，进出口经营权。这是国有企业参与国际市场竞争的前提。随着我国外贸管理体制的改革，企业的这项权利进一步放开。企业有权选择外贸代理企业，参与同外商谈判；有权自主使用留成外汇和进行外汇调剂；有权在境外承揽工程、进行技术合作或者提供其他劳务；有权根据国家规定进口自用的设备和其他物资；具备条件的企业，还有权依法享有进出口经营权。

第五，劳动人事和工资、资金分配权。在劳动用工方面，允许企业自主决定招工的时间、条件、方法和数量。在人事管理方面，突破干部终身制和干部、工人身份的界限，对管理人员和技术人员可以采用聘用制和考核制。在工资分配方面，明确企业只受政府规定的工资总额的限制，企业享有较大的决定权。

第六，销售权。企业有权自行销售本企业的产品，国务院另有规定的除外。承担指令性计划的企业，有权自行销售计划外超产的产品和计划内分成的产品。

第七，物资采购权。这主要是针对原来的体制下对企业的过分管制而言的。企业有权要求与供方签订合同，有权自主采购和调剂物资，有权拒绝执行为企业指定的供货单位和渠道。

第八，留用资金支配权。企业有权自主确定税后留用利润中各项基金的比例和用途；有权支配使用生产发展基金；有权拒绝任何部门和单位无偿调拨企业留用资金或者强令企业以折旧费、大修理费补交上缴利润。

第九，资产处理权。企业根据生产经营的需要，对一般固定资产，可以自主决定出租、抵押和有偿转让；对关键设备、成套设备或者重要建筑物可以出租，经政府主管部门批准也可以抵押、有偿转让。

第十，联营、兼并权。企业有权自主决定与其他企事业单位实行股权式联营或契约式联营。企业兼并其他企业的，属于企业的自主权，由企业自行决定，只需要报政府主管部门备案。

第十一，内部机构设置权。企业可以拒绝有关部门提出的设置企业内部机构、规定人员编制及其级别待遇等要求。企业内部机构的设立、调整、撤销和人员编制制度，由企业自主决定。

第十二，拒绝摊派权。企业有权拒绝任何部门和单位向企业摊派人力、物力、财力。企业可以向审计部门或者其他政府有关部门控告、检举、揭发摊派的行为，并要求做出处理。

第十三，发行债券权。企业有权按照《企业债券管理条例》及《公司法》的规定，经有关主管机关批准后在境内发行债券。

(2) 义务。

全民所有制企业在享有法定的权利的情况下，也承担相应的义务。全民所有制企业的义务主要表现为对国家的义务、对社会的义务和对职工的义务这三个方面。

第一，对国家的义务。全民所有制企业对国家的义务，包括：1）遵守法律法规，坚持社会主义方向的义务。由于全民所有制企业的发展在国家政治上和经济上都具有重要意义，因而，坚持社会主义方向成为全民所有制企业最基本的一项法律义务。2）降低成本，提高劳动生产率的义务。企业要保障固定资产的正常维修，改进和更新设备，节约能源和原材料，合理使用劳动力，努力降低产品成本，提高劳动生产率。3）遵守国家财经纪律、依法纳税。企业要严格遵守国家的财政、税收、国有资产管理等经济政策，确保国有财产的保值增值。同时，依法缴纳税款，上缴利润。4）维护正常生产经营秩序的义务。全民所有制企业是社会经济生活的重要组成，企业要维持良好的生产经营秩序，保护其生产经营的国家财产不受侵害，维持生产的稳定。

第二，对社会的义务。全民所有制企业对社会的义务，包括：1）保证产品质量和服务质量的义务。企业必须严格保证产品和服务的质量，向广大消费者负责。企业的产品应当不存在危及人身、财产安全的不合理的危险；符合国家或行业保障人身、财产安全的标准。产品应具备基本的使用性能。企业不得生产国家明令淘汰的产品，不得在产品中掺杂、掺假、以假充真、以次充好、以不合格产品冒充合格产品。2）履行订立的合同和协议的义务。企业应当守信用，严格按照合同和协议中约定的条件，完全而适当地履行自己的义务，违约的，依法承担违约责任。3）防止污染环境的义务。要坚持可持续发展的战略，做好环境保护工作，防止对环境的污染和破坏，以保护人民健康，促进经济发展。

第三，对职工的义务。全民所有制企业对职工的义务，包括：1）搞好职工教育、提高职工队伍素质的义务。企业应当对职工加强思想教育、法制教育，加强对职工的业务培训，提高职工队伍的素质。2）支持职工开展科学技术活动和劳动竞赛的义务。职工的创造发明和工作的积极性是企业发展的巨大动力。企业应当为职工提供相应的条件，支持职工进行发明创造、开展技术革新、合理化建议和劳动竞赛活动。3）实行安全生产的义务。企业必须严格贯彻安全生产制度，努力改善劳动条件，做好劳动保护工作。

2. 承包经营

承包经营，通常称为承包经营责任制，是指在坚持企业全民所有制的基础上，按照所有权与经营权分离的原则，以承包合同形式确定国家与企业的责权利关系，使企业做到自主经营、自负盈亏的经营管理责任制度。承包经营是国有企业经营的一种方式，它通过承包经营合同的形式，确定国家与企业的关系，其目的是使企业能够在市场经济中独立自主经营，自负盈亏。

（1）承包经营责任制的形式。

承包经营责任制从不同的角度划分，可有不同的种类。一是上缴利润递增包干。对企业利润明显但经营风险较大的企业，在上缴增值税等国家的税收后，逐年按规定的递增率向财政上缴利润，剩余归自己，基本折旧基金不上缴国家，国家也不再拨给企业基本建设等资金。二是上缴利润基数包干。企业完成基本的上缴利润基数后，超收部分按规定进行比例分成或分档分成，期限具有一定灵活性。三是微利企业上缴利润定额包干。对于利润率低的企业，核定利润定额、超额部分全部留给企业，可以连续几年不变。四是亏损企业减亏包干。对于非经营性亏损的企业，在一定的期限内，对亏损企业进行定额补贴，超亏不补，减亏全留或者亏损补贴，减亏分成的办法。另外，还有国家批准的其他承包形式。

（2）承包经营合同的内容。

承包经营的基本内容以合同的形式反映出来。该合同一般包括承包形式、承包期限、上缴利润或减亏数额、上级主管部门的经济指标、产品质量及其他主要经济技术指标、技术改造任务、国家资产维护和增值、留利使用、贷款归还、承包前的债权债务处理、双方权利和义务、违约责任、对企业经营者的奖罚、合同双方约定的其他事项。

（3）承包经营合同当事人的权利义务。

承包经营合同的内容是确定双方当事人权利义务的基础。承包合同的主体是承包人和发包人，发包人理论上只能是国家，但实际上行使发包人权利的是代表国家所有者身份的政府职能机关。而承包人则是企业，而非企业经营者。

发包方有权按照承包经营合同的规定获取收益，对承包方的生产经营活动进行检查、监督；发包方应当按照承包经营合同规定维护承包方和企业经营者的合法权益，并在职责范围内协调解决承包方遇到的困难；如果由于发包方没有履行合同，影响承包经营合同完成时，发包方应当承担违约责任，并视情节轻重追究发包方直接责任者的行政责任和经济责任。

承包方享有国家法律、法规、政策和承包经营合同规定的经营管理自主权；必须按照承包合同完成各项任务。如果承包方完不成承包经营合同任务时，应当承担违约责任，并视情节轻重追究企业经营者的行政责任和经济责任。

3. 租赁经营

企业租赁经营，又称企业租赁经营责任制，是通过租赁经营合同约定国家与企业、企业所有者与经营者责权利关系，实现两权分离的一种经营责任制形式。它实际上是运用传统租赁的基本原理经营管理企业的一种契约形式。一般而言，租赁经营只适用于中小型国有企业。它与承包经营一样，是国有企业经营的另一种方式。在租赁经营中，承租人身份、租赁经营的客体、租金等与一般的财产租赁相比都具有一定的复杂性。

（1）租赁经营合同的内容。

租赁经营合同的内容一般包括：租赁标的，租赁经营合同的生效条件和有效期限，租赁期内经营总目标及年度经营目标，租金数额、交付期限及计算办法，承租方的收益及企业各项基金的分配比例，企业租赁前债权债务及遗留亏损的处理，租赁双方的权利和义务，担保的形式和要求，合同的变更、解除及合同纠纷处理办法，违约责任，租赁期满后资产返还和验收，租赁双方约定的其他条款等。

（2）租赁经营合同的担保。

由于对企业租赁经营管理不善可能会造成企业严重的亏损乃至破产，为了促使承租人正当而谨慎地履行经营管理企业的义务，企业租赁经营合同一般要求承租人提供一定的担保。对该类合同的担保形式一般有以下三种：一为抵押，是指由承租者提供一定数量的财产作为担保，当承租人完不成合同规定的各项经济技术指标，造成企业亏损或破产时，以该财产进行补偿；二为保证，是指租赁经营当事人之外的第三人提供一定财产或以信用来保证承租人履行债务的担保方式；三为风险保证金，是指由出租人定期从承租人收益或将确定由其获取的收益中提取一定比例的金额作为风险金暂放在企业中使用，租赁期满未出现经济赔偿问题则全额退还给承租人。

(3) 租赁经营合同双方当事人的权利义务。

租赁经营合同双方当事人的权利义务，表现为国家与企业之间的权利义务和出租人与承租人之间的权利义务。

其中，在国家与企业之间，国家的权利主要表现为获取收益，即租金，这也是国家所有权的表现。租金一般是根据三项因素确定，包括固定资产折旧费、流动资产增值费、无形资产及企业级差所生利润。需要注意的是，国家所有权在租赁经营关系中获取的租金与其依政权组织者身份向租赁企业收取的税金在性质上是不同的。国家的义务主要在于不得以任何借口干预和妨碍企业对其财产正当行使占有、使用、收益和处分的权利，具体表现为不得干涉企业的自主经营活动及内部机构的设置，不得向企业摊派人力物力等。

企业的权利主要是指企业对财产享有占有、使用、收益及部分处分权，也即从事生产经营所需要的财产权利，具体包括：自行安排生产的产品和服务；自主使用企业财产、流动资金等财产；自行销售本企业产品等。企业的义务主要表现为交纳租金和合理使用企业财产。

在出租人（国家）与承租人之间，出租人（国家）的权利表现为国家有权监督承租人依法按合同规定正当行使经营者的权利，并且有权对承租人违反义务的行为提出解除合同并追索其造成财产损失的责任。出租人（国家）的义务在于，不得以任何借口干涉或阻挠承租人正当行使经营管理企业的权利，并且要保证承租人合法收入的兑现。

承租人的权利是，作为企业的经营者，对企业享有生产经营指挥权、人事劳动管理权等经营管理的权利，并且有权利依照租赁经营合同的约定获得相应的收入。承租人负有依照国家法律、法令、政策，正当地经营管理企业，完成生产、经营任务，并提供必要的担保财产及履行合同规定的其他义务。

（三）企业内部领导体制

1. 厂长（经理）负责制

全民所有制企业实行厂长（经理）负责制。厂长负责制是指全民所有制企业的生产经营管理由厂长或经理统一领导、全权负责的企业内部管理制度。这种制度从 1984 年开始逐渐推行，是针对原先“党委领导下的厂长（经理）负责制”的一项改革措施。其主要内容是，以厂长为首，建立企业内部生产经营管理的指挥决策系统，厂长作为企业生产经营管理的最高领导者，在企业中处于中心地位，对企业的生产经营活动做出决策并组织实施，实行全面统一领导。

(1) 厂长的产生及任期。厂长的产生，除国务院另有规定外，应由政府部门根据企业的情况，决定采取以下方式之一：一是由政府主管部门委任或招聘；二是由企业职工代表大会选举，企业职工代表大会选举或罢免厂长、经理时，需报政府主管部门批准。厂长实行任期制，每届 3 至 5 年，可以连选连任。对厂长实行任期目标责任制。

(2) 厂长的法律地位。厂长的法律地位是厂长依据法律规定在企业生产经营管理和对外经营活动中所具有的资格、身份。厂长作为企业的法定代表人，在企业管理中处于中心地位，对企业的物质文明建设和精神文明建设负有全面的责任。

（3）厂长的职权。根据有关法律法规的规定，厂长有权依照法律和国务院规定，决定或者报请审查批准企业的各项计划；决定企业行政机构的设置；提请政府主管部门聘任或任免副厂级行政领导；任免或聘任中层行政领导；提出工资调整方案、资金分配方案的重要规章制度，提请职工代表大会审查；依法奖惩职工；提请政府主管部门奖惩副厂级行政领导干部。

2. 企业管理委员会

企业管理委员会是协助厂长进行决策的咨询机构，由厂长、副厂长、总工程师、总经济师、党委书记、工会主席、团委书记和职工代表大会选出的代表组成。其中，职工代表人数应为管理委员会全体成员人数的1/3。厂长担任管理委员会的主任。企业管理委员会的任务是协助厂长进行决策，就厂长提出的重大问题的讨论方案，提出意见和建议，供厂长参考。企业管理委员会协助厂长解决企业的经营方针、长远规划及年度计划、工资调整方案、基本建设方案等重大问题。

3. 企业职工代表大会

企业民主管理是现代企业发展的趋势，职工代表大会是全民所有制企业民主管理的基本形式。这也是由企业全民所有制的性质决定的。

职工代表大会是职工行使民主管理权力的机构，它代表全体职工对企业进行民主管理和监督，反映广大职工的意见。它可以行使一定的民主管理权力，包括监督的权力和对直接涉及职工利益的重大问题做出决定的权力。

职工代表大会行使以下职权：（1）对企业的发展计划和重要经营事项提供意见和建议；（2）对工资调整方案、资金分配方案、福利方案、企业奖惩方法等涉及职工利益的事项有同意或否决的权利；（3）审议决定关于职工福利的重大事项；（4）评议、监督企业各级管理人员，提出奖惩和任免的建议；（5）根据政府主管部门的决定选举厂长（经理），或提出罢免，报主管部门批准。

职工代表大会至少每半年召开一次，遇有重大事项，经厂长、企业工会或1/3以上的职工代表的提议，可以召开临时会议。职工代表大会必须有2/3以上的职工代表出席方为有效，选举或做出决议须经全体职工代表过半数通过。

（四）企业与政府部门的关系

1. 确保国有财产的安全

全民所有制工业企业中的国有资产所有权属于国家，为确保企业财产所有权，政府及其有关部门分别行使下列职责：（1）考核企业财产保值、增值指标，对企业资产负债和损益情况进行审查和审计监督；（2）根据国务院的有关规定，决定国家与企业之间财产收益的分配方式、比例或者定额；（3）根据国务院的有关规定，决定、批准企业生产性建设项目，由企业自主决定的投资项目除外；（4）决定或者批准企业的资产经营形式和企业的设立、合并（不含兼并）、分立、终止、拍卖，批准企业提出的被兼并申请和破产申请；（5）根据国务院的有关规定，审批企业财产的报损、冲减、核销及关键设备、成套设备或者重要建筑物的抵押、有偿转让，组织清算和收缴被撤销、解散企业的财产；（6）依照法定条件和程序，决定或者批准企业厂长的任免（聘任、解聘）和奖惩；（7）拟订企业财产管理法规，并对执行情况进行监督、检查；

(8) 维护企业依法行使经营权，保障企业的生产经营活动不受干预，协助企业解决实际困难。

2. 加强宏观调控和行业管理

政府应当采取下列措施，加强宏观调控和行业管理，建立既有利于增强企业活力又有利于经济有序运行的宏观调控体系：一是制定经济和社会发展战略、方针和产业政策，控制总量平衡，规划和调整产业布局；二是运用利率、税率、汇率等经济杠杆和价格政策，调控和引导企业行为；三是根据产业政策和规模经济要求，引导企业组织结构调整，实现资源合理配置；四是建立和完善适应商品经济发展的企业劳动人事工资制度、财务制度、成本制度、会计制度、折旧制度、收益分配制度和税收征管制度，制定考核企业的经济指标体系，逐步将企业职工的全部工资性收入纳入成本管理；五是推动技术进步，开展技术和业务培训，为企业决策和经营活动提供信息、咨询。

3. 培育和完善市场体系

政府应当采取下列措施，培育和完善市场体系，发挥市场调节作用：一是打破地区、部门分割和封锁，建立和完善平等竞争、规则健全的全国统一市场；二是按照国民经济发展总体规划和布局，统筹规划、协调和建立生产资料市场、劳务市场、金融市场、技术市场、信息市场和企业产权转让市场等，促进市场体系的发育和完善；三是发布市场信息，加强市场管理，制止违法经营和不正当竞争。

4. 建立和完善社会保障体系

为了解决下岗工人问题，解除下岗工人的后顾之忧，政府应当采取下列措施建立和完善社会保障体系：一是建立和完善养老保险制度，实行基本养老保险、企业补充养老保险、职工个人储蓄养老保险相结合的制度；二是建立和完善职工的失业保险制度，使职工在失业期间能够得到一定数量和一定期限的失业保险金，保证其基本生活；三是建立和完善医疗保险、工伤保险和生育保险等保险制度。

5. 为企业提供社会服务

从整个经济发展的全局上看，政府应当采取下列措施为企业提供社会服务：一是发展和完善与企业有关的公共设施和公益事业，减轻企业的社会负担；二是建立和发展会计师事务所、审计事务所、职业介绍所、律师事务所、资产评估机构和信息、咨询服务机构等社会服务组织；三是完善劳动就业服务体系，培训失业人员，帮助其再就业；四是健全劳动争议仲裁制度，及时妥善处理劳动纠纷，维护企业和职工的合法权益；五是协调企业与其他单位的关系，保障企业的正常生产经营秩序。

（五）国有资产管理制度

国有资产是指属于以国家为代表的全民所有的财产。广义上的国有资产包括三类，即国有自然资源、经营性国有资产和非经营性国有资产。所谓国有自然资源，就是指依法属于国家所有的自然资源，即在现有的技术条件下，通过对资源的开发，根据法律规定属于国家所有的各种自然资源，主要包括土地、矿藏、森林、草原、水流、海域和滩涂等。非经营性的国有资产，主要是指行政事业性的国有资产，是国家以拨款或者其他形式向行政事业单位投入的国有资产。经营性的国有资产，是指国家作为投资者投资于各种形式的企业，用于生产经营或者服务性活动的国有资产。经营性国有资产分布的范围很广泛，不仅包括生产流通领域，而且还覆盖到服务行业和实行企业化管理的事业单位，以及利用行政事业性国有资产创收的单位。经营性国有资产是国有资产中最活跃、最重要的部分，是国有资产收益增长的主要来源，也是国有资产不断增值的基础，因而也是国有资产管理的重点对象。狭义上的国有资产，仅指经营性的国有资产。

确保国有资产安全的制度主要包括国有资产评估制度、国有资产产权登记制度、国有企业财产监督管理制度和国有资产流失查处制度。

第一，国有资产评估，是指国有资产评估机构根据国家的政策和特定目的，遵循一定的原则和法定程序，采用科学的方法，对国有资产现时价格进行评定和估算。对国有资产进行评估，是国有资产管理的重要工作，对于正确体现国有资产价值量，保护国有资产所有者和经营者、使用者的合法权益，都具有重要的作用。1991 年 11 月 16 日建设部颁布的《国有资产评估管理办法》，是我国国有资产评估的基本法律依据。根据《国有资产评估管理办法》的规定，国有资产的评估要遵循真实性原则、科学性原则和可行性原则。国有资产的评估范围，包括对固定资产、流动资产、无形资产和其他资产的评估。在我国境内的国有资产占有单位，凡有下列情形之一的，除经国有资产管理部门批准可以不予评估的外，都必须进行资产评估：(1) 国有资产拍卖、转让的；(2) 国有企业兼并、出售、联营、股份经营的；(3) 与外国公司、企业和其他经济组织或者个人开办中外合营企业或者中外合作企业的；(4) 国有企业清算的。另外，国有资产抵押或者作为其他担保形式的，国有企业租赁的，可以根据具体情况进行评估。

国有资产评估工作，按照国有资产管理权限，由国有资产管理行政主管部门负责管理和监督。国有资产评估组织工作，按照占有单位的隶属关系，由行业主管部门负责。国有资产管理行政主管部门和行业主管部门不直接从事国有资产评估业务。资产评估机构可以接受占有单位的委托，从事国有资产评估业务。资产评估机构应当是持有国务院或者省、自治区、直辖市人民政府国有资产管理行政主管部门颁发的国有资产评估资格证书的资产评估公司、会计师事务所、审计事务所、财务咨询公司或者是经国务院或者省、自治区、直辖市人民政府国有资产管理行政主管部门认可的临时评估机构。资产评估机构进行资产评估，实行有偿服务。占有单位委托资产评估机构进行资产评估时，应当如实提供有关情况和资料。资产评估机构应当对占有单位提供的有关情况和资料保守秘密。

第二，国有资产产权登记，是指国有资产管理部门代表国家和政府，对行政事业资产和占有国有资产的企业进行登记，依法确认国家对国有资产的所有权和企业对国有资产的经营权、行政事业单位对国有资产的占有、使用权及其相关权利的法律行为。这就是说，通过国有资产管理部门组织的产权登记，一方面明确了国家对哪些资产具有所有权，另一方面也明确了企业、单位对哪些资产具有经营使用权。这两方面的确认都用法律文件的形式表现出来，具有法律效力并受到法律保护。

产权登记由以下要素组成：登记人，也就是登记主体，指法人组织，即具有法人资格的企业、公司和单位；登记对象，即登记客体，指对什么进行登记，具体表现为登记的内容；违章处理，指产权登记主管部门对登记人违反国家规定应给予的各种处罚措施；计算方法，指由产权登记管理办法所规定的，在进行产权登记时统一采用的计算方法和途径；管理权限，指由国家规定的各级产权管理部门进行产权登记工作的管理范围、职责权限。

改革开放之前，我国长期实行的是计划经济体制及政府直接操作国有企业生产经营的管理体制，政府对资产的了解仅仅通过财务报表或有关统计报表。改革开放以后，国有企业逐步有了经营自主权，产权变动、资产价格经常发生变动，经济行为也迫切要求被纳入法制化轨道，因此产权的基础管理受到重视。1992 年 5 月 11 日，国家国有资产管理局、财政部、国家工商行政管理局联合发布了《国有资产产权登记管理试行办法》，经国务院批准，于 1992 年在全国范围内开展国有资产产权登记工作。此后，通过不断总结实践经验，在《国有资产产权登记管理试行办法》的基础上，国务院于 1996 年 1 月 25 日发布了《企业国有资产产权登记管理办法》；国家国有资产管理局和财政部于 1995 年 2 月 15 日联合发布了《行政事业单位国有资产管理办法》；2000 年 4 月 6 日，财政部颁布了《企业国有资产产权登记管理办法实施细则》；2006 年财政部颁布了《事业单位国有资产管理暂行办法》（2017 年、2019 年修改）。上述法律、法规和规章，是有关国家机关、企事业单位进行国有资产产权登记工作的主要法律依据，是国有资产产权登记制度的核心。

第三，国有企业财产监督管理，是指国家有关部门或者有关机构对指定的或者所属的国有企业财产的经营管理实施监督管理的活动。国有企业财产监督管理具有以下特征：实施监督管理的主体是国家有关部门或者有关机构；监督管理的对象是国有企业财产的经营管理活动；这种监督管理的目的是理顺产权关系，转换企业经营机制，保障国家对企业财产的所有权，落实企业经营权，使企业成为自主经营、自负盈亏、自我发展、自我约束的法人和市场竞争的主体，实现国有资产的保值增值。

国家对国有企业财产的监督管理实行分级管理和分工监督的体制。其中，分级管理是指国有企业财产的监督管理分别由中央和地方各级人民政府来实施。企业国有资产属于全民所有，即国家所有，国务院代表国家统一行使对企业国有财产的所有权。国有资产的管理必须在国务院的统一领导下进行，国务院负责制定国有资产管理的统一法规和政策，并保留对全国国有资产管理的重大决策权。由于我国地域广阔，国有资产数量大，情况比较复杂，国务院不可能对全国的国有资产进行直接管理，这就需要采取分级管理的原则。同时，国有企业量大面广，要对其实施有效的监督，就需要有关部门分工协作。国务院对国有企业财产行使监督权，主要是通过授权有关部门或者有关机构，对国务院管辖的企业和国务院指定由其监督的地方管辖的企业实施分工监督。

第四，国有资产流失，是指国有资产的投资者、经营者或者管理者，违反有关国有资产管理的法律法规，造成国有资产的损失或者致使国有资产处于流失状态的行为。首先，从主体上来说，造成国有资产流失的主体，限于国有资产的投资者、经营者或者管理者；其次，主观上具有故意或者重大过失；最后，必须是违反了国有资产管理法的有关规定，并产生了国有资产流失的后果，或者不加以制止就必然发生国有资产流失的后果。

根据有关法律、法规的规定，对于以下造成国有资产流失的行为，应当追究当事人的法律责任：一是在进行国有资产评估时，不按有关规定进行评估，或者故意压低评估价值，造成国有资产流失的行为；二是在转让、处置国有资产时违反规定，无偿或者以低于市场价格转让给非国有单位或者个人，造成国有资产流失的行为；三是在国有企业承包、租赁经营时，违反有关规定，低价发包或者出租，或者在承包租赁过程中弄虚作假，以各种手段侵占国有财产，造成国有资产流失的行为；四是在国有企业改制时，违反规定，将国有资产低价折股、低价出售或者私分国有企业财产，造成国有资产流失的行为；五是在财务管理中，违反财务制度，以不提或者少提折旧费、少摊或者不摊成本、私设小金库、公款私存、隐瞒收益、资产不入账等手段非法侵占国有资产，造成国有资产流失的行为；六是国有企业在行使经营权时，滥用权利，侵犯国家权益，或者在股份制企业、中外合营合作企业中对损害国有股权益和中方利益的情况不反对、不制止，造成国有资产流失的行为；七是有关主管机关在行使出资权、管理权或者监督权时具有失职或者渎职行为，造成国有资产流失的行为。

二、集体所有制企业

我国集体所有制企业，是指生产资料为社会主义劳动群众集体所有、实行共同劳动、在分配方式上以按劳分配为主的商品经济组织。集体所有制企业是我国公有制经济的一个重要组成部分，它适应了我国现阶段城乡生产力发展水平，具有形式多样、经营灵活、方便群众、吸纳劳动力多等特点，对于发展生产、丰富生活、扩大就业、积累资金等具有重要意义。集体所有制企业包括城镇和乡村的劳动群众集体所有制企业，简称城镇集体所有制企业和乡村集体所有制企业。我国专门调整集体所有制企业的规范性文件是国务院1990年颁布并于2011年修订的《中华人民共和国乡村集体所有制企业条例》和1991年颁布并于2011年、2016年修订的《中华人民共和国城镇集体所有制企业条例》。另外，国务院对有关城乡集体所有制企业的金融、税收、财务、环境保护等问题都做了法律规定。

集体经济组织具有以下四个基本特征：

第一，集体所有制企业是商品经济组织。集体所有制企业不同于国家机关、事业单位等，它是自主经营、自负盈亏、独立核算的经济组织。

第二，集体所有制企业的财产属于集体所有。集体所有制企业的生产资料属于投资该企业的全体劳动群众或集体组织所有。它与全部资产属于国家的全民所有制企业和资产为私人所有的私营企业有着较大的差别。

第三，集体所有制企业实行共同劳动，共同经营。

第四，集体所有制企业实行按劳分配。

1. 城镇集体所有制企业

城镇集体所有制企业资产属于劳动群众集体所有。劳动群众集体所有应当至少符合以下三种情况之一：其一，集体企业的劳动群众集体所有；其二，集体企业的联合经济组织范围内的劳动群众集体所有；其三，投资主体为两个或者两个以上的集体企业，其中城镇集体所有制企业、城镇联合经济组织的劳动群众集体所有的财产应当占主导地位。

城镇集体所有制企业应当遵循的原则是：自愿组合、自筹资金，独立核算、自负盈亏，自主经营、民主管理，集体积累、自主支配，按劳分配、入股分红。

城镇集体所有制企业的任务是：根据市场和社会需求，发展商品生产，扩大商品经营，开展社会服务，创造财富，增加积累，不断提高经济效益和社会效益，繁荣社会主义经济。

2. 乡镇集体所有制企业

乡镇集体所有制企业是指农村集体经济组织或以农民投资为主，在乡镇举办的承担支援农业的企业。它是我国社会主义公有制经济的组成部分。乡镇集体所有制企业的主要任务是：(1) 发展商品生产和服务业，满足社会日益增长的物质和文化生活的需要；(2) 调整农村产业结构，合理利用农村劳动力；(3) 支援农业生产和农村建设，增加国家财政和农民的收入；(4) 积极发展出口创汇生产；(5) 为大工业配套和服务。

国家大力鼓励和支持乡镇集体所有制企业的发展，鼓励和扶持乡镇集体所有制企业采用先进适用的科学技术和经营管理方法，加速企业现代化；鼓励和保护乡镇集体所有制企业依照平等互利、自愿协商、等价有偿的原则，进行多种形式的经济技术合作；鼓励和支持乡镇集体所有制企业依法利用自然资源，因地制宜发展符合国家产业政策和市场需要的产业和产品，增加社会有效供给。

乡镇集体所有制企业实行自主经营，独立核算，自负盈亏。乡镇集体所有制企业实行多种形式的经营责任制，可以在不改变集体所有制性质的前提下，吸收投资入股。乡镇集体所有制企业符合法人条件的，依法登记为企业法人，独立承担有限责任。

第五节 外商投资企业

外商投资企业，是指全部或者部分由外国投资者投资，依照中国法律在中国境内经登记注册设立的企业。它是我国吸收外国直接投资最主要的一种形式。外商投资企业对于解决我国建设资金不足、扩大就业、提高人民生活水平、提高社会劳动生产力、学习外国先进的管理经验等方面都具有积极意义。国家坚持对外开放的基本国策，鼓励外国投资者依法在中国境内投资。我国实行高水平投资自由化便利化政策，建立和完善外商投资促进机制，营造稳定、透明、可预期和公平竞争的市场环境。

我国曾将外商投资企业分为中外合作经营企业、中外合资经营企业和外商独资企业，并分别制定《中外合资经营企业法》（1979 年颁布，1990 年、2001 年、2016 年修正）、《中外合作经营企业法》（1988 年颁布，2000 年、2016 年 9 月和 11 月、2017 年修正）、《外资企业法》（1986 年颁布，2000 年、2016 年修正）来保障并鼓励外商投资。2019 年 3 月 15 日，我国颁布了《外商投资法》，废止了前述三部法律，但同时规定自 2020 年 1 月 1 日起施行《外商投资法》的五年内，原有中外合作经营企业、中外合资经营企业和外商独资企业可继续保留原企业组织形式，具体实施办法由国务院规定。

我国对外商投资实行准入前国民待遇加负面清单管理制度，具体规定主要包括如下三个方面：

（1）对外商投资实行准入前国民待遇。准入前国民待遇，是指在投资准入阶段给予外国投资者及其投资不低于本国投资者及其投资的待遇。例如，外商投资企业依法平等适用国家支持企业发展的各项政策。制定与外商投资有关的法律、法规、规章，应当采取适当方式征求外商投资企业的意见和建议。建立健全外商投资服务体系，为外国投资者和外商投资企业提供法律法规、政策措施、投资项目信息等方面的咨询和服务。与其他国家和地区、国际组织建立多边、双边投资促进合作机制，加强投资领域的国际交流与合作。根据需要，设立特殊经济区域，或者在部分地区实行外商投资试验性政策措施，促进外商投资，扩大对外开放。根据国民经济和社会发展需要，鼓励和引导外国投资者在特定行业、领域、地区投资。外国投资者、外商投资企业可以依照法律、行政法规或者国务院的规定享受优惠待遇。保障外商投资企业依法平等参与标准制定工作，强化标准制定的信息公开和社会监督。国家制定的强制性标准平等适用于外商投资企业。保障外商投资企业依法通过公平竞争参与政府采购活动。政府采购依法对外商投资企业在中国境内生产的产品、提供的服务平等对待。

（2）保护外商投资。对外国投资者的投资不实行征收。在特殊情况下，国家为了公共利益的需要，可以依照法律规定对外国投资者的投资实行征收或者征用。征收、征用应当依照法定程序进行，并及时给予公平、合理的补偿。外国投资者在中国境内的出资、利润、资本收益、资产处置所得、知识产权许可使用费、依法获得的补偿或者赔偿、清算所得等，可以依法以人民币或者外汇自由汇入、汇出。保护外国投资者和外商投资企业的知识产权，保护知识产权权利人和相关权利人的合法权益；对知识产权侵权行为，严格依法追究法律责任。鼓励在外商投资过程中基于自愿原则和商业规则开展技术合作。技术合作的条件由投资各方遵循公平原则平等协商确定。行政机关及其工作人员不得利用行政手段强制转让技术。

（3）对外商投资实行负面清单管理制度。负面清单，是指国家规定在特定领域对外商投资实施的准入特别管理措施。国家对负面清单之外的外商投资，给予国民待遇。外商投资准入负面清单规定禁止投资的领域，外国投资者不得投资。外商投资准入负面清单规定限制投资的领域，外国投资者进行投资应当符合负面清单规定的条件。外商投资准入负面清单以外的领域，按照内外资一致的原则实施管理。国家建立外商投资信息报告制度。外国投资者或者外商投资企业应当通过企业登记系统以及企业信用信息公示系统向商务主管部门报送投资信息。外商投资信息报告的内容和范围按照确有必要的原则确定；通过部门信息共享能够获得的投资信息，不得再行要求报送。建立外商投资安全审查制度，对影响或者可能影响国家安全的外商投资进行安全审查。依法作出的安全审查决定为最终决定。

第六节　企业破产制度

一、企业破产法概述

（一）破产的概念和特征

法律上的破产，是指债务人（企业）的资产无力清偿到期债务，法院通过法定程序将债务人所有财产强制向债权人清偿，并使债务人资格消灭的一种法律制度。破产是市场经济的产物。在市场经济条件下，只要有竞争规律发生作用，就会出现有盈有亏的企业。企业严重亏损、不能清偿到期债务时，就会被淘汰，被宣告破产。

破产是一种法定的清偿手段，同时，企业破产的过程又是一种强制执行程序。法律上的破产主要具有以下特征：

1. 破产的前提是债务人不能清偿到期债务

各国破产法对破产均规定了此条件，一般来讲，只有债务人处于不具备清偿债务所必要的财产、信用等条件时，才有可能发生破产。

2. 债务人以其全部财产清偿债务

破产后用来清偿债务的财产，必须是债务人合法拥有的全部财产。

3. 破产程序中所有债权人应当得到公平的清偿

债务人的财产通常不能满足多个债权人的债权的需要，为了平衡债权人利益上的冲突，债务人需要以其财产公平地向全部债权人清偿。对不同类型的债务按不同的清偿顺序，对同一类型的债务按相同的比例清偿。

4. 破产须通过法院进行

破产涉及债务人主体资格的消灭，破产的全过程都是在法院的支配下进行的，破产程序具有明显的强制性特点。

（二）破产法的一般理论

1. 破产法的概念

破产法是指调整破产关系的法律规范的总称，或者说是调整企业因经营管理不善、不能清偿到期债务、依法被宣告破产而发生的经济关系的法律规范的总称。破产法所调整的社会关系主要包括法院和债权人、债务人、清算组织以及其他破产当事人和参与人之间在破产过程中发生的社会关系。我国破产法主要包括2006年8月通过的《中华人民共和国企业破产法》和国务院制定的与破产相关的行政法规，如国务院分别在1994年发布的《关于在若干城市试行国有企业破产有关问题的通知》和1997年发布的《关于在若干城市试行国有企业兼并和职工再就业有关问题的补充通知》等。

破产法包括程序法和实体法两方面的内容，由程序法律规范和实体法律规范组成。破产程序规范主要是规定破产案件的管辖法院、民事诉讼规范的准用、破产的申请与受理、临时财产管理人、债权申报、债权人会议、和解、重整、破产宣告、破产管理人、破产清算、破产终结等制度。破产实体法规范主要是规定破产能力、破产原因、破产财产、破产无效、破产债权、破产费用、共益债务、别除权、取回权、抵销权、破产免责等制度。

2. 破产法的适用范围

破产法的适用范围，指的是破产法的效力，包括对人的效力、地域效力和时间效力。从理论上说，破产法对人的适用范围有四种情况：(1) 只适用于法人；(2) 只适用于商人；(3) 同时适用于法人和商人；(4) 只适用于具有特殊性质的法人。我国1986年制定的《企业破产法(试行)》仅适用于国有企业，《公司法》仅适用于有限责任公司和股份有限公司，《民事诉讼法》有关破产的规定适用于公司、非公司制的国有企业法人和集体企业法人。而2006年制定的《企业破产法》的适用范围已经扩大到所有的企业法人，包括国有企业与法人型私营企业、三资企业，上市公司与非上市公司，有限责任公司与股份有限公司，甚至金融机构。破产法的地域效力适用情况有三种，即普及主义、属地主义和折中主义。我国1986年制定的《企业破产法（试行)》未对其地域范围效力做出规定。但由于改革开放的不断深入、对外贸易关系的不断发展，跨国破产案件已经越来越多，2006年制定的《企业破产法》第5条规定："依照本法开始的破产程序，对债务人在中华人民共和国领域外的财产发生效力。对外国法院作出的发生法律效力的破产案件的判决、裁定，涉及债务人在中华人民共和国领域内的财产，申请或者请求人民法院承认和执行的，人民法院依照中华人民共和国缔结或者参加的国际条约，或者按照互惠原则进行审查，认为不违反中华人民共和国法律的基本原则，不损害国家主权、安全和社会公共利益，不损害中华人民共和国领域内债权人的合法利益的，裁定承认和执行。"在时间效力上，即指破产法发生法律约束力的期间，一般是从权力机关制定，国家主席明令公布实施之日起生效，至有关机关明令废止之日失效。我国《企业破产法》的生效时间是2007年6月1日。

3. 破产法的作用

破产法的作用主要体现在下列几个方面：一是对债权人和债务人的作用。破产法的实行，使债权人可以参与破产财产的分配，其债权可以在清偿范围内得以实现，从而保护了债权人的利益。对于债务人来说，只需依法清理资产，依法定程序分给债权人，其未能清偿的债务得到豁免，其可以从困境中解脱出来。这就保护了债权人和债务人的合法权益，从而间接地维护了市场经济秩序。二是对破产企业的作用。破产法的实行，将增加对企业的压力，促使企业增强活力，迫使企业不断提高经营管理水平和科学技术水平，提高企业的经济效益。破产法的实行，对企业职工也会产生积极的影响，促使其工作积极性的提高。三是对社会经济秩序的维护和涉外经济活动开展具有积极意义。破产法的实施，使经营管理不善，没有发展潜力的企业遭到淘汰，债务人与众多债权人的权利义务关系得到确定和解决，减少社会上的不稳定因素。破产法的实施还对我国企业涉外赔偿等经济纠纷的解决具有一定的积极意义，也有利于维持我国法律的权威性。

二、企业破产还债程序

（一）破产申请与受理

破产申请是当事人向人民法院提出的请求宣告债务人破产的申请。当债务人在企业法人不能清偿到期债务，并且资产不足以清偿全部债务或者明显缺乏清偿能力时，可以向人民法院提出重整、和解或者破产清算申请。

向人民法院提出破产申请时，应当提交破产申请书和有关证据。破产申请书应当载明下列事项：(1) 申请人、被申请人的基本情况；(2) 申请目的；(3) 申请的事实和理由；(4) 人民法院认为应当载明的其他事项。债务人提出申请的，还应当向人民法院提交财产状况说明、债务清册、债权清册、有关财务会计报告、职工安置预案以及职工工资的支付和社会保险费用的缴纳情况。当然，人民法院受理破产申请前，申请人可以请求撤回申请。

债权人提出破产申请的，人民法院应当自收到申请之日起 5 日内通知债务人。债务人对申请有异议的，应当自收到人民法院的通知之日起 7 日内向人民法院提出。人民法院应当自异议期满之日起 10 日内裁定是否受理。除有前文规定的情形外，人民法院应当自收到破产申请之日起 15 日内裁定是否受理。

人民法院受理破产申请的，应当自裁定作出之日起 5 日内送达申请人。债权人提出申请的，人民法院应当自裁定作出之日起 5 日内送达债务人。债务人应当自裁定送达之日起 15 日内，向人民法院提交财产状况说明、债务清册、债权清册、有关财务会计报告以及职工工资的支付和社会保险费用的缴纳情况。

人民法院受理破产申请后至破产宣告前，经审查发现债务人不符合《企业破产法》第 2 条规定情形（企业法人不能清偿到期债务，并且资产不足以清偿全部债务或者明显缺乏清偿能力）的，可以裁定驳回申请。

人民法院裁定受理破产申请的，应当同时指定管理人。管理人对破产申请受理前成立而债务人和对方当事人均未履行完毕的合同有权决定解除或者继续履行，并通知对方当事人。管理人自破产申请受理之日起 2 个月内未通知对方当事人，或者自收到对方当事人催告之日起 30 日内未答复的，视为解除合同。管理人决定继续履行合同的，对方当事人应当履行；但是，对方当事人有权要求管理人提供担保。管理人不提供担保的，视为解除合同。

人民法院受理破产案件后，以破产企业为债务人的其他经济纠纷案件，根据不同情况分别处理：(1) 有关债务人财产的保全措施应当解除，执行程序应当中止；(2) 已经开始而尚未终结的有关债务人的民事诉讼或者仲裁应当中止；在管理人接管债务人的财产后，该诉讼或者仲裁继续进行；(3) 有关债务人的民事诉讼，只能向受理破产申请的人民法院提起。

（二）管理人

管理人制度是我国《企业破产法》引入的又一项新的制度，《企业破产法》将管理人制度置于一个相当重要的地位，并专设一章予以规定。所谓管理人，是指依照《企业破产法》的规定，在重整、和解和破产清算程序中负责债务人财产管理和其他事项的组织机构和个人；在其他国家的破产法中，又称之为破产管理人、受托管理人、破产受托人等。

依据我国《企业破产法》的规定，管理人由人民法院指定。人民法院根据债务人的实际情况，可以在征询有关社会中介机构的意见后，指定该机构具备相关专业知识并取得执业资格的人员担任管理人。具体来说，可以由有关部门、机构的人员组成的清算组或者依法设立的律师事务所、会计师事务所、破产清算事务所等社会中介机构担任。但有下列情形之一的，不得担任管理人：（1）因故意犯罪受过刑事处罚；（2）曾被吊销相关专业执业证书；（3）与本案有利害关系；（4）人民法院认为不宜担任管理人的其他情形。当然，债权人会议认为管理人不能依法、公正执行职务或者有其他不能胜任职务情形的，可以申请人民法院予以更换。

依据《企业破产法》的规定，管理人应履行下列职责：（1）接管债务人的财产、印章和账簿、文书等资料；（2）调查债务人财产状况，制作财产状况报告；（3）决定债务人的内部管理事务；（4）决定债务人的日常开支和其他必要开支；（5）在第一次债权人会议召开之前，决定继续或者停止债务人的营业；（6）管理和处分债务人的财产；（7）代表债务人参加诉讼、仲裁或者其他法律程序；（8）提议召开债权人会议；（9）人民法院认为管理人应当履行的其他职责。

管理人应当勤勉尽责、忠实执行职务，向人民法院报告工作，并接受债权人会议和债权人委员会的监督。管理人应当列席债权人会议，向债权人会议报告职务执行情况，并回答询问。管理人没有正当理由不得辞去职务。管理人辞去职务应当经人民法院许可。

（三）债权人会议

债权人会议是债权人按照人民法院的通知或公告而组成的行使债权、破产参与权和决议权的机构。它是债权人在破产开始后参与破产程序的组织，但不是执行机关。依法申报债权的债权人为债权人会议的成员，有权参加债权人会议，享有表决权。债权尚未确定的债权人，除人民法院能够为其行使表决权而临时确定债权额的以外，不得行使表决权。对债务人的特定财产享有担保权的债权人，未放弃优先受偿权利的，对于和解协议与破产财产的分配方案的表决，不享有表决权。债权人可以委托代理人出席债权人会议，行使表决权。代理人出席债权人会议，应当向人民法院或者债权人会议主席提交债权人的授权委托书。债权人会议应当有债务人的职工和工会的代表参加，对有关事项发表意见。

债权人会议设主席一人，由人民法院从有表决权的债权人中指定。债权人会议主席主持债权人会议。依据法律规定，债权人会议行使下列职权：（1）核查债权；（2）申请人民法院更换管理人，审查管理人的费用和报酬；（3）监督管理人；（4）选任和更换债权人委员会成员；（5）决定继续或者停止债务人的营业；（6）通过重整计划；（7）通过和解协议；（8）通过债务人财产的管理方案；（9）通过破产财产的变价方案；（10）通过破产财产的分配方案；（11）人民法院认为应当由债权人会议行使的其他职权。债权人会议应当对所议事项的决议作成会议记录。

第一次债权人会议由人民法院召集，自债权申报期限届满之日起15日内召开。以后的债权人会议，在人民法院认为必要时，或者管理人、债权人委员会、占债权总额1/4以上的债权人向债权人会议主席提议时召开。召开债权人会议，管理人应当提前15日通知已知的债权人。

债权人会议的决议，由出席会议的有表决权的债权人过半数通过，并且其所代表的债权额占无财产担保债权总额的1/2以上。但法律另有规定的除外。债权人认为债权人会议的决议违反法律规定，损害其利益的，可以自债权人会议作出决议之日起15日内，请求人民法院裁定撤销该决议，责令债权人会议依法重新作出决议。债权人会议的决议，对于全体债权人均有约束力。

债权人会议可以决定设立债权人委员会。债权人委员会由债权人会议选任的债权人代表和一名债务人的职工代表或者工会代表组成。债权人委员会成员不得超过九人。债权人委员会成员应当经人民法院书面决定认可。债权人委员会行使下列职权：(1) 监督债务人财产的管理和处分；(2) 监督破产财产分配；(3) 提议召开债权人会议；(4) 债权人会议委托的其他职权。债权人委员会执行职务时，有权要求管理人、债务人的有关人员对其职权范围内的事务作出说明或者提供有关文件。

(四) 重整程序

重整是指不对无偿付能力债务人的财产立即进行清算，而是在法院的主持下由债务人与债权人达成协议，制订重整计划，规定在一定的期限内，债务人按一定的方式全部或者部分地清偿债务，同时债务人可以继续经营其业务的制度。重整制度是我国《企业破产法》从国外引入的一项新制度。依据《企业破产法》的规定，重整程序可适用于两种情形：一是债务人具备破产原因，即不能清偿到期债务并且资产不足以清偿全部债务的，或者不能清偿到期债务并且明显缺乏清偿能力；二是债务人将要出现破产原因，即有明显丧失清偿能力可能的。

重整的目的在于避免因企业破产而造成企业职工失业及企业间破产的连锁反应，减少社会震荡。我国《企业破产法》规定，企业法人不能清偿到期债务，或者有明显丧失清偿能力的，可以依照该法规定进行重整。债务人或者债权人可以依照该法规定，直接向法院申请对债务人进行重整。债权人申请对债务人进行破产清算的，在法院受理破产申请后、宣告债务人破产前，债务人或者出资额占债务人注册资本1/10以上的出资人，可以向法院申请重整。重整申请提出之后，债务人、债权人和其他利害关系人拟定一份以清理债务、拯救企业为内容的重整计划，该计划须经债权人会议表决和法院认可。我国《企业破产法》第81条规定，重整计划草案的内容应包括：(1) 债务人的经营方案；(2) 债权分类；(3) 债权调整方案；(4) 债权受偿方案；(5) 重整计划的执行期限；(6) 重整计划执行的监督期限；(7) 有利于债务人重整的其他方案。人民法院经审查认为重整申请符合《企业破产法》的规定的，应当裁定许可债务人进行重整并予以公告。

依据《企业破产法》的规定，在重整期间债务人有：(1) 不能执行或者不执行重整计划的；(2) 债务状况继续恶化，管理人或者利害关系人申请终结重整的；(3)《企业破产法》第31条规定的一些行为，严重损害债权人利益的，经法院裁定，终结重整，宣告其破产。法院裁定终止重整计划执行的，债权人在重整计划中作出的债权调整的承诺失去效力。但债权人因执行重整计划所受的清偿仍然有效，债权未受清偿的部分作为破产债权。

(五) 和解程序

和解是债务人为了避免破产宣告，在法院的监督下与债权人就债务人延期还债、减少债务、免除债务等问题达成协议，以中止破产程序、防止破产的一种制度。债权人与债务人达成的这种协议就称为和解协议。

破产和解申请由债务人提出，即依据《企业破产法》的规定，债务人可以在破产程序开始前提出和解，也可以在破产程序开始后提出和解。根据《企业破产法》的规定，和解程序的申请必须符合以下三项条件：(1) 和解的申请人必须是已经具备破产原因的债务人。实践中，债权人希望和解的，可以与债务人协商，由债务人提出和解申请。(2) 申请和解的债务人应当遵守有关破产申请的一般规定，向人民法院提交相关的证据和文件。(3) 债务人在申请和解时必须提交和解协议草案。一般来说，和解协议草案应包括以下内容：清偿债务的财产来源、清偿债务的办法和清偿债务的期限等。如果债务人要求减少债务的，应写明请求减少的数额。人民法院经审查认为和解申请符合《企业破产法》规定的，应当裁定和解，予以公告，并召集债权人会议讨论和解协议草案。

债权人会议对债务人提出的和解协议草案进行讨论，若该和解协议草案获得超过出席会议的有表决权的债权人的半数同意，并且所代表的债权总额应当占无形财产担保债权总额的 2/3 以上的，和解协议即告成立。和解协议应当形成书面文件，并报请法院裁定认可。法院经过审查认为和解协议符合法律规定，内容是可行的，就应裁定认可，终止和解程序，并发布公告。和解协议自公告之日起具有法律效力。和解协议生效，即发生中止破产程序、约束债务人以及债权人的法律效力。若债权人会议不能表决通过和解协议草案，或者法院依法不认可债权人会议已经通过的和解协议，那么法院应当裁定终止和解程序，并宣告债务人破产。

(六) 破产宣告与破产清算

破产宣告是法院根据当事人的申请或法定职权宣布债务人破产以清偿债务的活动。根据我国《企业破产法》的相关规定，法院宣告企业破产必须具备下列情形之一：(1) 债务人有不能清偿到期债务并且资不抵债，向法院提出破产清算申请的，或者债务人不能清偿到期债务，债权人向法院提出对债务人进行破产清算申请的，由法院宣告破产。(2) 在重整期间，债务人的经营状况和财产状况继续恶化，缺乏挽救的可能性；债务人有欺诈、恶意减少债务人财产或者其他显著不利于债权人的行为；由于债务人的行为致使管理人无法执行职务。有上述情形之一的，经管理人或利害关系人请求，法院应当裁定终止重整程序，并宣告债务人破产。(3) 重整计划草案获得通过而未依照《企业破产法》第 87 条的规定获得批准，或者已通过的重整计划未获批准的，法院应当裁定终止重整程序，并宣告债务人破产。(4) 债务人不能执行或者不执行重整计划的，法院经管理人或者利害关系人请求，应当裁定终止重整计划的执行，并宣告债务人破产。(5) 和解协议草案经债权人会议表决未获得通过，或者已经债权人会议通过的和解协议未获得法院认可的，法院应当裁定终止和解程序，并宣告债务人破产。(6) 债务人不能执行或者不执行和解协议的，法院经和解债权人请求，应当裁定终止和解协议的执行，并宣告债务人破产。但我国《企业破产法》还规定了破产宣告的两种例外情形，即有下述情形之一的不予宣告破产：(1) 第三人为债务人提供足额担保或者为债务人清偿全部到期债务的；(2) 债务人已清偿全部到期债务的。

人民法院宣告企业破产，应当公开进行。应当通知债权人、债务人到庭，当庭宣布裁定，拒不到庭的，不影响裁定的效力。人民法院宣告企业破产的裁定自宣告之日起发生法律效力，破产企业自即日起应当停止生产经营活动，但人民法院或清算组认为确有必要继续生产经营的除外。人民法院裁定宣告企业破产的同时发布公告。公告应具有下列内容：企业亏损、资产负债状况，宣告企业破产的理由和法律根据，宣告企业破产的日期，宣告企业破产后破产企业的财产、账册、文书、资料和印章等的保护。公告应加盖人民法院印章。

破产清算是作出宣告破产后，由管理人依法对破产财产进行分配从而终结破产程序的一项破产制度。破产清算程序进行的最终目的，在于使债务人有限的破产财产公平地分配给破产债权人。依据我国《企业破产法》的规定，法院依照该法规定宣告债务人破产的，应当自裁定作出之日起5日内送达债务人和管理人。管理人收到破产裁定书后应当及时拟定破产财产变价方案，提交债权人会议讨论。管理人应当按照债权人会议通过的破产财产变价方案，适时变价出售破产财产。变价出售破产财产应当通过委托中介的拍卖组织，依法以拍卖的方式，将破产财产售于出价最高的买受人。不过，按照国家规定不能拍卖或者依法限制转让的财产，应当按照国家规定的方式处理。

（七）破产财产与破产财产的分配

1. 破产财产

破产财产是破产宣告后，依法可以按照破产程序对债权人的债权进行公平清偿的债务人的财产。依据我国《企业破产法》的规定，破产财产的范围应由下列几种财产构成：（1）破产申请受理时，由破产企业经营管理的全部财产；（2）破产申请受理后至破产程序终结前所取得的财产，包括因破产企业的债务人清偿债务而取得的财产、因破产管理人决定继续履行破产企业未履行的合同所取得的财产、因破产申请受理前的投资行为而取得的收益、因破产财产本身所产生的法定孳息、因破产管理人决定企业为清算目的而进行的营业活动所取得的收入、被第三人占有的破产企业财产而在破产宣告后返还给破产企业的以及因其他原因而合法取得的财产；（3）作为担保的财产，其价额超过所担保债务数额，对于超过部分，应当列入破产财产范围；（4）应当由破产企业行使的其他财产权利。一般包括破产企业拥有的债权、股权、专利权、商标权等可以向第三方行使的、具有财产价值的权利。

2. 破产债权

破产债权指的是只能通过破产程序得到清偿的债权，包括以下三种情况：一是破产宣告前成立的无财产担保的债权和放弃优先受偿权利的有财产担保的债权，债权人参加破产程序的费用不得作为破产债权；二是破产宣告时未到期的债权，视为已到期债权，但是应当减去未到期的利息；三是破产宣告前成立的有财产担保的债权，其数额超过担保物的价款而未受清偿的部分。

被保证人被宣告破产前，保证人代替被保证人清偿债务的，保证人有权以其清偿数额作为破产债权向人民法院申报并参加分配。被保证人被宣告破产前，保证人未代替被保证人清偿债务的，债权人可以作为破产债权人参加破产程序，以其全部债权额作为破产债权申报并参加分配，还可就不足受偿部分向保证人追偿；保证人在申报债权的期限届满以前得知债权人不参加破产程序的情况后，可以其保证的债务数额作为破产债权申报并参加分配。

3. 破产财产的分配

依照《企业破产法》的规定，破产财产在优先清偿破产费用和债务后，依照下列顺序清偿：（1）破产人所欠职工的工资和医疗、伤残补助、抚恤费用，所欠的应当划入职工个人账户的基本养老保险、基本医疗保险费用，以及法律、行政法规规定应当支付给职工的补偿金；（2）破产人欠缴的除前项规定以外的社会保险费用和破产人所欠税款；（3）普通破产债权。破产财产不足以清偿同一顺序的清偿要求的，按照比例分配。破产企业的董事、监事和高级管理人员的工资按照该企业职工的平均工资计算。

（八）破产程序终结

破产人无财产可供分配的，管理人应当请求人民法院裁定终结破产程序。管理人在最后分配完结后，应当及时向人民法院提交破产财产分配报告，并提请人民法院裁定终结破产程序。人民法院应当自收到管理人终结破产程序的请求之日起15日内作出是否终结破产程序的裁定。裁定终结的，应当予以公告。

管理人应当自破产程序终结之日起10日内，持人民法院终结破产程序的裁定，向破产人的原登记机关办理注销登记。管理人于办理注销登记完毕的次日终止执行职务。但是，存在诉讼或者仲裁未决情况的除外。自破产程序依照《企业破产法》的规定终结之日起二年内，有下列情形之一的，债权人可以请求人民法院按照破产财产分配方案进行追加分配：(1) 发现有依照《企业破产法》规定应当追回的财产的；(2) 发现破产人有应当供分配的其他财产的。但由此追回的财产数量不足以支付分配费用的，不再进行追加分配，由人民法院将其上交国库。破产人的保证人和其他连带债务人，在破产程序终结后，对债权人依照破产清算程序未受清偿的债权，依法继续承担清偿责任。

本章小结

1. 一般而言，企业是指从事生产、流通或服务活动的经济组织，具有经营性、人与物有机结合、必须依法设立、具有独立或相对独立法律人格的特征。

2. 为了保证企业有效地存续于社会经济生活中，企业法规定了企业市场准入制度与市场退出制度。

3. 一般而言，出资人为了实现共同目的以及从事共同事业而依照公司法成立的组织或者团体称为公司。与其他企业相比，公司具有自身的一些特征。

4. 公有制企业法律制度是企业法体系中的一个组成部分，它确定公有制企业的法律地位并调整其参与的相关的社会经济关系。

5. 国家坚持对外开放的基本国策，鼓励外商投资，实施外商投资法对外商投资关系进行调整和规范。

6. 国家实施破产法，在实体法和程序法方面规范企业的破产行为，以保护社会各利益主体的权益。企业破产须按照破产法的规定进行。

关键概念

企业	企业法	企业法体系
市场准入负面清单	市场退出	企业设立登记
企业变更	企业终止	有限责任公司
国有独资公司	股份有限公司	股票
公司债券	公有制企业	全民所有制企业

集体所有制企业　外商投资企业　企业破产
企业破产还债程序　债权人会议　重整与和解
破产财产

思考题

1. 简述企业与企业法的关系。
2. 简述市场准入与市场退出制度的基本内容及其对企业的影响。
3. 简述市场准入负面清单制度的主要内容。
4. 简述有限责任公司、国有独资公司、股份有限公司的法律性质。
5. 简述有关有价证券发行、转让等方面的法律规定。
6. 简述国有企业的法律地位与权利义务。
7. 简述企业破产的基本内容与步骤。

第四章

竞争法律制度

本章导读

竞争法是调整竞争关系的法律规范的总称，是维护市场经济秩序的一项基础性的经济法律制度。反垄断法在西方国家被奉为“经济宪法”，具有举足轻重的作用。在我国，竞争法律制度对于保障社会主义市场经济的健康发展，鼓励和保护公平竞争，保护经营者和消费者的合法权益等，都有着积极的意义。因此，学习和掌握竞争法律制度的基本内容，对于全面理解经济法的基础理论十分有益。

第一节　竞争法概述

一、竞争与竞争法

（一）竞争的概念及作用

竞争一般是指商品生产经营者在市场经营活动中，为了取得有利的产销条件而进行的相互争胜活动。这种相互争胜的活动，是竞争者把自己生产经营的商品投入市场接受价值规律和消费者的检验，相互比较、优胜劣汰的活动。

就市场竞争的一般性质而言，它有以下几个特点：第一，竞争是独立的商品生产经营者之间的个体（不是群体）竞争；第二，竞争是由双方经济力量的互相抗衡而引起的。在竞争中总有一方处于优势，另一方则处于劣势。处于劣势地位的商品生产者，总是企图摆脱自己的不利地位。商品生产经营者摆脱自己的不利处境，是通过竞争者个体的排他性的生产经营活动实现的。不难看出，竞争具有积极的进取性和排他性特征。

竞争机制的功能和作用主要表现为：第一，只有通过竞争行为，商品生产的价值规律才能得到贯彻，社会必要劳动时间决定商品价值的规律才能成为现实。第二，竞争作为市场这种资源配置方式的重要内容，对经济的宏观调控具有积极的作用。第三，优胜劣汰是竞争的结果，竞争通过其淘汰机制，对微观经济起着激励作用。当然，竞争也会带来一些负面的因素，如过度竞争会造成资源的浪费，竞争也会引起不正当竞争和垄断行为等，但竞争的负面影响可以通过法律的规范和调控予以控制。

（二）竞争法的概念

竞争法是调整市场竞争关系的法律规范的总称，是规范竞争行为、调整竞争关系和维护竞争秩序的法。竞争法律制度则是以竞争法律规范为核心建立起来的法律调整系统。市场竞争关系的性质和内容以及在其中起作用的竞争规律都有自己的特点，在诸多社会关系中构成一个特殊的种类。市场竞争涉及生产、分配、交换、消费等各个领域，不仅存在于物质生产领域，在技术、劳务、金融等领域中也处处存在。一般来讲，竞争法所调整的社会关系可以分为竞争管理关系和竞争关系两大类。

1. 竞争管理关系

竞争管理关系是竞争者与国家、政府之间因保护公平竞争、消除竞争限制等而产生的经济管理关系。任何市场经济都有其自身的弱点和消极方面，需要国家对其进行宏观调控。经济总量的平衡、大的结构调整、公平竞争、生态平衡和环境保护等，都不能完全交给市场由那只“看不见的手”自发起作用，还需要有“看得见的手”即国家、政府的干预。企业在竞争中不可避免地要承担风险，因而，在取得同样利润的情况下，企业都希望通过单独的或联合的行动来限制竞争，减少风险。企业限制竞争的行为都将削弱竞争的调节功能和作用，破坏市场经济的正常运转。这种限制竞争的力量来自市场内部，市场本身不具备自动消除这些障碍的能力，因而，消除竞争限制的任务就只能由市场以外的力量——国家、政府的管理或干预来完成。凭借国家管理经济的权力保护和管理市场竞争，是发展市场经济所必需的手段。

竞争管理关系有以下一些特征：第一，竞争管理关系的一方当事人是具有竞争管理职权的国家授权主管竞争关系的国家机关；其他当事人则是参与竞争关系的经营者。第二，在竞争管理关系中享有管理职权的主体与其他主体的地位是不平等的，双方是管理与被管理、命令与服从的关系。竞争法对竞争管理关系的调整主要是确立监督管理体制，明确管理职责，规定监督管理的程序，确定违法的法律责任。

2. 竞争关系

竞争关系是指平等的竞争主体之间的经济竞争关系以及竞争者与消费者之间的经济关系。这是竞争法调整的最广泛的对象。平等竞争关系属于一种横向经济关系，既表现在有形商品交换领域，也表现在无形商品交换领域；既表现在买者之间、卖者之间，也表现在买者与卖者之间。平等竞争关系，其实质是物质利益关系，还必须遵循等价有偿原则。竞争法对平等竞争关系的调整，就意味着国家要运用强制力量保证这些社会关系有秩序地顺利发展，借以促进市场竞争和市场经济的健康发展。

二、竞争法的基本内容

竞争法的内容是由竞争法的调整对象决定的。它是由调整竞争关系和竞争管理关系的竞争法律规范所组成的竞争法律制度的总和，同时这些法律法规又形成了内部有机统一的整体，即竞争法体系。竞争法的内容可以大致分为反不正当竞争法和反垄断法两个部分，具体主要包括以下四个方面的制度。

1. 规范竞争主体法律地位的制度

主体是任何社会关系中的先决条件，竞争法律关系当然也不例外。在市场经济条件下，公平竞争的前提之一是一切市场竞争的参与者即竞争主体，都应具备平等、独立的主体资格，能够独立地享受权利和承担义务，自由地参与市场竞争。要维护公平竞争关系，竞争法当然要对所有参与市场竞争活动的主体，无论是个人、企业还是其他单位，其法律地位、应具备的权利能力、行为能力做出具体而明确的规定。我国现行的法律赋予了所有依法成立的市场主体参与竞争的权利，凡从事商品生产和经营活动的任何单位和个人，都可以依法取得竞争主体的资格，参与市场竞争关系。

2. 反不正当竞争法

反不正当竞争法是竞争法体系中的核心内容之一，是保护市场竞争秩序的主要法律手段。由于社会制度、基本国情、法律文化传统以及制定有关法律时间早晚的不同等诸方面因素的影响，各国在具体的立法形式上存在着明显的差异：有的国家把垄断和其他限制竞争行为都纳入反不正当竞争法的调整范围；有的国家是把那些在市场经济活动中采取虚假、欺诈、损人利己等手段谋取利益，损害其他生产经营者利益和公众利益，扰乱社会竞争秩序的行为，明确为法律予以禁止的不正当竞争行为，由反不正当竞争法加以规定，而对垄断行为的禁止则专门立法。

3. 反垄断法

反垄断法是保护公平竞争的最重要的法律。反垄断法主要包括禁止限制竞争的协定、限制经济力过度集中的规定和禁止滥用市场优势的规定等内容，它是保护现存竞争的最强有力的法律手段，在西方素有“经济宪章”之称，是国家干预经济生活的突出表现。随着我国社会主义市场经济体制的确立，以及市场经济的发展，必然会出现阻碍和限制竞争活动的垄断行为，加之过去早已存在的地区垄断、部门垄断和行业垄断等，都对发展市场经济不利，因此，也应当借鉴国外的立法经验，尽早制定反垄断法，保护社会主义市场竞争，促进社会主义市场经济的健康发展。

4. 维护公平竞争的其他法律制度

由于竞争涉及的部门和领域十分广泛，所以竞争法内容也反映在不同的法律部门和法律形式之中。凡是规定有保护竞争、反对不正当竞争和垄断内容的法律规范，都是竞争法体系的组成部分。在我国，许多保护竞争行为的规范也是散见于其他法律、法规里面的。例如，在公司法、专利法、商标法以及在价格、质量、计量、标准化法中，都有竞争法规范的存在。

为了建立社会主义市场经济，保护市场竞争秩序，维护国家、生产经营者和广大消费者利益，应当进一步完善与市场竞争相关的法律、法规，建立起以反不正当竞争法和反垄断法为核心的，包括专利法、商标法、证券交易法、消费者权益保护法、价格法、质量法、计量法、标准化法等在内的比较完备的市场竞争法律体系。

第二节　竞争法的基本原则

竞争法的基本原则是指竞争法宗旨的具体体现，是竞争法的规范和法的文件所应贯彻的指导性准则，也是竞争法的执法和守法过程中所必须遵守的基本准则。它是衔接竞争法的各个具体法律制度和竞争法理论的桥梁，对竞争法的立法、执法、司法和守法都具有指导作用。根据经济法的产生及发展的一般规律，竞争法的基本原则应当有以下两个，即合法原则和合理原则。

一、合法原则

合法原则，就是指人们的行为应符合法律的规定。在法治社会的前提条件下，任何一个部门法所调整的社会关系领域都应该遵循合法的原则。但是，正因为任何部门法都应贯彻合法原则，所以，在传统的论证一个部门法的基本原则时都不把合法原则作为一项原则来加以论证。如果说在传统的公法领域中还有论及合法原则的话，那么，在传统的私法领域中，当事人意思自治的原则则替代了合法原则。只是在人类社会进入近代、现代社会后，私法的原则才受到了合法原则的限制，也就产生了私法也属于社会法范畴的观点。

竞争法的性质，决定了竞争法是规范市场竞争的部门法。在竞争法出现之前，市场竞争是基于传统民法的三大基本法律制度即所有权制度、民事主体制度、合同制度而进行的，这些法律制度都是建立在体现自由竞争理念为基础的“个体权利本位”之上的。因此，那时的竞争领域、竞争秩序只能是以市场主体的个体意志为转移，并形成表象的竞争局面。国家则以“守夜人”和“仲裁人”的身份远离市场，只是依据市场主体之间的契约，裁判商品交换中市场主体之间因合同而发生的利益矛盾或冲突。然而，以契约的约定去制止为了追求经济利益而出现的反竞争行为，是不可能的。国家为了规范竞争秩序，才创制了竞争法，其最终目的就是要求竞争在合法的状态下进行。

竞争法以法的正式渊源（或称法的直接渊源）和非正式渊源（或称法的间接渊源）的方式，体现着国家的竞争政策功能，国家所追求的“效率”与“公平”的经济与政治目的，以及竞争须在有序的状态下进行的基本要求。因此，遵循竞争法，就是遵循国家通过立法而创制的竞争秩序，与此同时，遵循竞争法即意味着竞争者的竞争权益将受到保护。

具体地说，遵循合法原则的具体要求是：

1. 依法规范各项竞争制度

竞争法是国家竞争政策的具体体现，是国家实现其组织经济职能的方式。因此，国家应根据既定的经济政策，将有关确定竞争政策的要求体现在法律中使之成为法律制度，禁止政府及其所属部门以任何理由限制和破坏国家所界定的竞争秩序，以达到建立统一市场体系、确定市场竞争领域与范围的目的。

2. 依法竞争

在国家规定的竞争领域内，竞争者实施的竞争行为必须符合竞争法的规定，不得以实施竞争法所禁止的反竞争行为去获得经济利益，否则，将分不同情况承担不同形式的责任。

3. 依法竞争执法

竞争执法机构是国家贯彻实施竞争法的有效措施。竞争执法机构应在法定的职权范围内，依据法定的竞争执法程序，行使执法权力。禁止竞争执法人员滥用竞争执法权力，否则，有关竞争执法人员将分不同情况承担不同形式的责任。

二、合理原则

竞争法的合理原则，就是指某种竞争行为与竞争法的成文规定、竞争法的间接渊源不能严格对应时，竞争执法机构将依据该行为对市场竞争是否有利，判断其是否属于违法行为。竞争法的合理原则是在判例法系的法文化环境中产生的，现在已被世界上包括大陆法系国家在内的国家奉为竞争法的一项基本原则。贯彻竞争法的合理原则，实际上是弥补竞争法的原则性规定的不足，从而形成“合理合法”或称“合法合理”的竞争格局，目的在于使竞争法尤其是反垄断法能更好地适应复杂的经济情况，避免机械的执法可能对正常经济活动造成的消极影响。

实施竞争法合理原则的前提条件有二：一是具有理解、掌握并在具体执法过程中体现国家竞争政策、有效协调社会利益的竞争执法机构；二是在合理原则基础上所作的竞争判例具有示范效力。事实上，无论属于何种法系的国家，都应该首先满足第一个条件，而第二个条件则应视国家所属法系的不同而有所区别，在英美法系国家构成法的直接渊源，在大陆法系国家则应构成法的间接渊源。贯彻竞争法合理原则的具体要求是：

1. 运用合理原则界定不正当竞争行为

一般而言，不正当竞争行为属于表现手段简单但性质恶劣的反竞争行为，各国的竞争法上都较为详尽地规定了不正当竞争行为的类型，以供竞争执法机构裁量或类推裁量。也有一些国家在规定不正当竞争行为概念的同时，列举了不正当竞争行为的种类。当在市场竞争中出现新的竞争行为需要界定是否属于不正当竞争行为的时候，则根据所列举行为的种类予以类推，或者根据行为的概念予以判断。

2. 运用合理原则界定限制竞争行为

限制竞争行为是一种限制他人正当竞争的行为。由于各国现行反限制竞争法一般都是从限制行为实施的最终后果来界定的，因而判断限制竞争行为在实践中相当困难。在这种情况下，就需要用合理的标准解释并考察竞争者行为的目的、行为的方式以及行为的后果等综合因素，才能判断竞争者所实施的行为是否属于限制竞争的行为。

3. 运用合理原则界定垄断行为

垄断行为是一种经济规模扩张并导致窒息竞争的行为。由于经济规模的适度扩张有利于国家的经济发展，因此，当合理界定垄断个案时，实际上就是体现了国家竞争政策的目标。一般而言，界定某竞争行为是否属于垄断行为时，也应采用合理的标准去考察竞争者行为的目的、行为的方式、行为的后果，以及是否符合国家竞争政策的要求等综合因素。

第三节　竞争法的功能

竞争法的功能，实际上是指确立竞争法地位的标准，它是反映为什么竞争法在西方国家中被奉为“经济宪章”的核心问题。竞争法的功能与竞争法的作用，虽有相同之处，但由于它们所反映的内涵、意义不同而应有所区别。法的功能是指法作为一种特殊的社会规范本身所固有的性能或功用，而法的作用是指法对人们的行为和社会生活的影响和实效。法的功能是法的作用的基础与前提，而法的作用则是法的功能在社会实践中实施的体现。

根据一般的法理、竞争法的立法宗旨、竞争法在客观上产生的作用，竞争法应具有下列四方面的功能和作用。

一、政策功能

（一）竞争政策制定的前提

任何社会，经济目标上都追求着“效率”，即通过资源的有效配置，提高劳动生产率，满足社会需求。为了实现这一目标，实行市场经济体制的国家均依赖于竞争规律的运行。但是，竞争规律在发挥积极作用的同时，也会给社会带来一定的消极作用。这时，竞争规律不仅不能有效配置资源、满足社会需求，而且还会产生新的社会问题，即经济与政治方面的“不平等”问题。一味追求效益或一味追求公平，都不利于国家的经济发展。在一味追求经济效益的情况下，可能会使生产力得到发展，但却产生不公平，即这种生产力的提高是以损害他人利益为前提条件的；在一味追求公平的情况下，可能会使社会主体的权利处于公平的状态，但同时抑制了效益的发挥，不利于劳动生产力的进步。

事实上，世界上任何一个标榜自由竞争的国家，都存在着竞争失灵、竞争不足、竞争缺陷等问题，都需要通过国家干预经济来保证竞争的正常开展，以满足社会需求。不正当竞争行为是一种经济行为，但同时又是一种影响国家政治生活的行为。它不仅阻碍竞争秩序的正常运行，造成市场经济中的事实上的不平等，导致竞争失灵，同时也在客观后果上会给国家政治生活带来不稳定。克服竞争的不良，不可能通过竞争机制的本身来予以实现，而要通过竞争法才能达到目的。

（二）竞争政策是竞争法的依据

竞争法的立法依据，就是国家的竞争政策，换言之，竞争法应保障国家竞争政策在事实上的实现。竞争政策作为国家经济政策的一种，是国家根据其社会资源拥有的状况、社会资源可利用的范围、社会资源的供需情况、商业交易惯例、人们的消费心理与水平、市场经济运行的状况、市场经济的成熟程度、不同所有制成分的企业的分布、企业的生产经营能力、社会保障制度的建立与完善、公平与效率之间的关系、经济生活调控的适当程度、反竞争行为后果的影响等社会现状与发展趋势，与国内竞争有关的国际上存在着的相关现状与发展趋势，以及可能影响到竞争有效运行的其他经济政策的配套实施而制定的。其根本目的在于实现国家的总的经济目标。

竞争政策是竞争立法的依据。在建立与完善市场经济体制的过程中，必须首先研究、确定竞争政策，即在国家整体发展的规划下，论证竞争政策实施的各方面的条件，以及对社会产生的利弊，从而制定切实可行的竞争政策。竞争法是国家竞争方面意志的体现，因此，它必须以实现一国的竞争政策为宗旨、为目的，全面贯彻竞争政策的要求，在具体内容上予以落实，并付诸法律手段予以实施。而不是只有在市场失灵的条件下才产生了通过政府依法干预进行弥补的需求的竞争法律规范。

（三）竞争法体现竞争政策的基本形式

一般而言，竞争法通过两方面来体现竞争政策：一是实体法规范，二是程序法规范。所谓实体法规范形式，就是在竞争法上具体规定竞争法适用的领域、范围，竞争者的竞争权利、义务与责任，反竞争行为的概念及表现形式，竞争执法机构的地位及职责权限，违反竞争法应承担的法律责任形式等内容。所谓程序法规范形式，就是在竞争法上具体规定竞争执法程序，竞争执法程序中竞争执法机构的权力、竞争者的诉讼权利与义务，竞争执法机构执法的效力，竞争执法机构与法院执法的关系等内容。

从法的渊源而言，竞争法通过两方面来体现竞争政策：一是成文法规范，二是非成文法规范。所谓成文法规范形式，就是以成文法的方式具体规定有关竞争的内容。所谓非成文法规范，就是在没有成文法规范或者没有相对应的成文法条款的情况下，运用法律原则化的竞争政策及符合其要求的商业惯例、判例等非成文法规范，裁判竞争案件。

无论哪种形式、哪种分类，都反映着竞争法上的竞争政策的要求。

二、有效、合理配置资源的功能

从经济上说，国富民强是一个国家的目标。在国家的经济建设过程中，社会资源的有效、合理配置，则成为一个根本性的问题。社会资源的配置，概括起来有两种方式，即完全由市场自由配置和在国家调控下的配置。与此相适应，也就产生了两种市场经济体制，即完全自由竞争的市场经济体制和国家宏观调控下的市场经济体制。根据亚当·斯密的自由放任主义经济观点而形成的完全自由的市场经济体制，由于其不可能有效、合理配置社会资源，已不再是当今世界的经济体制主流，而具有国家调控因素的市场经济体制则为世界各国普遍采纳。国家对市场经济进行符合国情的宏观调控，首要的就是以竞争法来规范竞争关系，以期达到社会资源的有效、合理的配置。

在市场经济条件下，生产经营者生产经营商品或提供服务，是在市场价格和竞争的相互作用下实现的。市场价格反映着社会所寻求的产品或服务的剩或缺程度（其中包括资源的剩或缺程度）。对于这种价格信号，在竞争的压力下，生产经营者必须做出相应的反应，调整自身的经营方针和经营结构，以适应社会中变化着的需求量和需求结构。需求量与需求结构的相应变化，又引起生产量和产品结构的变化。

竞争法有效、合理配置资源的功能主要通过下列途径表现：

（一）竞争法对价格的监管

我国对价格的监管，主要体现在三个方面：其一，通过竞争法律规范，使关系国计民生的产品受竞争法的直接监控，其他产品由其确认并予以保护。其二，通过竞争法律规范，力图制止暴利行为与低价销售行为。其三，通过竞争法律规范，直接规定某些公用产品的定价与公用物资的定价，以稳定受其制约的其他产品的价格。

（二）竞争法对生产经营的监管

竞争法对生产经营的监督管理，主要是：通过对经营者经营范围的审核，控制生产经营者的生产经营规模及从事的经济领域；通过对合并、兼并等行为的监督，控制企业的生产经营规模。

（三）竞争法对资源领域的监管

竞争法通过限制资源领域内的生产经营者的数量和产量、直接规定产品的价格、以税收平衡资源的利用等方式，对资源领域进行监管。

三、利益协调功能

每个社会的经济关系首先是作为利益表现出来的。人们在满足自身需要过程中形成的各种各样的社会关系，实质上是一种利益关系。法律作为社会关系的调整器，并不创造或发明利益，而只是对社会中形成的利益关系加以选择、确认，保护对社会关系发展有利的，禁止对社会关系发展不利的。社会主体对资源控制的不同，导致了主体之间的利益差别和利益冲突；而利益差别和利益冲突则引发主体之间的利益争夺或利益纠纷。由于社会中存在着个人利益与社会利益两大利益系统，社会主体之间的利益争夺或利益纠纷往往又影响到个人利益与社会利益的互相协调的整体利益格局，客观上就赋予了法律必须对各种利益冲突加以平衡的功能，从而保障社会关系的运行。竞争法作为市场经济法律体系的重要组成部分，在利益协调中也发挥着相当大的作用。

（一）创制市场竞争领域的利益格局

竞争法从两个方面体现创制竞争领域的利益格局：一是在确定竞争领域的同时，保持社会利益的平衡；二是在界定竞争行为的合法与否的同时，保持社会利益的平衡。

（二）协调竞争过程中的利益冲突

竞争法通过使不正当竞争的经营者、限制竞争的经营者承担相应的法律责任，来维护合法利益，打击非法行为，协调利益冲突。

四、有序竞争功能

在竞争状态下，竞争者为追求保持经济利益、优势经济地位而做出的竞争行为，都具有强烈的排他性和垄断性的倾向。在实践中往往会产生两种客观的后果：一种是进一步促进竞争的正常进行；另一种是阻碍、窒息正常竞争的进行。这就需要国家以竞争法来规范竞争秩序，消除对竞争不利的行为，保障正常的竞争运行。有序的竞争，是指竞争者在竞争法律规范创制的竞争秩序中所进行的竞争。达到有序竞争有两个前提条件：一是以竞争法律创制竞争秩序并规范人们的竞争行为；二是全体竞争者共同遵守竞争秩序。

（一）创制竞争秩序

竞争是一个优胜劣汰的社会现象。国家经济政策的最终目标是实现国富民强，国家自然要通过竞争法去引导、规范市场竞争的发展。竞争法以其确定竞争法原则、竞争行为合法与否、竞争执法制度、竞争法律责任制度等来创制竞争秩序。它所创制的竞争秩序，是一个集国家竞争政策、保证社会资源合理配置、界定社会利益格局、建立与完善统一市场等涉及市场经济重大问题于一体的综合秩序，竞争秩序又往往被称为市场经济秩序。

（二）维护有序竞争

竞争秩序是竞争法创制的，而竞争法体现着国家竞争政策与竞争者的权益要求，因此，市场经济的全体竞争者与竞争执法机构共同遵守竞争秩序，于国于己都有益。有序的竞争，对于建立市场经济体制、稳定社会经济秩序等都有着非常重要的作用。

第四节　竞争法的地位

竞争法的地位，指的是竞争法在一国法律体系中所占有的位置，以及竞争法与相关法律部门的关系。调整市场关系的法律一般都被归入私法的范畴，调整国家管理关系的法律一般都被归入公法的范畴。这种二元体系结构反映了垄断资本主义以前的社会经济状况和水平，符合当时社会发展的需要。然而，到了垄断资本主义时期，社会经济已发生前所未有的变化，经济垄断已经构成了对市场发展的严重威胁。在此背景下，传统民法在市场方面的功能已不能充分发挥，而传统行政法对市场又缺乏一种有效的调控功能。竞争法在这一背景下出现，是法律发展的必然结果。法学家最终将其归入民法、行政法之外的第三法域，即经济法，后者就是以竞争法为核心而发展起来的法律规范。它体现着社会责任本位法应具备的责权利的原则，反映着公法与私法兼具的法的性质，属于有别于民法、行政法的新的第三法域。

一、竞争法属于经济法的范畴

（一）竞争法调整的竞争关系属于经济法调整的经济关系

在“国家调控市场，市场引导企业”的框架下，基于市场而形成的经济关系不可能是完全自由的，市场经济关系自然要反映国家对市场的调控和管理。据此产生的市场竞争关系必然具有经济管理与经营协作相结合的性质。具体体现在竞争法中，就是竞争法事先确定竞争领域、竞争手段、竞争关系成立的要件，并通过消除反竞争行为，保护正常的竞争关系，调控市场竞争的运行。因此，竞争法调整的竞争关系，体现了经济法所调整的经济关系的特征。

（二）竞争法的基本原则源于经济法的基本原则

竞争法应贯彻的合法原则和合理原则，实质上是经济法的根本性原则即责权利相结合原则在竞争法中的具体反映。实施责权利相结合原则的根本目的，在于国家主动地创设、平衡社会经济利益并保证社会平衡地持续发展。竞争法实施合理原则，就是要为达到上述目的提供物质条件；实施合法原则，就是要为达到上述目的提供法律保障条件。与此同时，基于责权利效相结合原则而形成的竞争法的功能、作用、目的、宗旨等，都与经济法的功能、作用、目的、宗旨等有着直接的渊源关系。

（三）竞争法也体现着属于第三法域的属性

经济法是以其法律规范中体现公法与私法相互交融的事实而得到人们承认的，经济法是“社会责任本位法”“社会法”“经济公法”，实际上是对上述法律现象实质的概括。应该说，经济法的发展过程，说明了经济法的这一法律属性源于竞争法的社会实践。

（四）竞争法也采用综合法律手段调整竞争关系

竞争法以民事手段、行政手段、刑事手段，综合调整竞争关系。在以多种手段调整竞争关系的过程中，形成了竞争执法机构与司法机关互相配合、共同保障竞争法得以实施的执法体系。

二、竞争法与其他部门法的关系

（一）竞争法与消费者权益保护法

一般来讲，大量的消费者权益受到侵害现象的原因，是生产经营者实施了竞争法所禁止的行为，因此，在很多情况下，被竞争法所禁止的不正当竞争行为，同时也被消费者权益保护法所禁止，这只是一个社会现象的两个方面。从规范竞争行为而言，竞争法禁止竞争者实施包括侵犯消费者权益的不正当竞争行为；从保护消费者而言，消费者权益保护法禁止生产经营者实施侵犯消费者权益的包括不正当竞争行为在内的各种行为。国家通过竞争法与消费者权益保护法，来共同规范竞争秩序和维护消费者权益，以保障社会经济生活的稳定。

（二）竞争法与知识产权法的关系

知识产权法是调整基于创造性的智力成果和工商标志而形成的社会关系的法律规范的总称。一些不正当竞争行为同时也违反了知识产权法的规定，侵犯了他人的合法的知识产权。如假冒注册商标、名优标志，盗用他人专利权等不正当竞争行为，同时也要受到知识产权法的制裁。当然，竞争法调整的范围不限于有关知识产权的方面，知识产权法的调整对象也不仅仅是利用知识产权进行不正当竞争。两者有交叉，但更有区别。

第五节　反不正当竞争法律制度

一、反不正当竞争法的概念及特征

（一）不正当竞争行为的概念

不正当竞争行为，是指采用被法律禁止的不正当手段而实施的竞争行为。依照我国《反不正当竞争法》的定义，不正当竞争行为是指经营者在生产经营活动中违反《反不正当竞争法》的规定，扰乱市场竞争秩序，损害其他经营者或者消费者的合法权益的行为。可见，竞争行为通常可分为两种，即正当的竞争行为与不正当的竞争行为。而判断竞争行为的正当与否的标准，在于法律的直接规定。为了保护和发展社会主义市场经济秩序的稳定，法律必须反对和制止不正当竞争行为。

构成不正当竞争行为的主要条件有二：一是行为的违法性，即不正当竞争行为是违反法律规定的行为。只要违反法律规定，即便是该行为没有造成直接的消极后果，也应该认定为不正当竞争行为。二是行为的消极性，即实施了法律规定的不正当竞争行为，无论其是否存在过错，该行为都会对其他竞争者、消费者、竞争秩序造成消极的后果。

（二）反不正当竞争法的概念

反不正当竞争法的基本目的是界定不正当竞争行为并对其予以禁止与消除，它属于竞争法的一部分。

形式意义上的反不正当竞争法是指 1993 年 9 月 2 日由第八届全国人大常委会第三次会议通过并于 2017 年 11 月 4 日修订、2019 年 4 月 23 日修正的《中华人民共和国反不正当竞争法》（以下简称《反不正当竞争法》）。实质意义上的反不正当竞争法是调整在维护公平竞争、制止不正当竞争行为的过程中发生的社会关系的所有法律规范的总称。

制定任何法律都必须遵循一定的指导思想，确立自己的立法宗旨。我国《反不正当竞争法》的立法宗旨是：促进社会主义市场经济健康发展，鼓励和保护公平竞争，制止不正当竞争行为，保护经营者和消费者的合法权益。

从市场经济比较发达的国家来看，国家规范市场竞争，保证有序竞争，同时保护各社会主体的合法权益，也是通过反不正当竞争法的作用予以实现。

（三）反不正当竞争法的特征

立足于我国的反不正当竞争法，兼顾国外的反不正当竞争法律制度，总结出反不正当竞争法的以下法律特征：

1. 法律规定的强制性

不正当竞争行为由法律界定，看似合理的行为不一定是正当的竞争行为，某项竞争行为是否正当取决于法律的规定。基于反不正当竞争法的强制性特征，各国法律都对不正当竞争行为以概括方式或列举方式或两者兼采的方式做了比较明确的规定，以严格不正当竞争行为的特征。反不正当竞争法的法律规范一般是强制性的规定，行为人不得以约定为由违反法律的规定。

2. 执法机构具有行政性和独立性

竞争关系是一种错综复杂的市场经济关系，它涉及经营者、消费者以及社会公共利益之间的关系，维护市场竞争秩序在任何一个国家都是一项艰巨的任务。而行政权力具有简便、主动、及时、效率等优势，适合对关系市场经济秩序的不正当竞争行为调控的要求，因而反不正当竞争法的执法具有浓厚的行政性的色彩。同时，反不正当竞争法具有执行国家经济政策、竞争政策的功能，其执法机构又不能完全依附于国家行政机关，还应当具有一定的超然性和独立性。

3. 程序性规范与实体性规范的综合性

反不正当竞争法集实体性规范和程序性规范于一体，既有界定不正当竞争行为、确定不正当竞争行为责任的实体性规范，又有国家机关对不正当竞争行为进行监督检查的程序性规范。

二、不正当竞争行为的种类

（一）假冒混淆行为

假冒混淆行为是假借和冒充其他经营者或其商品的名称、商标等，以使人混淆而产生误解的行为。它包括以下具体行为：

1. 仿冒有一定影响的商品的行为

有一定影响的商品是社会认可的商品，体现着企业的生产经营水平与良好形象。仿冒有一定影响的商品是指擅自使用此类商品特有的名称、包装、装潢等商业标识，或者使用与此类商品近似的名称、包装、装潢等商业标识，造成和他人商品相混淆，使购买者误认为是该商品，或与他人存在特定联系。仿冒有一定影响的商品行为也是一种典型的违背诚实信用商业道德、扰乱竞争市场、危害社会经济秩序的不正当竞争行为。

2. 仿冒他人的企业名称或者姓名

企业名称是一个企业区别于其他企业的文字标志。姓名是公民姓与名的全称，是公民之间相互区别的语言符号。企业名称或姓名显示着经营者或服务活动的外在特征，体现了商业信誉和商品声誉。经营者未经许可擅自使用他人的企业名称和姓名，即为仿冒他人企业名称或者姓名的行为。这种仿冒行为的目的，就是通过混淆商品制造经销者或者提供服务者的方式蒙骗购买者，使购买者误认、误购。

（二）商业贿赂行为

商业贿赂是贿赂的一种形式，是指在市场交易中，经营者采用财物或其他手段暗中收买交易对象或有关人员，以获得交易机会或有利交易条件的不正当竞争行为。商业贿赂的行为主体是经营者和与经营活动密切相关的个人，且其主观上是一种故意与自愿的心理状态。商业贿赂行为的行为动机是促进市场交易活动或取得有利交易条件，以此获得经济利益。商业贿赂与其他不正当竞争行为相比，具有一定的隐蔽性。商业贿赂是一种当然的违法行为。

《反不正当竞争法》规定：经营者不得采用财物或者其他手段进行贿赂以谋取交易机会或者竞争优势。在账外暗中给予对方单位或者个人回扣的，以行贿论处；对方单位或者个人在账外暗中收受回扣的，以受贿论处。这一规定表明，我国商业贿赂的主要表现形式是回扣。

回扣是商品购销中，买方或卖方在支付价款之外给予对方利益的行为。由于回扣属于让利，因此，回扣对于商品生产与商品交换有着积极的作用。但是，无序的回扣会扰乱社会竞争秩序。

根据法律规定，明示的入账的回扣属于合法的行为，应受到法律保护；暗中的不入账的回扣属于商业贿赂行为，应受到法律的制裁，除非有证据证明其与经营者谋取交易机会或者竞争优势无关。

（三）虚假或引人误解的宣传行为

虚假或引人误解的宣传行为，是指经营者利用广告或者其他的方式，对商品的质量、性能、用途、特点、价格、使用方法等作引人误解或者虚假表示，诱发消费者产生误购的行为。引人误解或者虚假宣传行为本质上也属于欺骗性交易行为。

虚假或引人误解的宣传行为的一个根本性特点，就是通过大众传播媒介，制造虚假舆论与虚假事实或者使人引起误解的事实，误导消费者对商品的真实情况产生错误的联想，最终影响消费者的消费心理与消费行为。

（四）侵犯商业秘密行为

根据我国《反不正当竞争法》的规定，商业秘密是指不为公众所知悉、具有商业价值并经权利人采取相应保密措施的技术信息、经营信息等商业信息。商业秘密的特点主要表现为：第一，商业性，即商业秘密具有商业价值并能够为权利人带来竞争优势；第二，秘密性，即商业秘密不为社会公众所知悉，并且权利人还采取了保密措施来维持这种秘密性。上述两个特征必须同时具备，缺一不可，缺少上述其中任一种特性的商业信息都不能称为商业秘密。商业秘密能为权利人带来竞争的优势，所以经常成为不正当竞争者侵犯的客体。

侵犯商业秘密的行为有：以盗窃、利诱、胁迫、电子侵入或者其他不正当手段获取权利人的商业秘密；披露、使用或者允许他人使用以前项手段获取的权利人的商业秘密；违反保密义务或者违反权利人有关保守商业秘密的要求，披露、使用或者允许他人使用其所掌握的商业秘密。第三人明知或者应知商业秘密权利人的员工、前员工或者其他单位、个人实施前述所列违法行为，但仍获取、使用或者披露他人商业秘密的，视为侵犯商业秘密行为。

侵犯商业秘密行为不仅侵犯商业秘密权利人的权利，给权利人带来巨大的经济损失，而且也扰乱了正常的经济秩序，使正当经营者本来拥有的竞争工具——商业秘密丧失秘密性而失去价值。各国都通过法律手段对商业秘密加以保护，并对侵犯商业秘密的行为予以严惩。对商业秘密，不少国家还制定商业秘密法予以专门保护。我国立法部门也在起草专门的商业秘密保护法。

（五）非法有奖销售行为

有奖销售是指经营者以提供物品、金钱或其他让利条件作为奖励，刺激消费者购买商品或服务的行为。

有奖销售行为是一种积极的促销手段，它有利于经营者推销自己的产品，加快企业的货币回笼，同时，也能为消费者带来经济利益上的实惠。因此，为了防止经营者滥用有奖销售这一促销手段，从而保证其他经营者竞争权利不受限制、消费者权益不受侵害，世界各国都通过立法来规范有奖销售行为。

我国《反不正当竞争法》并未禁止有奖销售行为，而是对不正当的有奖销售行为做了严格的规定，意在对可能发生的非法有奖销售行为予以禁止。非法有奖销售行为主要有：欺骗性的有奖销售行为，包括谎称有奖实际无奖的行为、故意安排内定人员中奖的行为等；推销质次价高商品的有奖销售行为；巨奖销售行为，即抽奖式的有奖销售时，其最高奖的金额不得超过50 000元，超过50 000元的抽奖式有奖销售为不正当竞争。

这些不正当的有奖销售行为，或者是存在着欺诈意图，或者是违背了公平交易的一般原则，其社会后果侵犯了消费者的权益。同时，这些行为刺激了消费者的投机心理，助长了违法经营者的欺骗性交易行为，从而会严重地危害公共利益和善良风俗，不利于经济和社会的健康发展。

（六）其他不正当竞争行为

1. 诋毁商誉行为

诋毁商誉行为是指经营者通过捏造、散布虚假事实等不正当手段，损害竞争对手的商业信誉和商品声誉，削弱对手竞争能力的行为。诋毁商誉行为是一种典型的不正当竞争行为。

商业信誉是社会对经营者商业道德、商品品质、价格、服务等方面的积极评价。商品声誉是社会对特定商品品质、性能的赞誉。商品声誉给经营者带来商业信誉，商业信誉促进商品声誉。它们为经营者带来巨大的经济效益以及市场竞争优势地位。

诋毁商誉行为在现实中的表现形式多种多样，形形色色，主要可归纳为以下几类：其一，利用散发公开信，召开新闻发布会，刊登对比性广告、声明性广告等形式，贬低竞争对手的商业信誉和商品声誉。其二，在经营活动中，向客户及消费者散布虚假事实，以贬低竞争对手的商业信誉、诋毁其商品声誉及服务质量；或者利用商品的说明书，吹嘘自己产品的质量，贬低竞争对手的产品质量。其三，唆使他人在公众中造谣并传播、散布竞争对手所售的商品质量有问题，或者组织人员以顾客或消费者的名义向有关监督管理部门做有关竞争对手产品质量差、服务水平低等不良情况的虚假投诉，以此来贬低竞争对手的声誉。

正因为诋毁商誉行为的恶劣后果有害于市场竞争，我国《反不正当竞争法》规定了此类行为属于不正当竞争行为，实施者将受到法律的制裁。

2. 妨碍破坏其他经营者合法提供的网络产品或者服务正常运行的行为

这些不正当竞争行为包括：未经其他经营者同意，在其合法提供的网络产品或服务中，插入链接、强制进行目标跳转；误导、欺骗、强迫用户修改、关闭、卸载其他经营者合法提供的网络产品或服务；恶意对其他经营者合法提供的网络产品或者服务实施不兼容；其他妨碍、破坏其他经营者合法提供的网络产品或者服务正常运行的行为。

第六节 反垄断法律制度

一、垄断与反垄断法

（一）垄断的概念

垄断是一个经济概念，往往是指社会经济主体在某个领域或某个行业或某个部门占据着某种经济优势地位。垄断是一个状态的问题。与垄断相关的还有一个垄断行为的问题。一般而言，垄断行为，是一种为了达到经济优势地位而实施的限制竞争行为。由于垄断实质上是一种经济优势地位，垄断行为是一种争取经济优势地位的限制竞争行为，因此，人们往往在不同的场合对这两个概念做出多种不同的解释。

无论是垄断还是垄断行为，其主要特征均表现为：一是对市场的控制力。从静态的垄断状态来看，垄断往往处于一种独占的状态，在此情况下其他社会经济主体无法实际进入市场。从动态的垄断行为来看，由于垄断行为属于多个社会经济主体的合谋的限制竞争行为，因此，单个的社会经济主体也无力进入市场与合谋的群体开展竞争，即便进入市场也会因合谋群体的强大而退出市场，合谋的群体事实上控制着市场。二是操纵市场。垄断与垄断行为的目的在于占领市场与操纵市场。在此目标下，垄断与垄断行为便会采用一切方法与途径去占领与操纵市场，典型的方法就是联合协议。

垄断是市场经济高度发展的必然产物。垄断具有积极的和消极的双重社会后果。积极的社会意义主要表现为：垄断可以改善国民经济结构，使社会资源得到更合理的配置；垄断可以提高社会经济主体的竞争力，从而推动国民经济的发展；垄断可以促进社会经济主体的经营管理水平，从而为社会提供物美价廉的产品和服务等。消极的社会后果主要表现为：垄断限制了市场竞争，以致破坏市场竞争的开展；垄断剥夺了其他经营者在市场经济条件下天然具有的市场竞争的权利；掠夺性的垄断侵害了消费者的多种权益；垄断引发了社会各主体间利益的平衡，使社会矛盾日益突出；等等。可见，垄断这一经济现象具有"双刃剑"的特点。

垄断给社会带来的弊端不可能由垄断本身解决，也不可能企图通过社会经济主体的行为来克服。因此，现代市场经济国家均通过反垄断立法来消除消极的垄断，以保证为市场竞争创造良好的环境，保障各利益主体都能在市场竞争中生存，从而实现国民经济整体的协调发展。

（二）反垄断法的概念

反垄断法，是调整垄断与垄断行为的法律规范的总称。其基本目的在于消除与禁止不利于竞争的垄断与垄断行为，保证市场竞争有序地进行。

垄断与垄断行为的产生与传统法律的作用有关。在市场经济自由竞争阶段，基于私法的合同自由原则，社会经济主体为了追求经济利益最大化而逐步形成了垄断和垄断行为。因此，对于私法作用下形成的垄断与垄断行为，私法就无力加以调整并消除与禁止。但是，这些行为阻碍与破坏市场竞争而应该予以消除与禁止。反垄断法便应运而生。

尽管消除与禁止有碍于市场竞争的垄断与垄断行为的理念是一致的，但各国反垄断法的模式、概念、调整对象、原则、反垄断执法体系等则由于各国经济情况和立法传统不同而存在着较大的差异。这并不影响反垄断法律制度的创建与实施，并不动摇反垄断法的体现国家因素介入市场经济的本质。

基于反垄断法源自对垄断与垄断行为的调整，各国的反垄断法大致包含如下内容：反垄断法所确定的基本原则与精神，反垄断法适用的范围等总则部分；垄断行为的界定及判断标准；实施垄断行为的法律责任承担；反垄断执法部门的创制及职责权限；垄断行为的调查程序与方法等。从反垄断法的这些基本内容来看，由于反垄断法体现着国家规范市场竞争、创造良好的市场竞争环境、保障社会经济主体的竞争权利的实现、保护消费者的权益、促进国民经济整体发展等国家综合目标，体现着经济法的社会责任本位、利益协调等思想，因此，它属于经济法体系的重要组成部分，是国家实现其经济职能的重要法律手段。基于反垄断法的重要性，它往往被西方发达国家奉为"经济宪法""市场经济宪章"。

（三）反垄断法的特征

反垄断法的根本宗旨，在于消除与禁止有害于市场经济运行的垄断与垄断行为，保障市场竞争的有序进行，同时，国家通过反垄断法的实施实现国家的竞争政策与国民经济发展规划。因此，反垄断法具有如下一些特征：

1. 内容综合性

反垄断法是规范市场竞争秩序的法律体系，因此，它所调整的内容呈现出综合性的特征。它不仅要在实体法方面界定所要反对的垄断状态和垄断行为，而且还要在程序法方面确定反垄断执法机构及其职责权限，以及保证实施反垄断法的执法程序。为了保证多项反垄断法既定目标的实施，还要规定多种法律责任并以此规范人们的竞争行为。

2. 原则性与灵活性结合

反垄断法是国家实现其竞争政策与国民经济发展规划的基本手段，因此，反垄断法的内容往往取决于国家的竞争政策和国家对经济生活的规划。但是，国家竞争政策和经济发展实践往往又处于变化的状态，这就要求反垄断法以特殊的立法技巧解决与现实经济生活实践同步变化的问题。为了达到这一目的，反垄断法创制了原则性与灵活性结合的立法模式。这种立法模式的基本做法，就是界定现有的应该反对的垄断与垄断行为，并以兜底条款表明反垄断的原则与精神；当社会出现新的需要反对的垄断与垄断行为时，即可由反垄断执法机构依据兜底条款界定并处理。反垄断立法的这一特征，突破了传统的法律是确定的理念与实践，显现出现代法律还可具有不确定法律规范的事实。

3. 法律规范的强制性

无论是反垄断的实体性规范还是反垄断的程序性规范，都有着较多的强制性法律规范。这些强制性规范敦促人们包括任何市场经营者和反垄断执法机构及其成员遵守反垄断法的规定，以此实施反垄断法。一般而言，强制性法律规范用于公法领域，任意性法律规范用于私法领域。反垄断法以强制性规范为主兼具任意性规范，表明了该法律部门的实践价值及其在法理上的归属。

二、垄断行为的种类

2007 年 8 月全国人大常委会第 29 次会议通过了《中华人民共和国反垄断法》，自 2008 年 8 月 1 日起施行。2020 年 1 月 2 日起，国家市场监督管理总局就《反垄断法》修订草案公开征求意见。

各国反垄断法界定的垄断行为，因各自实际情况的不同而有所差异，用语也不一致。总体上讲，应被反垄断法禁止的垄断行为，基本上可分为下列几种。

（一）独占

独占也可称为市场优势地位，其基本含义指在特定市场中只有一个竞争者，或者是一个竞争者在市场中占据着绝对的优势地位。

这一概念表明两种情况：一是在特定市场中只有一个竞争者。如果说市场中只有一个竞争者，就不可能形成并开展竞争。二是在特定市场中某一竞争者占据着市场的绝大多数份额。这也无法形成并开展竞争。

独占是典型的自由竞争的结果。在独占的情况下，经营者自恃霸主地位，无人或少有人与其竞争而没有竞争压力，竞争的意义在独占的情况下体现不出来。相反，独占者有可能利用其独占地位而实施获取高额垄断利润的行为，从而损害消费者的利益以及其他竞争者的利益，扼制竞争规律发挥作用。

在反垄断的历史过程中，有些国家在初期曾对独占这种经济现象进行过规范，即通过法律打破经营者的独占地位。进入现代社会，多数国家仅将独占界定为滥用经济优势地位的前提条件，即只有在拥有经济优势地位的前提下实施限制竞争或排斥竞争行为时，才被界定为滥用经济优势地位的垄断行为。我国《反垄断法》第 3 条规定“经营者滥用市场支配地位”是垄断行为之一。

（二）联合协议

联合协议又称为联合行动，其基本含义是指若干个竞争者通过协议等方式实施联合行动，排挤其他竞争对手，以达到占据市场优势地位的目的。

联合协议与独占相比较，其基本区别在于：之所以独占者占据着独占地位，来源于自身的竞争；当占据独占地位后，就有可能实施限制竞争或排斥竞争的行为。联合协议则是多个竞争者企图通过联合行动占据市场优势地位，并实施限制竞争或排斥竞争的行为。

联合协议可分为三种情况：一是纵向型联合协议；二是横向型联合协议；三是混合型联合协议。纵向型联合协议，是指处于产品生产过程中的企业之间的联合，如原材料生产企业与加工生产企业、加工生产企业与销售企业之间的联合。横向型联合协议，是指同一类型企业之间的联合，如原材料生产企业之间、加工生产企业之间、销售企业之间的联合。混合型联合协议，是指纵向型联合与横向型联合的混合。

从联合协议的具体内容看，有：有关市场份额的联合协议、有关商品销售对象的联合协议、有关商品价格的联合协议、有关销售区域的联合协议等。

由于联合协议也会对市场竞争产生消极的后果，因此，市场经济较为发达的国家均将其作为重点的规制对象，其中，尤其严格管制横向型联合协议和混合型联合协议。我国《反垄断法》第 3 条规定“经营者达成垄断协议”是垄断行为之一。

（三）兼并

兼并，是指社会经济主体通过另一企业或者是购买另一企业的部分股票（股份）和资产或者是采用租赁、许可等方式扩大市场控制力，以致形成实质上减少竞争对手的垄断行为。在兼并的过程中，被兼并的企业失去法人资格或改变实体形式成为兼并者的一个生产单位，或者是兼并者通过租赁、特许等方式控制其他企业的生产经营活动。这样，实质上导致了在市场中减少了竞争者，兼并者的竞争力得到提高而成为事实上的独占。兼并也具有双重属性，正常的兼并会产生提高规模效益、提高劳动生产率等的社会后果；目的为限制竞争的兼并可能就会产生破坏竞争秩序的消极后果。因此，现代国家也将其作为反垄断法的重点规制对象。

为了保证兼并行为的合法进行，其他国家还创制了兼并审查制度，即企业应向反垄断执法机构先行提交兼并报告，经批准后方可实施兼并。

我国《反垄断法》第 3 条规定“具有或者可能具有排除、限制竞争效果的经营者集中”是垄断行为之一。

（四）股份保有

股份保有，是指一个社会经济主体不恰当地持有另一主体的股份或者是主体之间不确定地相互持有股份，从而形成控制主体的垄断行为。在企业法、公司法的发展过程中，在股东会主义的理念下，谁是股东即意味着控制主体的能力。股份保有的实质，就是通过持有股份影响被控主体的生产经营活动，或者是通过股份的相互持有形成诸多主体间的默契从而形成幕后的联合。因此，现代国家对股份保有也进行了相应的规制。一般而言，法律规定持有他人股份（股票）的比例，并以此作为基本条件判断主体的行为是否属于垄断行为。

股份保有也可视为兼并的一个内容。

（五）董事兼任

董事兼任，是指一个社会经济主体不恰当地兼任另一主体的董事，或者是主体之间不恰当地相互兼任董事，从而形成控制主体的垄断行为。在企业法、公司法的发展过程中，由于现代企业、现代公司的规模、生产经营及其管理等内容均包含着各种复杂的要求，因此，原有股东经营的企业公司演变成交由董事会经营，控制企业的股东会主义原则演变成董事会主义原则。在这种情况下，成为主体的董事就可以在董事会上表决主体的生产经营活动，从而控制主体的市场竞争行为。由于董事兼任也有可能形成限制竞争行为，因此，现代国家对董事兼任也进行了相应的规制。一般而言，董事不能在同业中兼任董事，在不同行业中，董事兼任是被允许的。

三、反垄断法的适用除外

在社会经济的某些行业和领域，或者由于其固有的本身特性，或者由于国家经济政策的需要，国家会以法律的形式对其垄断和限制竞争行为做出某种豁免和适用除外的规定。适用除外制度是指国家以反垄断法来规定某些行业、领域、经营者等不适用反垄断法规定的制度。

反垄断法的适用除外制度，是实现国家经济政策保证国民经济健康发展、限制反垄断法部分适用范围的一种制度。由于该制度的设置会影响到市场竞争的范围与力度，影响到国家介入市场经济的因素或程度，因此，各国或地区均对设置该项制度持慎重态度。

（一）自然垄断

有些行业的设施布局规模大，投资额大，利益回收周期长，在已有企业进入营运之后，其他经营者往往不愿再投资搞重复建设，因此该先设立的企业得以取得垄断和支配地位。例如铁路、邮电通信、电力、自来水等，即属于自然垄断行业。

在反垄断法上可以将自然垄断分为两种：一是被反垄断法适用除外的自然垄断。这种垄断实质上是一种国家垄断。二是不被反垄断法适用除外的自然垄断。这种垄断实质上是一种属于独占性质的垄断行为。前一种垄断是合法垄断，但也应该在其内部合理运用竞争规律和国家必要的监管手段，保证国家实施这种垄断的目的的实现。后一种垄断是一种非法垄断，应予以消除与禁止。

（二）国家特许的垄断

除自然垄断以外，国家出于对社会或经济等方面的政策性考虑，特许某些企业对某些行业或某些商品实行垄断经营，限制或排除竞争。例如银行保险业、农林业等。国家特许垄断的范围，是需要禁止或限制在社会上流通的产品以及其他同国计民生关系重大的行业和产品等。

第七节　竞争执法

反垄断法是一项规范市场竞争的法律制度。它的根本任务是创制一种良好的兼具竞争规律积极作用和实施国家竞争政策的竞争环境。因此，它的微观任务是保障经营者的竞争权利、消费者的消费权益，而它的宏观任务在于保障国家对市场经济的合法介入，从而真正实现市场竞争的有序进行。

一、竞争执法机构

（一）竞争执法机构的概念

竞争执法机构，是专司竞争执法职权的机构。由于各国的政治体制与行政管理体制及其法文化传统的不同，其竞争执法机构也有很大差别。如美国依据《联邦贸易委员会法》设置了专司反垄断职权的联邦贸易委员会，与此同时，还在司法部内设置了反垄断执法部门；德国在国家经济部内设置了主管反垄断的卡特尔局；日本设置了独立的专司保障竞争秩序职权的公平交易委员会等。无论竞争执法机构如何设置，它都应当是一个高度权威且具有独立地位的执法机构。

我国通过《反不正当竞争法》设置了以县级以上人民政府市场监督管理部门为主、依据法律法规授权的其他行政管理部门为辅的反不正当竞争执法机构体系。这些其他的执法机构有国家质量监督检验检疫部门、食品药品监督管理部门等。

我国依据《反垄断法》设置了国务院反垄断委员会，并规定了国务院反垄断执法机构。

（二）竞争执法机构的职权

竞争执法机构的地位取决于国家法律所赋予其的职责权限。竞争执法机构依据国家法律所赋予的职责权限实施执法活动。一般而言，竞争执法机构的职责权限主要由三个方面组成：

一是制定具体的配合竞争法实施的法规、规章制度。由于竞争法尤其是反垄断法的不确定性的特点，该机构需要随着国家经济政策和市场竞争运行的变化而做出相应的修正。从立法的形式上来说，就是要制定一些适时的法规或规章制度。如反垄断法的适用除外，该机构可以根据现实状况提议国家对此规定进行修正，也可以经授权而制定修正的法规。

二是解释竞争法的某些规定。立法往往是以全社会成员的行为为规范对象的。但是，在现实生活中还会出现一些非典型意义的个案。如何运用现有的法律法规去处理这些个案，就需要竞争执法机构对此做出解释。经解释而形成的判例具有法律效力而成为日后判案的依据。

三是调查处理反竞争案件。竞争执法机构在行使职权时发现或者是社会公众举报有反竞争行为时，该机构便依法进入相应的执法程序，调查案件事实并最终依法予以处理。

为了实现这些职权，竞争执法机构都相应地配备了具有法学、经济学、管理学等专业知识背景的高级人才。

我国《反不正当竞争法》规定了市场监督管理部门四种反不正当竞争的职权，即询问权、查询复制权、检查权和处罚权。询问权，是指市场监督管理部门有权按照规定程序询问被检查的经营者、利害关系人、证明人，并要求其提供证明材料或者与不正当竞争行为有关的其他材料，被询问人必须如实提供。查询复制权，是指市场监督管理部门在监督经营者不正当竞争行为时，有权查询、复制与不正当竞争行为有关的协议、账册、单据、文件、记录、业务函电和其他资料。检查权，是指市场监督管理部门有权对经营者实施的假冒行为及其与之有关的财物进行检查，还可查封、扣押与不正当竞争行为有关的财物，查询涉嫌不正当竞争行为的经营者的银行账户。处罚权，是指市场监督管理部门有权对经营者的不正当竞争行为进行处罚，处罚的具体形式包括责令停止违法行为、消除影响、没收违法所得、吊销营业执照、处以罚款等。

二、竞争执法程序

设置竞争执法机构的目的之一，在于通过执法行动制裁违法主体，消除与禁止反竞争行为。竞争执法程序，实际上也就是对反竞争行为的调查和处理程序。

由于竞争执法机构及其职责权限的差异，各国的竞争执法程序也存在着不同。但是，就反对反竞争行为程序的共性而言，竞争执法机构执法的程序，可以分为反不正当竞争的执法程序和反垄断的执法程序。

在反不正当竞争的执法程序中，主要设置了以下环节：(1) 反不正当竞争案件的管辖，即确定何地何执法机构管辖何种案件；(2) 立案，即通过何种方式立案及其立案应具备的实质条件；(3) 调查取证，即在立案后，竞争执法机构应采用合法的手段调查不正当竞争行为的事实真相并收集相关的证据材料；(4) 处罚和执行阶段，即经调查不正当竞争行为成立的，竞争执法机构则对相关经营者实施处罚。

反垄断的执法程序与反不正当竞争的执法程序基本相同，只是在相关的步骤中基于垄断案件的复杂性而设置得更为精细与量化。如当社会经济主体实施旨在限制竞争的联合行动时，竞争执法机构对其的调查不仅会涉及该主体自身的行为状况，还包括该行为给市场竞争带来的量化意义上的损失，并以此为据做出相关的制裁。

根据《反不正当竞争法》和《反垄断法》的规定，竞争执法程序主要包括：

一是立案与管辖。查处不正当竞争行为，应当由行为地或行为人所在地的市场监管部门管辖。其中行为地包括不正当行为发生地和不正当竞争行为的结果发生地。市场监管部门应对日常监督管理中发现、群众举报、受害人申请、上级交办或其他机关移送的不正当竞争行为立案。

二是调查不正当竞争行为。市场监管部门应在立案后及时地进行调查。调查内容包括：询问经营者、利害关系人、证明人，并制作讯问笔录；要求其提供相关证据；查询、复制与不正当竞争行为有关的所有资料；检查与不正当竞争行为有关的财物或其他物品。

三是采取强制措施。市场监管部门在监督检查不正当竞争行为过程中，对采用假冒混淆手段进行不正当竞争的经营者，可以采取强制措施：可责令经营者说明商品的来源与数量；可以责令经营者停止销售；可以责令经营者不得转移、隐匿、销毁与不正当竞争行为有关的财物。

四是处理与执行。市场监管部门在查清不正当竞争行为后，即可对经营者依法进行行政处罚：责令停止违法行为、消除影响、没收违法所得、吊销营业执照、处以罚款等。当事人对市场监管部门的处罚不服的，可以向上一级主管机关申请复议。

五是执行。

本章小结

1. 竞争是市场经济体制运行的核心。但是完全的自由竞争必然导致垄断和无序竞争。规范竞争行为的竞争法便应运而生。竞争法的根本目的是消除与禁止反竞争行为和实现国家的竞争政策。

2. 为了规范市场竞争行为，竞争法应遵循合法原则和合理原则，从而保证市场经济体制的有序运行。

3. 反不正当竞争法是竞争法的一部分，其主要功能在于消除与禁止形形色色的不正当竞争行为。反垄断法是竞争法的另一部分，其主要功能在于按照国家既定的竞争政策消除与禁止垄断行为（限制竞争行为）。

4. 竞争法得以实施的重要措施在于创制竞争执法机构及其执法程序。

关键概念

"经济宪法"	竞争政策	不正当竞争行为
垄断行为	限制竞争行为	行政垄断
自然垄断	国家垄断	竞争执法机构
竞争执法程序		

思考题

1. 简述竞争法的地位与意义。
2. 简述竞争法应遵循的基本原则。
3. 简述竞争法的功能与作用。
4. 简述反不正当竞争法的基本内容。
5. 简述反垄断法的基本内容。
6. 简述竞争执法机构的职责、权限与执法程序。
7. 简述反垄断法适用除外的含义。

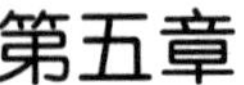

第五章 消费者权益保护法律制度

本章导读

在市场经济条件下，生产经营者追逐超额利润，会引发消费者权益受损的社会现象。在这种情况下，单靠消费者个体的抗争是无法达到保护消费者整体权益的目的的。为此，国家制定消费者权益保护法，以法律的形式确认消费者、企业与生产经营者的义务。学习消费者权益保护法的基本目标，在于理解国家介入消费领域的宗旨是规范生产经营者的竞争行为，并通过对消费者权益的保护，规范市场经济秩序。

第一节　消费者权益保护法原理

一、消费者权益保护的社会诉求

消费者权益保护法是国家消解消费者问题、维护消费者权益的现实回应与具体体现，在消费者运动中不断健全和完善。

（一）消费者问题

消费者问题即消费者的利益受到损害的问题，是指消费者自身以外的组织或个人出售商品或提供服务时，通过自身优势对消费者的财产或人身健康造成损害，侵犯消费者的合法权益的问题。消费者购买和使用商品或服务的生活消费活动的直接目的在于维持自身生存与发展。消费者的生活消费活动推动了整个社会经济活动的有序运行，在市场经济的运行与发展中发挥着重要作用，因而消费者的生活消费活动不仅关系到消费者个人的生存发展问题，更关系到社会生产目标、方向与市场经济正常运行、发展。但在现实的市场经济运行中，诸多经营者仅仅看到消费者个体购买、使用商品或服务的具体消费活动，而未能看到消费者整体的地位和作用，因而时常基于自身利益最大化目标的驱动采取减少消费者利益甚至侵害消费者利益的方式开展经营活动，从而在社会经济生活中诱发和产生各种各样的消费者问题。

在市场经济条件下，随时随地都可能会出现消费者问题。消费者问题是市场经济发展到一定程度，生产与消费高度分化，消费者相对于经营者处于弱势地位的条件下产生的，是市场经济的必然产物。在市场运行中，经营者与消费者是不同的经济利益实体，二者紧密相连，但又利益相对且相互制约：经营者经营的动机、目的和价值目标是以最小的成本获取最大的利润，因而经营者会想方设法推销自身的商品或服务，以从消费者手中赚取尽可能多的利润，甚至不惜侵害消费者的利益；消费者则期望以最低的价格获得优质的商品或服务。可见，两者之间的利益存在此消彼长、你多我少的紧张关系，因而两者在具体交易中难免发生冲突。作为分散、孤立的个体，消费者时常处于弱势地位，其人身或财产容易受到侵害或威胁。当然，各种消费者问题的直接受害人是消费者，但消费者问题最终将影响到市场经济的正常运行与发展，一旦出现这样的后果，各类市场主体的经济利益都将受到损失。基于此，便产生了消费者问题和对消费者保护的问题。

与此同时，消费者由于势单力薄，缺少维权的专业知识和能力，通常难以依靠自身力量寻找实施侵权行为的经营者。此外，由于诉讼耗时费力、费用高昂，消费者通常会望而却步。在此情形下，便引发了消费者运动的出现和高涨，呼唤国家通过法律对消费者予以切实的保护。

（二）消费者运动

消费者运动是在市场经济条件下，消费者为了维护自身的权益，争取社会公正，同损害消费者利益的行为进行斗争的抗议和维权运动。就世界范围来看，消费者保护经由消费者个人自发地自我保护，到由一定组织自觉地保护，再到由国家进行更有组织和更有力地多手段、全方位的保护，即经历了由自发到自觉、由分散的个人保护到有组织的保护的发展过程。这实际上也是现代国家职能在消费领域内转化和完善的体现：现代国家应保障其全体国民能够有尊严地生活。就消费领域来说，一方面，国家须有效地预防或救济此类消费者损害；另一方面，国家须充分利用高度发展的物质生产力来实现提高社会整体福利、满足国民精神需求的目的。因此，自20世纪60年代以来，消费者运动风起云涌。

作为超越于消费者和经营者的主体，国家基于实质公平价值追求的考虑对消费者运动作出了积极回应，最具代表性的是1962年3月15日美国总统肯尼迪在美国国会发表《关于保护消费者利益的总统特别国情咨文》时，首次提出了消费者权利的概念并概括了消费者应当享有的4项权利：（1）有权获得安全保障；（2）有权正确了解商品；（3）有权自由选择商品；（4）有权提出消费意见。1969年，美国总统尼克松在此基础上增加了消费者“求偿权”，从而使消费者权利变为5项。消费者权利的提出，使消费者运动进入了新的阶段，美国联邦和各州政府都设立了消费者保护机构。欧洲的消费者运动也使消费者进一步团结起来争取权利，德国、英国、荷兰、法国于20世纪50年代相继成立了全国性消费者团体；1962年成立了欧洲消费者同盟；1973年，欧共体《消费者保护宪章》就消费者保护提出了5项权利，即：（1）得到保护、援助的权利；（2）要求损害赔偿的权利；（3）得到信息的权利；（4）接受教育的权利；（5）成立代表机构和获得咨询的权利。

此外，国际组织也积极关注消费者运动并予以回应。1960年，美国、英国、荷兰、澳大利亚、比利时5国消费者组织在海牙发起、成立了国际消费者组织联盟（IOCU），并指出消费者享有8项权利，即：（1）有权得到必要的物品和服务借以生存；（2）有权得到公平的价格和选择；（3）有权得到安全；（4）有权获得充足资料；（5）有权寻求咨询；（6）有得到公平赔偿和法律援助的权利；（7）有权得到消费者教育；（8）有权享受一个健康的环境。

随着消费者权利的提出和完善，消费者运动和消费者保护也引起了联合国的关注与重视。1985 年，联合国大会第 39/248 号决议通过了《保护消费者准则》，对各国保护消费者权益提出了要求和建议，其中包含消费者所应享有的 6 项权利：（1）健康、生命安全；（2）经济利益；（3）充分的信息和自由的选择；（4）消费者教育；（5）损害赔偿；（6）组织团体和表达意见。

随着经济体制改革的推进，我国经济发展取得长足进步，生产力不断增强，人民生活水平得以提高，与此同时，也出现了消费者问题。20 世纪 80 年代初，各种假冒伪劣现象开始出现和不断蔓延，并且层出不穷、花样百出。1985 年，我国首次出现了甲醇毒酒事件，随后接二连三发生了相应的损害消费者事件，甚至造成了重大伤亡。但值得注意的是，我国没有经历自发而有组织的消费者对抗阶段，我国消费者运动从一开始就是在各级政府的主导和支持下进行的。如 1983 年，河北省新乐县消费者协会成立，其初衷是由工商局牵头成立一个“不收费的”“维护老百姓利益”的群众组织。1984 年，广州市消费者委员会、哈尔滨市消费者协会和中国消费者协会先后成立。此后，各地、各级消费者协会相继挂牌成立，并开展保护消费者的宣传和维权活动。消费者运动的高涨，客观上要求国家完善消费者保护之道，同时也催生了消费者保护法制的建立健全。

二、消费者权益保护法的概念与适用范围

（一）消费者权益保护法的概念与特征

消费者权益保护法的概念有广义和狭义之分。广义上的消费者权益保护法又称实质意义上的消费者权益保护法，是指一国有关保护消费者权益的法律、法规的总和，不仅体现在消费者权益保护法典之中，亦广泛分布于产品质量法、竞争法、食品安全法等法律之中，并以保护消费者权益的条款予以体现；狭义上的消费者权益保护法又称形式意义上的消费者权益保护法，通常仅指国家保护消费者权益的专门立法，即各国法律体系中消费者权益保护法典，如我国的《消费者权益保护法》、韩国的《消费者基本法》等。这里所要分析的仅是狭义上的消费者权益保护法。

消费者权益保护法具有以下特征。

1. 保护对象的特定性

消费者权益保护法以消费者作为保护对象，这是消费者权益保护法最基本的特征。在市场经济条件下，消费者权益保护法源自消费者问题而成就于消费者合法权益的保障，其核心在于消费者保护。这是因为消费者作为现代经济生活中实力较弱的一方，其利益极易受到侵害。与此同时，消费者利益与每个人的利益息息相关，在宏观层面上影响着国家经济的发展和社会的稳定。因此，国家制定并实施消费者权益保护法，从而对消费者的合法权益加以特别保护。

2. 制度设置的倾斜性

消费者在现代经济生活中天然地处于弱势地位，传统法律制度难以为其提供有效救济，因而应势而生的消费者权益保护法在内容上体现出了向消费者倾斜的特征。与民法对民事关系进行平等调整不同，消费者权益保护法在具体制度设置上突出了对消费者权益的保护：对消费者只规定权利而不规定义务，对经营者则明确其义务而没有详列其权利。可见，从双方利益的规

范和保护来看，消费者权益保护法更倾向于对消费者予以保护。当然，这并不意味着消费者无须担责或履行相应的义务，只是从消费者保护角度来说没有将消费者的义务纳入该法。

3. 调整方法的多元化

消费者权益保护法不囿于既有的部门法划分理论，而是运用综合的调整方法保护消费者的合法权益。为有效保护消费者，各国消费者权益保护法通常要求经营者基于不同的消费者问题而承担相应的责任，包括民事责任、行政责任和刑事责任。同时，在消费者的权益保障方面，消费者权益保护法既鼓励消费者进行自我保护和自力救济，也鼓励国家对消费者采取法律保护和公力救济。总之，只要是有益于消费者权益保障的方法，都会为消费者权益保护法所采用。这是一种与民法、刑法、行政法等法律所采取的单一调整方法不同的方法，这也说明消费者权益保护法所运用的调整方法、调整手段的多元化与综合性。

（二）消费者权益保护法的适用范围

法律是社会关系的调节器，任何法律必定以特定的社会关系作为其调整对象。《消费者权益保护法》第 2 条指出，消费者为生活消费需要购买、使用商品或者接受服务，其权益受该法保护。这是我国《消费者权益保护法》关于其适用范围的规定，即《消费者权益保护法》主要调整为生活消费需要购买、使用商品或接受服务而产生的关系，或者说是一种生活消费关系。但该规定无论是在理论上还是在实践中均引发了不少争议，主要体现在两个方面：一是何谓消费者，消费者是仅限于自然人还是包括法人和其他组织；二是如何界定“生活消费”，是否有必要作出这样的限定。

我国《消费者权益保护法》并没有对消费者概念作明确的界定，但该法第 2 条隐含着对消费者的定义，即消费者是指为生活消费需要而购买、使用商品或者接受服务的人。《消费者权益保护法》在其定义中突出了“生活”一词，也正是因为如此，我国学术界或实务界认为《消费者权益保护法》对消费者的定义不准确或者未明确规定其适用范围。不难看出，其中的问题在于如何理解“生活消费”。我国消费者保护实践中通常将“生活消费”作狭义理解，即用于满足个人的基本生活需要，如购买食品、修理电器等日常生活需求。但若交易对象为价格较高的物品或奢侈品，不同法院或执法机构则会有不同的理解，甚至不认为此类交易属于生活消费。这种理解或认识无法有效保护消费者的合法权益，因而不准确，也不合理。事实上，《消费者权益保护法》中所规定的“生活消费”就是指购买、使用商品或接受服务的目的不是营利或职业需求，而是纯粹的个人需要，而不管其使用方式或交易对象如何。基于此，对“消费”的理解应当关注和考察其目的性，即无论是维持个人基本生活需要的日用品，还是用于提高生活品质、获得精神享受的各种商品和服务，都可以、也应该成为消费法律关系的标的。因此，我们认为，消费者是指不以营利为目的而购买、使用商品或者接受服务的自然人。“消费者”是人类社会发展到一定阶段所提出的具有特定含义的概念，即在人类社会市场经济阶段出现的、具有特定经济和法律特质的概念，它包含以下几层意思。

1. 消费者购买、使用商品或者接受服务不以营利为目的

消费者购买、使用商品或者接受服务，并不是为了将这些商品或服务转售而营利，而是旨在满足个人或家庭的需要。消费是由需要引起的，消费者购买、使用商品或者接受服务的目的是满足自身需要，而购买、使用商品或接受服务体现着消费者一定的利益追求。因此，任何人只要购买、使用商品或接受服务的目的不是将商品或服务转售，不是专门从事商品交易活动，他便是消费者。

2. 消费者是自然人

消费者作为市场经济条件下特定的法律用语，强调的是作为个体的自然人而不是法人或其他经济组织，也不包括政府。所谓消费行为，不是指法人或其他经济组织的消费，而是指自然人的消费。消费者权益保护法始终是与对消费者个人权益的保护联系在一起的，这是因为消费者权益保护法的立法宗旨就是保护消费型社会中在消费法律关系中居于弱势地位的消费者。基于消费的强烈目的性，消费者只能为自然人，即商品和服务的最终利用者。之所以要对消费者进行特别保护，是由于在消费法律关系中，经营者与作为其交易对象的自然人之间在经济实力、信息获取能力以及法律救济能力等方面存有巨大差异。当然，经营者之间也存在差异，甚至差异悬殊，但其皆属于经营者，国家通过法律在交易领域内为商事主体设置相应的市场经营规则以规制其相互之间的关系，维护彼此之间的利益平衡。

3. 消费者是购买、使用或者接受服务的人

消费者是社会经济生活中购买、使用商品或接受服务的人，但值得注意的是，消费者并不局限于市场交易中的买受人。所谓买受人，通常是指买卖合同中给付价款并受领交易标的物的一方当事人，而消费者是指以消费为目的而进行交易并取得商品或接受服务的人。消费者的范畴显然要比买受人广泛，这是因为：一方面，依据我国合同法的规定，买卖合同只限于对实物的买卖，因而买受人只能是商品交易中购买商品的一方当事人，并不包括服务合同中接受服务的一方当事人，而消费者显然包括服务合同中的接受服务者；另一方面，买受人是买卖合同的一方当事人，即亲自缔结和履行买卖合同的当事人，而消费者并不局限于买卖合同的当事人，也包括他人购买商品后实际使用该商品的人。因此，消费者既可能是亲自缔结和履行买卖合同的当事人，也可能是使用和消费他人购买的商品的人；既可能是有关服务合同中接受服务（如宾馆、运输、酒店、食品、劳务等各类服务）的一方当事人，也可能是接受服务的非合同当事人。

综上所述，消费者是指不以营利为目的而购买、使用商品或者接受服务的自然人，其购买、使用商品或接受服务的目的在于广义上的生活消费。但为了避免实务中对“生活消费”一词的理解偏差，更有效地保护消费者的合法权益，我们建议将《消费者权益保护法》中的“生活消费”修改为“消费”。不过，令人惋惜的是，在2013年修改时，《消费者权益保护法》对消费者的定义仍采用了20年前的条款。既然如此，在消费者保护实践中就应从广义上去理解生活消费，从而为消费者提供有效的保护机制和救济途径。

第二节 消费者权利

消费者权利就是消费者在从事消费活动的过程中所享有的、为法律所保护的正当利益。消费者权利主要包括如下几种类型。

一、安全保障权

安全保障权是消费者在消费过程中享有的最重要的权利。消费者购买商品、接受服务都是为了提高自己的生活质量、满足自己的一定需求，而这首先是建立在安全的基础之上的，如果

安全都难以保障，那么消费者不仅不能通过消费活动达到一定的目的，反而会使自己的利益受到巨大的损害。所以，保障安全是前提，只有在此前提下，才有探讨消费者权利的空间，消费者应当享有的其他权利也才有保障。《消费者权益保护法》对消费者安全保障权作了明确规定：消费者在购买、使用商品和接受服务时享有人身、财产安全不受损害的权利。

二、知情权

知情权是指消费者在购买、使用商品或接受服务时享有获悉有关商品或服务的全面、真实信息的权利。信息已经成为决定竞争力的一个重要因素。消费者在选购商品、接受服务时，只有掌握相关信息，才能作出理性的消费决策。然而，现实中存在着严重的信息不对称问题，许多消费者的利益受到损害在很大程度上都可以归结为消费者信息的缺乏。经营者由于种种原因而怠于提供相关信息，消费者也往往止于了解如价格、产地等最肤浅的信息，而未能、有时也不可能对商品或服务进行全面的了解。即使消费者要求经营者予以详细说明，经营者也可能找各种借口予以搪塞。总的来说，消费者处于信息弱势方的地位，因而消费者权益保护法要求经营者向消费者提供全面而真实的信息。

我国《消费者权益保护法》第 8 条明确规定："消费者享有知悉其购买、使用的商品或者接受的服务的真实情况的权利。消费者有权根据商品或者服务的不同情况，要求经营者提供商品的价格、产地、生产者、用途、性能、规格、等级、主要成份、生产日期、有效期限、检验合格证明、使用方法说明书、售后服务，或者服务的内容、规格、费用等有关情况。"消费者获取有关商品和服务的信息包括两种情况：(1) 被动地接收信息，即消费者在难以和生产者、销售者接触时，通过商品包装上的信息来了解商品的具体情况。事实上，这也是消费者了解商品最主要的一种方式。这就要求生产者尽可能地对商品作出详细的说明，以保障消费者的信息获取权。(2) 主动获取信息权，即消费者主动向生产者、销售商等直接询问，以获取在商品上未显示的相关信息。服务具有无形性，消费者获取有关信息需要通过服务者提供的相关资料或者直接询问服务者来实现。

三、自主选择权

自主选择权是指消费者所享有的在消费过程中根据自己内心的真实意愿决定进行何种消费行为的自由。不同消费者的需求是不相同的，大多数商品都是根据一般消费者的需求来进行生产的，因而也就难以完全满足每一个消费者的个性化需要。消费者通过对同种类不同品牌的商品、服务进行比较，才能决定何种商品、服务是最符合自身需要的。作为经营者，要尽可能地为消费者提供更多的选择机会，消费行为的决定权在于消费者自身。

我国《消费者权益保护法》明确规定，消费者享有自主选择商品和服务的权利。其中，"自主"强调的是消费者自己做主，不允许他人干涉。消费过程中，禁止经营者对消费者的意志施加任何强制力，阻碍消费者自行作出选择。

消费者的自主选择权具体体现在以下几个方面。

（一）选择交易对象的自由

消费者有权选择提供商品或服务的经营者，选择和谁进行交易。经营者之间的竞争主要就是对交易机会的竞争，消费者由于有自身的偏好，所以有权在不同的经营者之间进行选择。

（二）选择商品、服务的自由

经营者提供的商品或服务是多种多样的，不同商品、服务的性能和特点又不尽相同，因此，消费者有权根据自身的需求在不同的商品、服务之间作出选择。这既包括在不同经营者提供的商品、服务之间进行选择，也包括在同一经营者提供的不同商品、服务之间进行选择。事实上，前一种选择可以归入对交易对象的选择，所以在此主要是指后一种情形。经营者应当为消费者的比较、鉴别和挑选提供便利，不得设置种种障碍。

（三）选择是否进行交易的自由

消费者有权决定是否进行最终的交易，有权进行比较、鉴别和挑选。这也是消费者行使自主选择权的最高表现。还应当注意的是，《消费者权益保护法》中提到的是消费者有权“自主决定购买或者不购买任何一种商品、接受或者不接受任何一项服务”所使用的“任何”一词，更加扩大了消费者的权利，从而有利于保护消费者的利益。这实际上暗指消费者有权对经营者搭售的一些商品或服务予以拒绝。

针对诸如网络销售、电视销售、电话销售、邮售、上门销售等新兴交易方式或领域，为了实现利益的平衡，适当向消费者倾斜，我国《消费者权益保护法》借鉴并部分吸收了冷静期制度，从而给予消费者一定的时间，让其经过冷静、理性的思考后再作出决定。对于通过网络销售、电视销售、电话销售、邮售等销售方式购买的商品，消费者有权在收到商品之日起 7 日内予以退货，但影响商品再次销售的除外，如消费者定作的商品，鲜活易腐的商品，在线下载或者消费者拆封的音像制品、计算机软件等数字化商品，交付的报纸、期刊。

四、公平交易权

公平交易权是公平的要求在消费者进行消费活动时的具体体现，是消费者所享有的、在购买商品或接受服务时有从经营者那里获得公平的交易条件，从而达到公平交易结果的权利。消费活动既要实现交易过程的公平，也要实现交易结果的公平。我国《消费者权益保护法》明确规定：消费者享有公平交易的权利。消费者在购买商品或者接受服务时，有权获得质量保障、价格合理、计量正确等公平交易条件，有权拒绝经营者的强制交易行为。具体来说，我们可以从以下几个方面来理解和把握公平交易权。

（一）质量方面

消费者有权获得质量有保障的商品或服务，这是由于商品或服务的质量直接决定了其能否满足消费者的需要。经营者应当健全质量管理制度，严把质量关，对于应当检验的商品必须依法进行检验，不得以不合格产品冒充合格产品。如果有关商品、服务有国家标准、行业标准，经营者应当保证达到这些标准，确保自己的商品、服务符合保障人身、财产安全的要求。商品应当具有正常的使用性能，不得生产、销售有缺陷的商品，对于有瑕疵的商品，经营者应当向消费者予以说明。

（二）价格方面

经营者应当使商品和服务的价格与其价值相符，遵循公平、合法和诚实信用的原则来定价，不得出现过大的偏差，为消费者提供价格合理的商品和服务；不得在标价以外收取其他未予标明的费用。经营者不得利用虚假的或使人误解的价格手段，诱骗消费者与其进行交易，不得进行价格歧视。

（三）计量方面

消费者享有要求商品计量正确的权利，经营者应当采取法定的计量单位，使用标准的计量器具，不得因计量错误而损害消费者的利益。计量上较小的误差是允许的，但存在较大的偏差则是对消费者的不公。

（四）自愿交易

消费者有权根据自身的需求自愿选择是否购买商品或接受服务，拒绝经营者的强制交易行为。经营者的强制，既包括身体上的强制，也包括精神上的强制。前者是指经营者用暴力、殴打等方式强迫消费者购买商品、接受服务；后者是指经营者通过辱骂、嘲讽等方式，对消费者形成一种精神上的压力，从而迫使消费者购买商品、接受服务。

《消费者权益保护法》第 4 条规定："经营者与消费者进行交易，应当遵循自愿、平等、公平、诚实信用的原则。"公平交易权实际上就是这一基本原则的体现与具体化。

五、依法求偿权

依法求偿权是维护消费者利益的一项重要权利，它是在经营者对消费者的利益造成损害之后产生的一项权利，是一种事后的救济性权利。消费者在购买、使用商品或接受服务的过程中，可能会受到人身、财产方面的损害，作为商品、服务的提供者，经营者当然有义务对消费者的损害进行赔偿。与经营者相比，消费者明显处于弱势的地位，这不仅仅表现在经济实力、获取信息的能力等方面，还表现在风险的承担上。消费者在购买、使用商品或接受服务的过程中，需要承担自己的身体、财产受到损害的风险。如果此项权利难以得到保障的话，消费者利益的保护就会成为一句空话。我国《消费者权益保护法》第 11 条明确规定："消费者因购买、使用商品或者接受服务受到人身、财产损害的，享有依法获得赔偿的权利。"

六、结社权

结社权是指消费者享有依法成立维护自身合法权益的社会组织的权利，是消费者享有的一项基本权利。消费者自身利益得到有效保护，离不开消费者的参与，更离不开消费者通过组成自己的团体，将分散的利益集合起来这种方式。消费者组织的成立，不仅是维护消费者合法利益的手段，而且有助于提高消费者的自我维权意识和能力。我国《消费者权益保护法》明确规定并赋予了消费者结社的权利。

但消费者结社权的真正实现需要政府的大力支持。政府应当为消费者行使该权利提供便利，对各消费者组织的活动进行指导，防止任何非法干涉消费者组织活动的行为。消费者也应当积极行使自己的结社权，发挥消费者组织的群体性优势，不断提高自身的素质，增强自我维权的意识和能力。消费者要善于通过结社来同经营者的各种损害行为作斗争，增强自身的话语权。当然，消费者也应当依法行使结社权，不得通过结社来从事各种与维护自身合法权益无关的活动，更不得从事各种违法活动。消费者结社权是社会政治文明的体现，它不仅有助于提高消费者的政治意识水平，而且能够推动消费者借此来维护自身的经济利益。

七、受教育权

受教育权是指消费者所享有的为了维护自身利益而获得与消费有关的知识的权利。它不仅是消费者的一项权利，同时也是消费者的一项义务。我国《消费者权益保护法》明确规定，消费者享有获得有关消费和消费者权益保护方面的知识的权利。同时，消费者应当努力掌握所需商品或者服务的知识和使用技能，正确使用商品，提高自我保护意识。

八、受尊重权与隐私权

受尊重权与隐私权是指消费者个人的人格尊严、民族风俗习惯得到尊重及个人信息得到保护的权利。对此，《消费者权益保护法》明确规定，消费者在购买、使用商品和接受服务时，享有其人格尊严、民族风俗习惯得到尊重的权利，享有个人信息依法得到保护的权利。

（一）人格尊严受到尊重

保护消费者人格尊严，要求在消费过程中，消费者不分性别、年龄、职业、民族、宗教信仰、财产状况、文化程度等，享受经营者及其从业人员的基本尊重，其内容随社会经济的进步而不断发展、完善。消费者在购买、使用商品和接受服务时，时常会遭遇被侮辱、诽谤、嘲讽等，对消费者的人格尊严造成严重的损害。一般来说，侵犯消费者人格尊严大多表现为侮辱消费者、搜查消费者的身体及携带的物品、限制消费者人身自由，等等。在特定行业中，也存在侵犯消费者人格尊严的具体行为，如金融领域中拒绝为小、散业务的金融消费者提供服务，允许 VIP 金融客户排队加塞，等等。

（二）民族风俗习惯受到应有的尊重

消费者的饮食、服饰、居住、婚丧、节庆、礼节、禁忌等方面应受到经营者及其从业人员的基本尊重，其具体内容依据不同地域、不同时期而不断发展、变化。我国是多民族的国家，民族风俗习惯各不相同，对于不同民族的消费者，经营者应当给予应有的尊重，而不能有所歧视。实践中存在不尊重消费者民族风俗习惯的情形。

（三）个人信息受到保护

保护消费者个人信息，要求经营者收集个人信息时，应遵循合法、正当、必要的原则，不得泄露、出售或非法向他人提供消费者个人信息，不得未经消费者同意而向其发送商业性信息。消费者在消费过程中，可能需要向经营者提交相关的个人信息，如姓名、性别、年龄、职业、联系方式、健康状况、家庭状况、财产状况、消费记录等与消费者个人及其家庭密切相关的信息，这些都是消费者个人的隐私，经营者应当对这些信息进行保护，不得违法收集、使用、披露、出租、出售、转让。随着电子商务的发展，消费者个人信息保护面临着许多新的挑战和问题，电子商务经营者不当使用所收集的消费者个人信息从事经营活动的问题也日益严重，给消费者造成的损害较之于传统的线下经济也更为严重。鉴于此，2018 年我国专门制定了《电子商务法》，并对消费者个人隐私保护作出了规定。电子商务经营者收集、使用其用户的个人信息，应当遵守法律、行政法规有关个人信息保护的规定。电子商务经营者应当明示用户信息查询、更正、删除以及用户注销的方式、程序，不得对用户信息查询、更正、删除以及用户注销设置不合理条件。电子商务经营者收到用户信息查询或者更正、删除的申请的，应当在核实身份后及时提供查询或者更正、删除用户信息的服务。用户注销的，电子商务经营者应当立即删除该用户的信息；依照法律、行政法规的规定或者双方约定保存的，依照其规定。

九、监督权

消费者监督权是指消费者依法享有的对经营者和保护消费者利益的机构的行为以及经营者提供的商品、服务进行监督的权利。消费者在消费过程中，有权对涉及自身利益的一切行为进行监督。保护消费者的利益，不仅是有关国家机关及消费者组织的事情，更是消费者自己的事情。由于消费者在消费的过程中，对自身的利益会更为关注，较之其他主体更为敏感，因此，如果消费者能够有效地行使监督权，积极地同各种损害自身利益的行为作斗争，及时向有关机关反映存在的种种违法行为，就能更好地保护自身的利益。我国《消费者权益保护法》明确规定：消费者享有对商品和服务以及保护消费者利益工作进行监督的权利。

以上几项消费者的基本权利，为消费者权益保护制度提供了原则性指引，具体内容及保障方式有待经营者义务、消费者纠纷处理制度、法律责任制度等予以细化和充实，还有待于其他相关法律、法规的具体化和补充。随着保护消费者理念逐步成为当代国家最基本的法益目标，消费者权利的影响范围将扩展至消费者权益保护法之外，其具体内涵也将与行业规制紧密结合。随着消费者权益保护制度的不断发展与完善，还将在这些基本权利的基础上，发展出新型的消费者权利，如公平信贷权、征信权和可持续消费权。这些新型消费者权利的内涵及性质，有待法学界的进一步反思以及立法政策的逐步考量。

第三节 经营者义务

经营者义务是指经营者在向消费者提供商品或服务的过程中，为了保护消费者的合法权益、维护市场经济秩序依法应当为或不为一定行为的约束。经营者的义务通常包括法定义务与约定义务。下文仅分析经营者的法定义务，即相关法律、法规明确规定的经营者必须为或不为一定的行为。

一、依法、依约履行义务

经营者依法、依约履行义务，是指经营者在向消费者提供商品或者服务时，应当依照《消费者权益保护法》，其他相关法律、法规，或者与消费者之间的约定履行义务。

二、接受监督的义务

现实中种种损害消费者利益的行为通常是缺乏监督所致。经营者应当听取消费者和消费者组织对其提供的商品或者服务的意见，接受消费者和消费者组织的监督。消费者和消费者组织对经营者的监督权主要表现为以下方面。

（一）对经营者提供的商品或服务本身的监督

消费者在购买商品、接受服务的过程中，可以进行检查，要求经营者予以说明。消费者组织也可以对商品、服务进行检查，发现有问题的，应当向经营者提出意见，要求经营者予以说明并改正。消费者组织也可以同其他部门一起，共同开展对市场的检查。

（二）对经营者的服务态度等进行监督

有的经营者对消费者实行歧视性待遇，辱骂、诽谤消费者的现象时有发生。对此，消费者可以向经营者提出意见，要求经营者改正。消费者组织也可以对经营者的服务态度等方面的事项进行监督，并依法进行揭露。

（三）对与经营者有关的其他事项进行监督

消费者可以对消费环境和经营场所的安全设施等进行监督。消费者可以就店面的布局向经营者提出意见，以更方便消费者选购商品等，也可以要求经营者对消防设施进行改造，以保障消费者的人身、财产安全。

经营者应当认真对待消费者和消费者组织提出的意见，针对消费者和消费者组织提出的问题及时进行调查；问题确实存在的，应当及时进行改正，并向消费者和消费者组织就相关情况进行说明。经营者应当采取相关措施，方便消费者和消费者组织提出意见和进行监督。有条件的经营者，应当在内部设立专门的机构，听取消费者的意见，或者通过设立消费者意见箱等形式来听取消费者的意见。

三、安全保障的义务

经营者应当保证其提供的商品或者服务符合保障人身、财产安全的要求。商品和服务是用来满足消费者需求的，但其自身也可能存在着各种潜在的危险。经营者应当严把质量关，切实保障商品和服务的安全，实现消费者的消费安全。

（一）符合标准

为了保护消费者合法权益，国家、团体或经营者将会制定相关标准，经营者应当确保自己的商品或服务符合相应标准。

（二）进行说明或警示

对于可能危及人身、财产安全的商品或服务，经营者应当向消费者作出真实的说明和明确的警示，并说明和标明正确使用商品或者接受服务的方法以及防止危害发生的方法。经营者既可以在消费者购买商品或接受服务的时候进行口头说明，也可以在商品上进行警示性标明。

（三）保障经营场所的安全

宾馆、商场、餐馆、银行、机场、车站、港口、影剧院等经营场所的经营者，应当对消费者尽到安全保障义务。上述经营场所的经营者对其经营场所、服务设施，应当采取相应的保障措施，确保其安全。根据受益与风险相一致原理，上述场所可能成为危险源，而经营者从危险源获取经济利益，因此应当被视为负有制止危险义务的人。

四、产品召回的义务

经营者发现其提供的商品或者服务存在缺陷，有危及人身、财产安全危险的，应当立即向有关行政主管部门报告和告知消费者，并采取停止销售、警示、召回、无害化处理、销毁、停止生产或者服务等措施。

商品和服务的缺陷，是指商品和服务中所存在的不合理的危险。这种风险是商品和服务所固有的，因此，即使是消费者正确使用商品或接受服务，并尽到一个理性人所应当具备的谨慎、注意义务，仍然无法避免。我国制定了《消费品召回管理暂行规定》（2019 年）、《医疗器械召回管理办法》（2017 年）、《食品召回管理办法》（2015 年）、《药品召回管理办法》（2007 年）等，通过召回缺陷产品，更好地保护消费者的利益。

从广义上讲，产品召回的义务也是经营者的一种安全保障义务。经营者对于自己提供的商品和服务的安全保障义务并非止于经营者向消费者交付商品之时，在消费者购买商品或服务以后，在使用商品或者接受服务的过程中，经营者也必须保障自己提供的商品或服务在正确使用的情况下不会损害消费者的人身、财产安全，或者具有这种危险，否则，经营者应当立即采取相关产品召回措施。

采取召回措施的，经营者应当承担消费者因商品被召回而支出的必要费用。由于缺陷产品是经营者提供的，它不仅给消费者带来了潜在的和现实的危险，也使得消费者遭受了一定的损失。这都是由于产品缺陷造成的，因此理应由经营者支付消费者为此而支出的必要费用。但需要注意的是，消费者为此支出的是必要费用，如果费用超出了一定范围，经营者有权拒绝支付。

五、提供真实、全面信息的义务

消费领域中存在信息不对称这一固有问题。一般来说，作为商品、服务提供方的经营者，对于有关自身商品、服务的信息有着全面而真实的了解，而消费者对于这类信息的了解主要依靠经营者的披露。经营者应确保自身所提供信息的真实性和全面性，其中既包括主动披露，也包括被动提供。前者是指经营者依据有关法律、法规的规定主动披露有关商品、服务的价格、质量等信息；后者是指经营者对消费者的有关询问作真实、明确的答复。

（一）提供真实、全面的信息

经营者向消费者提供的信息的真实、全面程度，直接关系到消费者能否作出正确的消费选择。经营者向消费者提供的有关商品或者服务的质量、性能、用途、有效期限等信息，应当真实、全面，不得作虚假或引人误解的宣传。这是诚实信用原则的要求。1993 年颁布的《消费者权益保护法》曾规定，经营者“不得作引人误解的虚假宣传”，强调经营者的这类宣传不仅是引人误解的，更须是虚假的。2013 年修订时改为“不得作虚假或者引人误解的宣传”，强化了经营者的义务，更有利于保护消费者的利益。

（二）作出真实、明确的答复

消费者在选购商品或者接受服务的过程中，对有关商品和服务有疑问，如对商品的质量、等级、性能等方面有疑问，可以向经营者进行询问。经营者对于消费者就其提供的商品或者服务的质量和使用方法等问题提出的询问，应当作出真实、明确的答复。

（三）明码标价

价格是消费者在决定是否购买商品或接受服务时考虑的一个重要因素，消费者有权知道商品或服务的真实价格。许多消费纠纷是由于商品、服务的价格未准确标明而引起的。经营者不得在标价之外再收取任何没有标明的费用。经营者不得以虚假的“清仓价”“甩卖价”“最低价”“优惠价”或者其他欺骗性价格表示销售商品或者提供服务。

（四）特殊交易形式中的信息披露

采用网络、电视、电话、邮购等方式提供商品或者服务的经营者，以及提供证券、保险、银行等金融服务的经营者，应当向消费者提供经营地址、联系方式、商品或者服务的数量和质量、价款或者费用、履行期限和方式、安全注意事项和风险警示、售后服务、民事责任等信息。为了更好地保护消费者的知情权，2013 年修订的《消费者权益保护法》新增了第 28 条，强化了采用特殊交易形式的经营者和提供金融服务的经营者的信息披露义务。

六、真实标示的义务

经营者应当标明其真实名称和标记。由于经营同一种商品或提供同类型服务的经营者有很多，如果经营者不准确标明其名称，则往往会引起消费者的误解，而消费者有权知道自己的交易对象。在现实生活中，一些企业冒充其他企业的名称或者故意进行混淆，造成消费者的误解，从而与其进行交易。这不仅侵害了其他经营者的商标权，损害了其他经营者的利益，而且对消费者也构成了欺诈。经营者必须以真实名称和标记提供商品或者服务，不得以虚假或者引人误解的商品说明、商品标准、实物样品等方式销售商品或者提供服务，不得作虚假或者引人误解的现场说明和演示，也不得采用虚构交易、虚标成交量、虚假评论或者雇用他人等方式进行欺骗性销售诱导。在实践中，经营者在采用有奖销售或其他促销手段时，也应当诚实守信，不得以虚假的“有奖销售”“还本销售”“体验销售”等方式销售商品或者服务，不得谎称正品销售“处理品”“残次品”“等外品”等商品，亦不得夸大或隐瞒所提供的商品或者服务的数量、质量、性能等与消费者有重大利害关系的信息误导消费者。经营者不标明其真实名称，也使得消费者在利益受损以后难以实现救济。为了保护消费者的利益，经营者应当标明其真实名称和标记。

租赁他人柜台或者场地的经营者，应当标明其真实名称和标记。有的经营者租赁其他经营者的柜台或者场地进行经营，出租者可能是具有一定知名度的大企业，此时为了借用出租者的商业信誉等方面的优势，承租者往往不标明自己的真实名称，使消费者误认为该经营者是知名度、信誉较高的企业而与之进行交易，这事实上是一种误导，侵犯了消费者的知情权，必须予以禁止。

七、提供票证的义务

经营者提供商品或者服务，应当按照国家有关规定或者商业惯例向消费者出具发票等购货凭证或者服务单据；消费者索要发票等购货凭证或者服务单据的，经营者必须出具。

发票等购货凭证、服务单据的作用主要表现在以下两个方面。

（一）证明作用

经营者出具这种票证，也就证明双方成立了合同，作为合同双方当事人的经营者和消费者，都享有合同权利并履行相应的义务。由于这种票证往往是在消费者付款以后由经营者出具的，因此这种票证主要证明经营者应当向消费者承担一定的合同义务。这种票证上应写明经营者的名称、价款、商品的数量等信息。

（二）消费者向经营者主张权利的依据

当消费者购买的商品出现质量问题时，可以向经营者要求修理、更换或者退货。但只有当消费者向经营者出示由该经营者所出具的购货凭证等单据时，才能确定该商品是由该经营者所提供的，该经营者才有义务承担有关的责任。

消费者在购买商品、接受服务的过程中需要注意索要相关凭证，以维护自身的利益。另外，发票还具有一定的特殊性：发票不仅是一种购物凭证，也是纳税凭证，如果经营者不向消费者出具发票，则不仅意味着消费者的利益得不到保障，而且还会使国家的税源流失。

八、质量保证的义务

经营者应当保证在正常使用商品或者接受服务的情况下其提供的商品或者服务应当具有的质量、性能、用途和有效期限，但消费者在购买该商品或者接受该服务前已经知道其存在瑕疵且存在该瑕疵不违反法律强制性规定的除外。

经营者的质量保证义务包括以下几个方面的内容。

（一）经营者应当保证商品或服务应有的品质

经营者提供商品或服务，目的是通过让渡该商品或服务的使用价值来实现商品或服务的价值，因此经营者就有义务保证商品或服务的使用价值是能够实现的。只有这样，消费者才能够通过使用商品或者接受服务来达到自己的目的。

（二）特定瑕疵除外

商品或服务的瑕疵，是指商品或者服务在质量方面存在一定的问题，但不存在不合理的危险，未完全丧失其使用价值。如果消费者在购买商品或者接受服务前明知其具有瑕疵而仍然选择购买或接受，则表明该行为是出于其真实意愿的，消费者应当为自己的选择承担一定的风险。当然，这必须是存在瑕疵而不是存在缺陷，并且这种瑕疵不得违反法律的强制性规定，否则，经营者仍然应当承担相应的责任。

（三）真实宣传

经营者以广告、产品说明、实物样品或者其他方式表明商品或者服务的质量状况的，应当保证其提供的商品或者服务的实际质量与表明的质量状况相符。

（四）特殊商品或服务的瑕疵举证责任倒置

对于经营者提供的机动车、计算机、电视机、电冰箱、空调器、洗衣机等耐用商品或者装饰装修等服务，消费者自接受商品或者服务之日起 6 个月内发现瑕疵，发生争议的，由经营者承担有关瑕疵的举证责任。这些商品或装饰装修等服务较为特殊，其瑕疵可能不会在短期内予以显现，因此必须延长提供这些商品或服务的经营者的质量保证义务期限。同时，这些商品或服务本身比较复杂，对于一般的消费者而言可能无法举证以证明其存在瑕疵，因此，由对这些商品或服务十分熟知的经营者承担举证责任，实行举证责任倒置，更能体现公平的要求，以更好地保护消费者的利益。

九、三包义务

商品和服务的质量直接关系到消费者的人身、财产安全，消费者投诉案件大多涉及商品和服务的质量。强化经营者的质量保证义务，特别是退货、更换和修理的义务，是确保商品和服务质量的有效举措。在 2013 年修订过程中，《消费者权益保护法》贯彻了这一理念，进一步完善了经营者的“三包义务”。2017 年 1 月 6 日，国家工商行政管理总局制定了《网络购买商品七日无理由退货暂行办法》。

（一）一般“三包义务”

消费者在购买商品或者服务以后，在使用或享受的过程中，如果有任何质量问题，在一定的期限内可以要求经营者采取相应的补救性措施。在我国，经营者采取的这种补救性措施主要是包修、包换和包退，即“三包义务”。

1. 有国家规定及当事人约定的

经营者提供的商品或者服务不符合质量要求的，消费者可以依照国家规定、当事人约定退货，或者要求经营者履行更换、修理等义务。

2. 无国家规定及当事人约定的

没有国家规定和当事人约定的，消费者可以自收到商品之日起 7 日内退货；7 日后符合法定解除合同条件的，消费者可以及时退货，不符合法定解除合同条件的，可以要求经营者履行更换、修理等义务。

3. 运输等费用的承担

消费者依照《消费者权益保护法》的规定进行退货、更换、修理的，经营者应当承担运输等必要费用。

（二）特殊“三包义务”

科学技术的发展使得商品的交易形式发生了深刻的变化，特别是信息产业的发展，使得消费越来越多地通过网络、电信等方式来进行，从而出现了新的销售形式，如网络销售、电视销售、电话销售、邮购，等等。在这些交易中，消费者只能通过经营者的描述或经营者所提供的图片或影像来了解商品，不能像传统交易方式中那样进行鉴别，因而对商品的认识难免会出现偏差，在购买商品以后，可能会发现与自己的预期存在一定的差距。因此，有必要规定特殊的“三包义务”，以切实保护消费者的利益。

1. 7日无理由退货

经营者采用网络、电视、电话、邮购等方式销售商品，消费者有权自收到商品之日起7日内退货，且无须说明理由。该规定对于通过网络、电视、电话和邮购等方式购买商品的消费者利益提供了全面的、充分的保护。通过引入“无理由退货”原则，最大限度地排除了经营者通过各种方式刁难消费者的可能性，从而从根本上保障了消费者退货的权利。

2. 例外情形

一些商品由于具有某些特殊的性质，因而并不适用“无理由退货”原则，否则会损害经营者的正当利益。这些商品主要包括：消费者定作的；鲜活易腐的；在线下载或者消费者拆封的音像制品、计算机软件等数字化商品；交付的报纸、期刊。除了所列的这些商品外，其他根据商品性质并经消费者在购买时确认不宜退货的商品，也不适用“无理由退货”原则。《网络购买商品七日无理由退货暂行办法》第7条规定：“下列性质的商品经消费者在购买时确认，可以不适用七日无理由退货规定：（一）拆封后易影响人身安全或者生命健康的商品，或者拆封后易导致商品品质发生改变的商品；（二）一经激活或者试用后价值贬损较大的商品；（三）销售时已明示的临近保质期的商品、有瑕疵的商品。”

3. 退回商品的完好

消费者退回的商品应当完好。商品能够保持原有品质、功能，商品本身、配件、商标标识齐全的，视为商品完好。消费者基于查验需要而打开商品包装，或者为确认商品的品质、功能而进行合理的调试不影响商品的完好。对超出查验和确认商品品质、功能需要而使用商品，导致商品价值贬损较大的，视为商品不完好。具体判定标准如下：

（1）食品（含保健食品）、化妆品、医疗器械、计生用品：必要的一次性密封包装被损坏。

（2）电子电器类：进行未经授权的维修、改动，破坏、涂改强制性产品认证标志、指示标贴、机器序列号等，有难以恢复原状的外观类使用痕迹，或者产生激活、授权信息、不合理的个人使用数据留存等数据类使用痕迹。

（3）服装、鞋帽、箱包、玩具、家纺、家居类：商标标识被摘、标识被剪，商品受污、受损。

4. 价款的返还

消费者退回的商品完好的，网络商品销售者应当在收到退回商品之日起7日内向消费者返还已支付的商品价款。退款方式比照购买商品的支付方式。经营者与消费者另有约定的，从其约定。购买商品时采用多种方式支付价款的，一般应当按照各种支付方式的实际支付价款以相应方式退款。除征得消费者明确表示同意的以外，网络商品销售者不应当自行指定其他退款方式。消费者采用积分、代金券、优惠券等形式支付价款的，网络商品销售者在消费者退还商品后应当以相应形式返还消费者。对积分、代金券、优惠券的使用和返还有约定的，可以从其约定。退货价款以消费者实际支出的价款为准。套装或者满减优惠活动中的部分商品退货，导致不能再享受优惠的，根据购买时各商品价格进行结算，多退少补。

5. 运费的承担

退回商品的运费由消费者承担；经营者和消费者另有约定的，按照约定。消费者参加满足一定条件免运费活动，但退货后已不能达到免运费活动要求的，网络商品销售者在退款时可以扣除运费。

十、依法使用格式条款的义务

在现实交易中，许多经营者面对着许多同质化的交易对象，并且与其进行类型化的交易行为。为了降低成本、提高交易的效率，经营者往往事先拟订一种类型化的合同，规定交易双方的权利与义务，以及其他的一些与交易有关的事项，而拟定类型化合同的过程中并未与交易对象进行协商，此即格式条款。所谓格式条款，是指当事人为了重复使用而预先拟订，并在订立合同时未与对方协商的条款。在消费领域中，经营者往往借助于这种合同来与消费者展开交易。经营者使用格式条款必须严格遵守一定的条件。

（一）提请消费者注意格式条款的内容

经营者在经营活动中使用格式条款的，应当以显著方式提请消费者注意商品或者服务的数量和质量、价款或者费用、履行期限和方式、安全注意事项和风险警示、售后服务、民事责任等与消费者有重大利害关系的内容，并按照消费者的要求予以说明。一般来说，消费者并不会仔细阅读经营者所提供的冗长的、复杂的格式合同，为了体现公平，经营者应当提醒消费者注意那些与其利益有重大关系的条款，并向消费者就这些条款进行解释。

（二）格式合同的内容合法

经营者不得以格式合同、通知、声明、店堂告示等方式，作出排除或者限制消费者权利、减轻或者免除经营者责任、加重消费者责任等对消费者不公平、不合理的规定，不得利用格式条款并借助技术手段强制交易。凡是经营者采取以上形式的，都不得含有下列对消费者不公平、不合理的内容。

1. 排除或限制消费者权利

消费者权利是消费者依据消费者权益保护法及其他有关法律、法规而享有的法定权利，相对于经营者，消费者往往处于弱势地位。经营者如果通过格式条款等排除消费者所享有的权利，将会使消费者处于极为不利的境地，因此必须予以坚决禁止。具体来说，经营者不得通过格式条款排除或者限制消费者提出修理、更换、退货、赔偿损失以及获得违约金和其他合理赔偿的权利，不得排除或者限制消费者依法投诉、举报、提起诉讼的权利，也不得限制消费者依法变更或者解除合同的权利。

2. 减轻或免除经营者责任

经营者不得通过格式条款免除或者部分免除经营者对其所提供的商品或者服务应当承担的修理、重作、更换、退货、补足商品数量、退还货款和服务费用、赔偿损失等责任。

3. 加重消费者责任

有的经营者规定消费者购买商品以后，如果在一段时间内其市场价格上涨的话，则消费者应当补足差价，这实际上是将经营者应当承担的经营风险转嫁给了消费者；有的经营者规定在商品出现质量问题需要维修时，要求消费者承担运输费用；在网络购物中，有的经营者要求消费者先支付价款后发货；等等，这些规定都加重了消费者的责任，损害了消费者的利益，必须予以坚决禁止。

格式合同、通知、声明、店堂告示等含有上述所列内容的，其内容无效。

（三）不得利用格式条款并借助技术手段强制交易

有的经营者在向消费者提供商品或服务时，利用格式条款和技术手段强制消费者接受其不合理的条件，否则就拒绝提供商品或服务。例如，有的餐馆设有“最低消费”标准，或者不允许消费者自带酒水，即便允许消费者自带酒水，也强制向消费者收取一定的开瓶费或服务费。这都严重损害了消费者的利益。经营者不得利用格式条款，强制或者变相强制消费者购买和使用其提供的或者其指定的经营者提供的商品或者服务，对不接受其不合理条件的消费者拒绝提供相应商品或者服务，或者提高收费标准。

十一、尊重消费者的义务

经营者不得对消费者进行侮辱、诽谤，不得搜查消费者的身体及携带的物品，不得侵犯消费者的人身自由。

（一）不得侮辱、诽谤消费者

公民享有人格尊严不受侵犯的权利，这是我国《宪法》赋予公民的基本权利，任何人不得侵犯。由于经营者的素质参差不齐，在现实生活中，有一些经营者对消费者进行侮辱、谩骂，或者故意捏造并散布虚构的事实进行诽谤，公然贬低、损害消费者的人格，破坏消费者的名誉，给消费者造成了严重的身心伤害。对此必须予以坚决禁止。

（二）不得搜查消费者的身体及携带的物品

我国《宪法》第37条中明确规定：“禁止非法搜查公民的身体”。在我国，只有公安机关或者人民检察院在刑事侦查中才能对公民进行搜查，其他任何机关、单位和个人都无权对公民的人身和住宅进行搜查，而且公安机关、人民检察院在进行搜查时也必须遵循严格的法律程序，《刑事诉讼法》第136条至第140条对此作出了严格的限定。因此，任何经营者都不得对消费者的身体进行搜查，而消费者所携带的物品属于其个人财产，经营者亦无权进行搜查。在现实中，许多经营者，如超市，往往怀疑消费者偷窃商品而对其人身和所携带的物品进行非法搜查，这严重侵犯了消费者的人格尊严，必须坚决予以禁止。即便经营者确实有充分的理由证明消费者的偷窃行为，亦必须寻求公力救济，而不能私自进行搜查。

（三）不得侵犯消费者的人身自由

人身自由不受侵犯也是公民的一项基本权利。我国《宪法》第37条规定：“中华人民共和国公民的人身自由不受侵犯。任何公民，非经人民检察院批准或者决定或者人民法院决定，并由公安机关执行，不受逮捕。禁止非法拘禁和以任何方法非法剥夺或者限制公民的人身自由……”人身自由是公民享有其他权利的基本前提，经营者不得以任何理由限制消费者的人身自由。

十二、保护消费者个人信息的义务

在现实交易中，经营者往往需要收集消费者的一些个人信息，然而，这些被收集的信息往往被经营者滥用。消费者的个人信息是一种隐私，在当今信息越来越重要的时代，任何侵犯个人隐私的行为都会给当事人造成巨大的损失。经营者侵犯消费者个人信息的行为，会给消费者的人身、财产等造成损害，严重影响消费者正常的生活。为了更好地保护消费者的隐私，2013年修改《消费者权益保护法》时增加了1条，作为第29条，以强化经营者对消费者信息的保护义务。经营者保护消费者信息的义务主要包括以下几方面的内容。

（一）遵循合法、正当、必要的原则

经营者在提供商品或者服务时，可能需要向消费者收集有关的信息，如教育培训机构需要收集消费者的有关学历等方面的信息，从而根据消费者的具体情况来提供教育培训；旅店需要收集消费者的身份证号码、联系方式等信息，以便加强管理。经营者应依法、正当地收集、使用消费者的个人信息，不得采取任何非法的方式，不得将所收集的信息用作其他与该消费活动无关的用途；所收集和使用的信息必须是必要的，凡是不需要收集的信息，经营者不得要求消费者提供。另外，这种必要信息的收集应当以一种合理的方式进行，即要采用一种通常消费者可以接受的、便捷的方式，不给消费者带来不便和额外的支出。

（二）遵循公开的原则

经营者应当明示收集、使用信息的目的、方式和范围，以确保消费者能够据此决定是否提供个人的信息。应当公开其收集、使用规则，不得违反法律、法规的规定和双方的约定。经营者与消费者可就信息收集、使用的有关事项进行约定，如有约定的，经营者必须遵守。

（三）征得消费者同意

消费者有选择是否提供相关信息的权利，经营者不得强迫消费者提供，也不得在消费者不知情的情况下收集、使用有关信息。收集、使用消费者的个人信息，必须征得消费者同意。

（四）采取措施保护消费者信息

经营者及其工作人员对于收集的消费者的个人信息必须严格保密，不得泄露、出售或者非法向他人提供。经营者应当采取技术措施和其他必要措施确保信息安全，防止消费者个人信息的泄露、丢失。在发生或者可能发生信息泄露、丢失的情况时，应当立即采取补救措施。

（五）不得损害消费者的生活安宁权

经营者未经消费者同意或者请求，或者消费者明确表示拒绝的，不得向其发送商业性信息。经营者为了在竞争中争取更多的交易机会，往往通过各种方式向消费者传递信息，最常见的即为广告的方式。经营者有通过广告来向消费者介绍自己商品和服务的自由，但消费者也有不接受这些信息的权利。广告已经渗透到生活的各个方面，有的经营者选择直接向特定的消费者进行广告宣传，如向消费者发送电子邮件、短信息或者快件等，这些商业信息很多是未经消费者同意或者在消费者明确拒绝后仍然发送的，这侵犯了消费者的选择权，也影响了消费者的

生活安宁。经营者利用互联网及移动网等通信网络、邮件、快件和电子邮件、短信息服务等方式传播广告或者商业信息，应当符合国家有关规定，并明示拒绝的途径，消费者明确拒绝的，不得继续发送。

第四节　消费争议解决机制与法律责任

一、消费争议解决机制

根据《消费者权益保护法》第 39 条的规定，消费者和经营者发生消费者权益争议的，可以通过下列途径解决：与经营者协商和解；请求消费者协会或者依法成立的其他调解组织调解；向有关行政主管部门投诉；根据与经营者达成的仲裁协议提请仲裁机构仲裁；向人民法院提起诉讼。

（一）与经营者协商和解

消费者购买商品后，发现商品的质量不合格，或者在接受服务时，对服务质量、态度不满意，可以直接与经营者进行交涉，说明情况，提供证据，表明态度，友好协商，提出合理要求，促使纠纷及时解决。

（二）请求消费者协会或者依法成立的其他调解组织调解

消费者协会和其他消费者组织是依法成立的对商品和服务进行社会监督的保护消费者合法权益的社会组织。当自身权益受到侵害时，消费者可以请求消费者协会或者依法成立的其他调解组织，在调查事实的基础上进行调解。

（三）向有关行政主管部门投诉

消费者在合法权益受到侵害后，也可以向市场监督管理、物价、卫生等相关行政主管部门投诉，这些行政主管部门可以在其职责范围内，依据有关法律规定，作出相应的处理，保护消费者的合法权益。

（四）根据与经营者达成的仲裁协议提请仲裁机构仲裁解决

仲裁是指纠纷当事人双方自愿将消费争议提交仲裁机构作出裁决的准司法活动。消费争议仲裁的一个前提条件是，双方在购买商品或服务的合同里约定了仲裁条款，或者事后双方达成书面仲裁协议。

（五）向人民法院提起诉讼

诉讼是消费者提请人民法院通过司法审判程序解决消费争议的司法救济途径，是维护消费者利益的最后保障。当权益受到严重侵害，甚至人身和重大财产受到侵害时，消费者可以向人民法院提起诉讼，请求法律保护。对于侵害众多消费者合法权益的行为，中国消费者协会以及在省、自治区、直辖市设立的消费者协会，可以向人民法院提起诉讼。

二、消费者权益保护法律责任

根据违法行为性质的不同，消费者权益保护法律责任包括民事责任、行政责任和刑事责任等。

（一）民事责任

1. 关于侵犯人身权方面的规定

（1）经营者造成人身伤害的赔偿责任规定。

《消费者权益保护法》第 49 条规定："经营者提供商品或者服务，造成消费者或者其他受害人人身伤害的，应当赔偿医疗费、护理费、交通费等为治疗和康复支出的合理费用，以及因误工减少的收入。造成残疾的，还应当赔偿残疾生活辅助具费和残疾赔偿金。造成死亡的，还应当赔偿丧葬费和死亡赔偿金。"经营者的责任形式主要是赔偿损失，其赔偿对象有两类：消费者与其他受害人。其他受害人是指不是购买、使用商品或服务的消费者，而是在事故现场出现而受害的第三人。

经营者的赔偿范围包括以下方面：

1）医疗费。一般是指因直接治疗伤害而支出的必要医疗费用，包括诊查费、医药费、治疗费、住院费、手术费等。这些费用一般应以所在地治疗医院的诊断证明、医疗费、住院费的单据为凭。医疗费是治疗消费者或其他受害人伤势而必需的，如果消费者或其他受害人私自购买与治疗无关的药品、营养品，将不受赔偿。尚需继续治疗的费用，经有关医疗机构证明，也可予以一次性给付。

2）治疗期间的护理费。这是指消费者或其他受害人因伤势严重无法自理时必须有专人护理所花费的费用。专人护理是否需要，由医院视病人病情决定。护理人可以是受害人的亲属，或雇人护理。护理费包括：雇人护理的费用、护理人的误工补助等。护理人的误工补助可以按收入的实际损失计算，应得奖金一般可以计算在应赔偿的数额内。护理人没有工资收入的，其补偿标准应以当地的一般临时工的工资标准为限。

3）因误工减少的收入。这是指消费者或其他受害人因伤不能工作、劳动、经营而无法得到的收入。消费者或其他受害人的误工日期，应按其实际损害程度、恢复状况并参照治疗医院出具的证明或者法医鉴定等认定。赔偿费用的标准，可以按消费者或其他受害人的工资标准或者实际收入的数额计算。如果消费者或其他受害人是承包经营户或个体工商户的，其误工费的计算标准，可以参照一定期限内的平均收入酌定。

如果经营者造成消费者或其他受害人残疾的，还应支付残疾者生活辅助具费和残疾赔偿金。

1）残疾者生活辅助具费。这是指消费者或其他受害人因身体某一部位或某一器官遭受严重伤害而永久性地丧失正常功能，为日常生活而必须购买一定辅助器具的费用，比如助听器、轮椅、义肢等。

2）残疾赔偿金。根据《消费者权益保护法》的规定，只要造成消费者或其他受害人残疾，就应支付残疾赔偿金，数额视残疾轻重程度而不同。

（2）经营者造成死亡的赔偿责任规定。

此种情形下，经营者的责任形式仍是赔偿损失，赔偿对象仍为消费者和其他受害人。经营者的赔偿范围包括丧葬费和死亡赔偿金。丧葬费是指安葬死者需支付的费用，如火葬费等。死亡赔偿金的支付具有对死者亲属的安慰性质，其数额可由经营者与消费者和其他受害人协商，协商不成的，可由民政部门、法院等处理。

（3）经营者侵犯名誉权与人身自由的民事责任规定。

名誉权、人格尊严与人身自由也是消费者人身权的组成部分，经营者侵犯了消费者的这些权益，也应承担民事责任。《消费者权益保护法》第27条规定："经营者不得对消费者进行侮辱、诽谤，不得搜查消费者的身体及其携带的物品，不得侵犯消费者的人身自由。"第50条规定："经营者侵害消费者的人格尊严、侵犯消费者人身自由或者侵害消费者个人信息依法得到保护的权利的，应当停止侵害、恢复名誉、消除影响、赔礼道歉，并赔偿损失。"停止侵害是指经营者停止其对消费者人格尊严、人身自由侵害的行为，如侮辱、搜身等。恢复名誉、消除影响是经营者应澄清事实，消除其行为给消费者名誉造成的不良影响的责任形式。赔礼道歉是经营者向消费者承认错误，表示歉意的责任形式。

《消费者权益保护法》第51条规定："经营者有侮辱诽谤、搜查身体、侵犯人身自由等侵害消费者或者其他受害人人身权益的行为，造成严重精神损害的，受害人可以要求精神损害赔偿。"经营者提供商品或者服务，侵害消费者人格尊严或者人身自由，给消费者造成社会评价降低或者思想情感创伤的，应当承担精神损害赔偿责任。

2. 关于侵犯财产权方面的规定

（1）经营者造成消费者财产损害的民事责任形式。

《消费者权益保护法》第52条规定："经营者提供商品或者服务，造成消费者财产损害的，应当依照法律规定或者当事人约定承担修理、重作、更换、退货、补足商品数量、退还货款和服务费用或者赔偿损失等民事责任。"

1）修理是指经营者按消费者的要求将有瑕疵的商品修复为合乎合同或消费者要求或者有关标准的行为。修理费用应由经营者承担。

2）重作是指经营者按消费者的要求重新制作应当交付的商品的责任形式。这一责任形式适用于商品是应消费者特定要求制作的，不重作将无法满足消费者的要求，消费者也没有通过其他方式和商品来满足需求的可能。

3）更换是指经营者按照消费者的要求，将未达到消费者要求标准的商品替换为合格的同类、同样商品的责任方式。

4）退货是指消费者将不合乎要求的商品退还给经营者，经营者收回商品的行为。退货一般在修理、更换、重作达不到消费者要求或无法进行时适用。当然，经营者退货后，还应赔偿对消费者所造成的损失。

5）补足商品数量是指经营者补足提供给消费者的商品应该交付而未交付的数量的责任形式。

6）退还货款或服务费用是指经营者将收取的消费者的货款或服务费退还给消费者。这在消费者与经营者有合同时经营者因严重违约应承担的责任。

7）赔偿损失是指经营者赔偿给消费者造成的财产损失。财产损失是指全部的实际损失，包括消费者财产的直接减少和失去的可得利益。《民法典》第584条规定："当事人一方不履行合同义务或者履行合同义务不符合约定，造成对方损失的，损失赔偿额应当相当于因违约所造成的损失，包括合同履行后可以获得的利益；但是，不得超过违约一方订立合同时预见到或者应当预见到的因违约可能造成的损失。"

（2）经营者违反以预收款方式提供服务或商品义务的责任规定。

《消费者权益保护法》第53条规定："经营者以预收款方式提供商品或者服务的，应当按照约定提供。未按照约定提供的，应当按照消费者的要求履行约定或者退回预付款；并应当承担预付款的利息、消费者必须支付的合理费用。"

（3）经营者提供不合格商品的退货责任规定。

《消费者权益保护法》第54条规定："依法经有关行政主管部门认定为不合格的商品，消费者要求退货的，经营者应当负责退货。"所谓不合格商品，是指商品存在危及人身、财产安全的不合理的危险；不符合有关保障人体健康和人身、财产安全的国家标准、行业标准；不具备商品应当具有的使用性能；不符合在商品或包装上注明采用的产品标准，不符合以产品说明、实物样品等方式表明的质量状况。不合格商品又可分为处理品和劣质品两类。前者虽然不符合应当达到的质量要求，但是不存在危及消费者人身、财产安全的危险，具有一定的使用价值，其可以在标明"处理品"等字样后降价销售；后者是指产品质量不符合安全、卫生标准的要求，存在危及消费者人身、财产安全的危险，或者失去了产品应当具备的使用性能，其不得销售，更不得冒充合格品销售。依法经有关行政主管部门认定为不合格的商品，若消费者提出退货的要求，经营者就应当予以退货，而不论经营者对此有无过错。这也体现了严格责任原则。

3. 惩罚性赔偿制度

惩罚性赔偿制度是在补偿性损害赔偿金制度外，为惩罚侵权人的不法行为以及威吓侵权人或他人于将来从事相类似不法行为，判定侵权人另外支付赔偿金额的一种法律制度。根据惩罚性赔偿制度，当侵权行为人恶意实施该行为，或对行为有重大过失时，以对行为人实施惩罚和追求一般抑制效果为目的，法院在判令侵权人支付通常赔偿金的同时，还可以判令侵权人支付高于受害人实际损失的赔偿金。

我国《消费者权益保护法》规定，经营者提供商品或者服务有欺诈行为的，应当按照消费者的要求增加赔偿其受到的损失，增加赔偿的金额为消费者购买商品的价款或者接受服务的费用的3倍，增加赔偿的金额不足500元的，为500元。法律另有规定的，依照其规定。该项条款适用于经营者有欺诈行为的情况，需要消费者提出要求，实行先赔偿再加3倍计算的原则。

《消费者权益保护法》第55条第2款规定："经营者明知商品或者服务存在缺陷，仍然向消费者提供，造成消费者或者其他受害人死亡或者健康严重损害的，受害人有权要求经营者依照本法第四十九条、第五十一条等法律规定赔偿损失，并有权要求所受损失二倍以下的惩罚性赔偿。"

4. 民事赔偿优先原则

民事赔偿优先原则是指根据法律规定，在同一行为应当承担民事赔偿责任和缴纳罚款行政责任、缴纳罚金刑事责任的情形之下，当侵权人的财产不足以支付全部责任款项时，应先承担侵权造成的民事赔偿责任。

一般来说，基于同一法律事实或法律行为产生的民事责任与行政责任、刑事责任可以并存。当然，责任形式的聚合适用可能会发生冲突，典型的情形就是几种法律责任都针对违法主体的财产作出，但违法主体的责任财产不足以承担所有的法律责任，此时便产生了优先顺序的问题。民事赔偿优先原则是各国在处理此类情形时公认的原则。

我国《侵权责任法》（2021年1月1日《民法典》施行后，该法废止）规定了民事赔偿优先原则，因同一行为应当承担侵权责任和行政责任、刑事责任，侵权人的财产不足以支付的，先承担侵权责任。这是我国民事法律对民事赔偿优先原则的确立。我国《消费者权益保护法》第58条规定："经营者违反本法规定，应当承担民事赔偿责任和缴纳罚款、罚金，其财产不足以同时支付的，先承担民事赔偿责任。"

（二）行政责任

1. 行政责任的构成要件

根据《消费者权益保护法》，经营者在下列情形下，应当承担相应的行政责任：

（1）经营者提供的商品或服务存在瑕疵。例如，提供的商品或者服务不符合保障人身、财产安全要求；在商品中掺杂、掺假，以假充真，以次充好，或者以不合格商品冒充合格商品；生产国家明令淘汰的商品或者销售失效、变质的商品；伪造商品的产地，伪造或者冒用他人的厂名、厂址，篡改生产日期，伪造或者冒用认证标志等质量标志；销售的商品应当检验、检疫而未检验、检疫或者伪造检验、检疫结果。

（2）经营者侵害消费者人格尊严、侵犯消费者人身自由或者侵害消费者个人信息依法得到保护的权利。

（3）经营者特定的作为或不作为构成违法。例如，对商品或者服务作虚假或者引人误解的宣传；拒绝或者拖延有关行政主管部门责令对缺陷商品或者服务采取停止销售、警示、召回、无害化处理、销毁、停止生产或者服务等措施；对消费者提出的修理、重作、更换、退货、补足商品数量、退还货款或服务费用或者赔偿损失的要求，故意拖延或者无理拒绝；拒绝、阻碍有关行政主管部门工作人员依法执行职务，未使用暴力、威胁方法，等等。

2. 行政责任的承担方式

根据《消费者权益保护法》的规定，经营者行政责任的承担方式主要包括以下几种：

（1）责令改正。责令改正不以主观过错为归责要件，也不考虑除行为违法外的其他因素，只要行为具有违法性，行政执法机构便应责令改正。这体现了行政处罚法中处罚与教育相结合的原则。

（2）没收违法所得与罚款。没收违法所得与罚款都以行为违法为归责要件，且均不要求行为主体的主观过错。有违法所得的，没收违法所得，并处以违法所得1倍以上、10倍以下罚款。没有违法所得的，处以50万元以下的罚款。其中，认定违法所得的基本原则是，以当事人违法生产、销售商品或者提供服务所获得的全部收入扣除当事人直接用于经营活动的适当的合理支出，为违法所得。违法生产商品的违法所得，按违法生产商品的全部销售收入扣除生产商品的原材料购进价款计算。违法销售商品的违法所得，按违法销售商品的销售收入扣除所售商品的购进价款计算。违法提供服务的违法所得，按违法提供服务的全部收入扣除该项服务中所使用商品的购进价款计算。

（3）责令停业整顿与吊销营业执照。责令停业整顿与吊销营业执照属于能力罚，是一种限制或剥夺相对人特定行为能力或资格的、比较严厉的处罚方式。其目的在于为制止、威慑违法行为提供足够的保障，适用范围相对狭窄，且均以行为违法和情节严重为归责要件。

（三）刑事责任

《消费者权益保护法》第57条规定："经营者违反本法规定提供商品或者服务，侵害消费者合法权益，构成犯罪的，依法追究刑事责任。"第60条规定："以暴力、威胁等方法阻碍有关行政部门工作人员依法执行职务的，依法追究刑事责任。"第61条规定："国家机关工作人员玩忽职守或者包庇经营者侵害消费者合法权益的行为的，由其所在单位或者上级机关给予行政处分；情节严重，构成犯罪的，依法追究刑事责任。”我国《刑法》具体规定了侵害消费者权益的相关犯罪类型与构成要件。

本章小结

1. 保护消费者权益的问题起源于市场经济条件下消费者权益的被侵害。

2. 消费者权益保护法的实质，是国家运用其强制力量敦促生产经营者在向社会提供商品或服务时自觉地维护消费者的权益，同时，也赋予消费者维护自身利益的相关权利。

3. 由于消费者权益保护法是国家“公权力”作用的产物，因此，它属于经济法的范畴。正因为如此，消费者权益保护法奉行特别保护原则，国家支持原则，社会监督原则，公平、信用原则。

4. 我国《消费者权益保护法》规定了消费者在其消费过程中的权利，同时，相对应规定了生产经营者的义务。

5. 根据《消费者权益保护法》的规定，我国设立了消费者协会或其他消费者权益保护机构，以维护消费者的合法权益。

6. 消费者权益受到侵害时，消费者依法可以通过法定途径保护自身权益，生产经营者将依法承担相应的法律责任。

关键概念

消费　　消费者　　消费者运动
消费者的权利　　经营者　　经营者的“三包义务”
消费者协会　　惩罚性赔偿　　举证责任倒置

思考题

1. 简述消费者权益保护法的发展历史及社会意义。
2. 简述消费者权益保护法与国家经济秩序的关系。
3. 简述消费者在消费过程中的法定权利。
4. 简述生产经营者提供商品与服务的法定义务。
5. 简述消费纠纷的解决途径及其法律效力。
6. 简述消费者协会的设立及职责权限。

第六章 产品质量法律制度

本章导读

在现代市场经济条件下，产品质量问题涉及人们的生命健康与安全，同时也涉及市场竞争秩序的稳定。因此，现代各国均对产品质量问题给予高度关注并运用法律的手段将其纳入法律调整的范围。在学习产品质量法律制度时，应注意理解国家关于产品质量的规范取决于国家当时的经济发展状况以及法制的背景，结合竞争法律制度、消费者权益保护法律制度的有关内容予以全面掌握。

第一节 产品质量法概述

一、产品与产品质量

产品是指人们运用劳动手段对劳动对象进行加工而成的，用于满足人们生产和生活需要的物品。产品质量法中的“产品”仍属于一般意义上的产品，但又具有一定历史时代的经济特性和法律特征。

产品质量法律制度中的产品，是指商品经济社会中用作商品交换关系客体的，并且由有关国家法律予以明确界定的产品，实质上即商品。产品质量法律制度中的产品具有以下特征：一是经济特征。商品经济社会中由经营者加工，销售给用户、消费者的产品，只能来自经营者，存在于经营者与用户、消费者双方构成的商品关系之中，只存在于商品社会之中。二是法律特征。产品质量法中的产品是与产品责任法律制度同步出现的，是由产品质量法律制度明确界定其内涵与外延的。因此，此种产品只能指由国家法律确定的一定范围和类别的产品。

我国《产品质量法》第 2 条规定，“本法所称产品是指经过加工、制作，用于销售的产品。建设工程不适用本法规定”。可见，我国《产品质量法》所确定的产品，是指经过加工、制作，用于销售的动产，不包括不动产。

产品质量是指产品符合人们需要的内在素质与外观形态的各种特性的综合状态。产品质量应与法律联系起来，即指由国家的法律、法规、质量标准等所确定的或由当事人在合同中所约定的有关产品适用、安全、外观等诸种特性的综合。它是经济概念、技术概念，也是法律概念、法学概念。

在市场经济条件下，经营者是为了他人需求而生产，产品质量的提高需要经营者投入较多的成本，其效益也要经过很长一段时间才能显示出来，因此，经营者受经济利益的驱动，很容易忽视产品的质量问题。但是，产品质量问题又与消费者的利益息息相关，因此，国家就必须通过适当的手段加强对经营者产品质量的监督，显然，法律手段又是其中最重要、最有效的手段。

产品质量的内容随经济、科技的发展以及人们需要的变化而不断丰富和发展。大体上说，产品质量分使用价值和价值两个方面，具体来说，包括产品的性能、适用性、安全性、耐用性、可靠性、经济性、卫生性等方面。产品质量问题大体上可分为产品不适用和产品不安全两大类。

二、产品质量法的概念

产品质量法，是指为了调整产品的生产与销售，以及对产品质量进行监督管理过程中所形成的社会关系，而由国家制定的法律规范的总称。也就是说，广义上的产品质量法，并不是仅指冠以“产品质量法”名称的一部法律规范，而是包括了关于产品质量监督管理、产品质量责任、产品质量损害赔偿和处理产品质量争议等方面内容的一系列法律规范和法律规定。

产品质量法是一个新兴的法律部门。在市场经济比较发达的工业国家，产品质量法以产品责任立法为主，始于 1842 年的英国温特博特姆诉赖特的产品质量一案，已经历了近 180 年。不过，由于产品质量纠纷一直是按照当事人之间的合同关系来进行处理的，因此，西方国家的产品质量法律制度主要属于民事法律的范畴。到了 20 世纪 60 年代，西方几个主要的市场经济国家开始实行无过错责任制度，从此，产品质量的法律制度建设被纳入现代经济法的范畴。它不仅规定了受害者与产品提供者之间的侵权责任或者违约责任，而且也对由产品质量引起的竞争问题、社会秩序的维护问题、政府对产品质量的监督管理问题等进行规范。

我国一直很重视产品的质量，为此曾先后颁布过一系列有关产品质量的法规。但这些法规多为单行法规，缺乏一部对与产品质量有关的生产、经营、管理、监督等过程和关系进行全面系统规制的基本法律。1993 年 2 月 22 日第七届全国人大常委会第三十次会议通过了《中华人民共和国产品质量法》（以下简称《产品质量法》），2000 年、2009 年、2018 年对该法进行了修正。《产品质量法》是在社会主义市场经济体制的基础上制定的，它适应了世界性产品质量法律制度的发展趋势，将产品（即商品）的管理监督与产品的质量责任结为一体；将产品质量的事前监督、事中监督和事后监督统一起来；将立法重点移向“防患于未然”，而非仅“治于已然”。这些都使我国的产品质量立法既借鉴国外产品责任理论，又总结我国产品质量立法经验，成为一部比较先进的和现代化的产品质量法。以该法为产品质量法律制度的基本法，结合一切有关产品质量的法律、法规、规章、标准，形成了我国比较系统、完备的产品质量法律体系。

我国《产品质量法》是产品质量管理法和产品责任法的统一体，具有以下基本特点：

第一，治理综合化。我国《产品质量法》要求动员国家、社会、企业、个人等一切力量，进行全方位的综合治理，并综合运用民事、行政、刑事等多种法律手段，解决产品质量问题。

第二，管理系统化。从产品的生产，到产品的运输、保管、销售等各个环节，《产品质量法》予以系统的管理和监督，努力保证产品质量，减少产品质量问题的发生，最大限度地保护用户、消费者利益。

对于产品质量的系统管理应明确把握两点：一是国家主要以法律手段、经济手段对企业的产品质量进行管理和监督，不排斥必要的行政手段，但不应过多插手企业的具体经营事宜。二是系统管理不应只理解为由国家进行管理、监督。管理系统也包括企业自身，它是产品质量管理的基础。

第三，功能社会化。我国的《产品质量法》既明确产品责任，保护用户、消费者的利益，又维护社会经济秩序和社会利益，将对社会个体利益的保护和对社会整体利益的保护协调结合起来，从而体现了经济法律的社会调整功能。

从《产品质量法》的立法宗旨、内容、特性及所体现的现代经济立法趋势看，它不属于传统的私法，而应属于经济法体系。

三、《产品质量法》的适用范围和调整对象

法的适用范围即调整范围，指法的对人效力（主体）、空间效力、客体范围等。《产品质量法》第2条确定了该法调整的范围。

（一）关于主体的界定

《产品质量法》的主体包括以下几个：一是生产者、销售者。在中华人民共和国境内从事产品生产、销售活动的组织和个人，包括内资企业、外资企业、合营企业和合作企业，都必须遵守《产品质量法》的规定。二是用户、消费者。三是国家质量管理监督机关。

（二）关于客体的界定

按照《产品质量法》第2条的规定，凡是经过加工制作、用于销售的产品，都属于《产品质量法》的客体。但是，下列产品除外：建设工程、军工产品、初级产品。对于初级产品是否适用《产品质量法》，该法未明确规定。

（三）关于调整的范围

《产品质量法》所调整的社会关系包括：一是生产者、销售者与用户、消费者的关系。这是《产品质量法》所调整的产品质量责任关系，是指生产者、销售者与用户、消费者在产品质量方面的权利和义务以及由此产生的法律责任等方面的关系。二是市场监督管理部门与生产者、销售者的关系。市场监督管理部门与生产者、销售者的关系，是一种管理监督关系，它是指各级市场监督管理部门与生产者、销售者之间在产品质量监督管理过程中发生的管理与被管理关系，从性质上来说属于一种行政关系。三是生产者、销售者之间及其与其他经营者之间的关系。

第二节　产品质量的管理与监督

一、产品质量监督管理体制

《产品质量法》第 2 章主要规定了国家对产品质量的监督管理。但从产品质量法体系看，必须加强企业对产品质量的全方位、全过程的管理和监督，实行全面质量管理，同时，应强调社会监督，包括用户、消费者的监督。

《产品质量法》第 8 条规定了我国产品质量监督管理体制。全国的产品质量监督工作由国务院市场监督管理部门负责；国务院有关部门、县级以上地方市场监督管理部门以及县级以上地方人民政府有关部门，负责各自职责范围内的产品质量监督工作。

二、产品质量管理制度

产品质量管理制度，是国家为了普遍提高产品质量的水平，防止不符合质量要求的产品流入市场而损害消费者的利益，对产品的生产、流通等进行宏观管理的法律制度。

（一）企业质量体系认证制度

国家根据国际通用的质量管理标准，推行企业质量体系认证制度。企业根据自愿原则可以向国务院市场监督管理部门认可的或者国务院市场监督管理部门授权的部门认可的认证机构申请企业质量体系认证。经认证合格的，由认证机构颁发企业质量体系认证证书。企业质量体系认证的意义在于：对内，可以加强企业内部质量管理，实现质量目标，创优质产品；对外，可以提高企业质量信誉。对于这一制度的理解，要注意以下几个方面的问题：（1）企业质量认证是企业自愿申请，由国家认证机构予以审查、确认的一项质量管理制度。（2）企业质量体系是足以影响企业产品质量的各个环节、各种因素的统一体。（3）企业质量体系认证的依据是认证机构开展质量认证所采用的标准。我国认证机构采用国际通用的质量管理标准。（4）获得企业质量体系认证的企业，并不等于获得产品质量认证，因而不得在其产品上使用产品质量认证标志。但在申请产品质量认证时可免除对企业质量体系认证的检查。

（二）产品质量认证制度

产品质量认证是依据产品标准和相应技术要求，经认证机构确认并通过颁发证书和认证标志，以证明企业某一产品符合相应标准和相应技术要求的活动。经认证合格的，由认证机构颁发产品质量认证证书，并准许企业在产品或者其包装上使用产品质量认证标志。通过产品质量认证，可以促使经营者严格按照标准进行设计、生产，从而保证产品的质量，并通过评优等方式鼓励经营者不断提高产品质量。同时，产品质量认证书的颁发和认证标志的使用，还可以使消费者明确了解产品的质量状况，在购买时作出正确的判断和选择。

国务院于 1991 年颁布了《中华人民共和国产品质量认证管理条例》；2003 年颁布《中华人

民共和国认证认可条例》，同时废止了《中华人民共和国产品质量认证管理条例》，2016 年予以修改。

（三）生产许可证制度

对商品或者服务的生产经营活动实行许可证管理，是各国普遍采用的一种管理手段。许可证管理的主要作用在于两个方面：一是保证经济结构的合理，即通过许可证的颁发控制某种产品的生产、经营或者进口，从而在宏观上保持合理的国民经济结构；二是保障产品的质量，即通过许可证制度管理，可以保证从事某种产品生产的经营者具备必要的生产经营条件，从而保障消费者的安全。

许可证管理制度主要包括两个方面：一是对于特定产品经营的许可证制度。凡生产经营国家实行许可证管理的商品的经营者，都必须首先取得生产经营许可证，如食品、药品的生产经营。二是对产品质量的许可证管理。对实行质量许可证管理的产品，只有在取得质量许可证之后才能进行销售或者进口。如《进口商品质量监督管理办法》规定，国家对涉及安全的产品实行进口商品质量许可制度，凡属于法律规定范围内的产品，必须事先经商检机构和有关监督、检验机构进行检验和考核，经检验和考核合格的，才准予进口。

（四）标准化制度

标准化管理是国家对产品质量进行全面监督管理的重要手段，也是保障消费者安全的重要途径。一方面，通过各种强制性标准的制定和实施，对经营者提出基本的产品质量要求，强迫经营者必须达到这一要求，从而防止损害消费者事件的发生；另一方面，通过各种推荐性标准和团体标准的制定、推广，向经营者提出更高的要求，促使经营者不断进行技术革新，提高产品质量，从而推动我国产品质量的普遍提高。

标准是经济活动中通用的技术依据，属于技术性规范。标准一旦为国家制定、颁布和认可，就上升为法律规范，具有普遍的约束力。根据标准的制定者与适用范围的不同，标准一般可分为国家标准、行业标准、地方标准、企业标准、团体标准和国际标准。国家标准是由国家技术监督部门统一制定的，在全国范围内普遍适用。行业标准是指行业主管部门在没有国家标准的情况下制定的标准，在某一行业内普遍适用，一旦制定了国家标准，相应的行业标准就自动废止。地方标准是省级地方标准化部门在没有国家标准和行业标准的情况下制定的适用于本地区的标准，在国家标准或者行业标准制定后，相应的地方性标准也自动废止。企业标准是企业制定的仅适用于该企业的标准，在没有国家标准、行业标准的情况下，企业应当制定标准；在已有国家标准、行业标准的情况下，企业也可以制定严于国家标准和行业标准的企业标准。国家鼓励社会团体协调相关市场主体共同制定满足市场和创新需要的团体标准。国际标准是由国际标准化组织制定的，一般不具有直接的强制效力，由各国通过国内法将国际标准转化为国内标准或者直接采用。我国鼓励积极采用国际标准。根据标准的效力强度，标准又可以分为强制性标准和推荐性标准。强制性标准是指国家标准中具有强制实施效力的标准。推荐性标准一般不具有强制实施的效力，推荐有关企业采用。

（五）计量制度

计量，是指用确定的某种事物的特定量与同类事物的未知量进行比较，从而确定该未知量的活动。统一、准确的计量标准和规范的计量行为，是经济生活得以顺利进行的基本前提。

计量法律制度的基本功能，在于实现计量单位的统一，确保计量器具量值的准确，实现计量行为的规范化。

三、产品质量监督制度

产品质量监督，从广义上讲，是国家、社会、用户、消费者以及企业自身等，对产品质量和产品质量认证体系所做的检验、检查、评价、措施等一系列活动的总称。从狭义上讲，是指国家有关机关对产品质量的监督检查。由国家机关对产品质量进行监督检查，可以督促经营者贯彻执行有关产品质量的法律法规，执行产品的技术标准，提高产品的质量。

产品质量监督可分三种基本形式和途径：

第一种是企业监督。企业监督，是指企业内部自检和互检，包括劳动者自检、生产过程互检和专职检验。

第二种是社会监督。社会监督包括用户、消费者监督，社会组织监督，新闻媒介监督等。

第三种是国家监督。国家监督包括专职监督和综合监督。国务院市场监督管理部门和地方各级市场监督管理部门具体负责产品质量的监督管理。

根据《产品质量法》的规定，国家监督的重要形式之一是国家监督抽查制度。国家监督抽查制度的任务和目的在于通过对产品质量进行监督抽查，提高生产者、销售者的质量意识，督促企业不断改进和提高产品质量，保护用户、消费者合法权益，维护社会经济秩序。国家监督抽查的范围包括：(1) 可能危及人体健康和人身、财产安全的产品；(2) 影响国计民生的重要工业品；(3) 消费者、有关组织反映有质量问题的产品。监督抽查的方式：由国务院市场监督管理部门规划和组织，按季抽查和不定期抽查。县级以上地方市场监督管理部门在本行政区域内也可以组织监督抽查。抽样检查时事先不通知企业，监督抽查不向企业收费。因此，国家监督检查制度具有权威性、突击性、随机性、公开性、公正性的特点。

国家监督抽查是一种扶优治劣的措施。通过监督抽查，产品质量合格的向社会公开，可享受优惠待遇。产品质量不合格的，由实施监督抽查的市场监督管理部门责令生产者、销售者限期改正，逾期不改正的，由省级以上人民政府市场监督管理部门予以公告；公告后经复查仍不合格的，责令停业，限期整顿；整顿期满后经复查产品质量仍不合格的，吊销营业执照。监督抽查的产品有严重的质量问题的，按照《产品质量法》第 5 章的规定进行处罚，追究企业和有关人员的行政、刑事责任。对依法进行的产品质量监督抽查，生产者、销售者不得拒绝。

第三节　生产者与销售者的产品质量责任和义务

一、生产者的产品质量责任和义务

我国《产品质量法》规定的生产者、销售者的产品质量责任与义务，是在正面意义上使用责任这个概念的，它既规定了生产者、销售者对用户、消费者的义务，也规定了他们对国家、对社会的责任。

生产者产品质量责任与义务包括下列几方面的内容。

（一）产品质量符合法定要求

这一法定要求包含的内容有：

一是产品不存在危及人身、财产安全的不合理危险，有保障人体健康和人身、财产安全的国家标准、行业标准的，应当符合该标准。这是要求生产者不得生产“缺陷”产品。缺陷产品不同于下面所说的“瑕疵产品”，是具有“不合理危险”，或不符合保障安全的国家标准、行业标准的产品。由于人们认识能力的局限，对有一些产品潜在的缺陷是不可能完全认识的，因而，各国的产品质量法只规定了“不合理的危险”。所谓“不合理的危险”，通常是指生产者在采取了谨慎的措施后可以避免的危险。可以肯定的是，凡是不符合保障人体健康和人身、财产安全的国家标准、行业标准的，都应当认为具有“不合理的危险”。

二是具备产品应当具备的使用性能，但是，对产品存在使用性能的瑕疵做出说明的除外。这是要求生产者应当履行约定的或者法定的质量瑕疵担保义务。保证产品使用性能，是最一般最基本的义务要求。但是，对“瑕疵”产品做出明确说明的，可以除外。也就是说，如果生产者已经就该产品的质量瑕疵做出明示说明，可以不承担质量瑕疵的义务。不过，应当注意的是，对于“缺陷产品”，没有“说明即可除外”的情况，即对于缺陷产品，即使有明示的说明，也不能免除该责任。

三是符合产品或其包装上注明采用的产品标准，符合以产品说明、实物样品等方式表明的质量状况。

以上三项是法律对生产者产品质量的要求，是法定的、强制性的要求，必须同时做到，不可或缺。

（二）产品包装标识必须真实并符合法定要求

这一要求包含的内容有：（1）有产品质量检验合格证明；（2）有中文标明的产品名称、生产厂的厂名和厂址；（3）根据产品的特点和使用要求，需要标明产品规格、等级、所含主要成分的名称和含量的，用中文相应予以标明，需要事先让消费者知晓的，应当在外包装上标明，或者预先向消费者提供有关资料；（4）限期使用的产品，应当在显著位置清晰地标明生产日期和安全使用期或者失效日期；（5）使用不当，容易造成产品本身损坏或者可能危及人身、财产安全的产品，应当有警示标志或中文警示说明。

这一规定是对所有产品的包装标识的要求，违反上述义务的，可能构成瑕疵产品，或者构成缺陷产品。

但并非所有产品的包装均须同时符合以上五项要求，裸装食品和难以附加标识的裸装产品可以不附加产品标识。

（三）特殊产品包装符合要求

特殊产品，是指《产品质量法》第 28 条所列举的易碎、易燃、易爆、有毒、有腐蚀性、有放射性等危险物品以及储运中不能倒置和其他有特殊要求的产品。这些特殊产品的包装必须符合相应要求，依照国家有关规定做出警示标志或中文警示说明，标明储运注意事项。

（四）不得违反《产品质量法》的禁止性规定

生产者违反下列禁止性规定，不仅要对用户、消费者承担违约责任、产品责任，而且还要向国家承担行政责任或刑事责任：

一是生产者不得生产国家明令淘汰的产品。国家明令淘汰的产品，有的是危害社会整体利益的，如浪费资源、能源的产品，污染环境的产品；有的是威胁或危及社会个体人身健康和财产安全的产品，如一些具有潜在危险的药品，由国家行政机关按照一定的方式和程序予以宣告，禁止生产和销售。国家明令淘汰，是国家以明确的意志公开宣告的一种宏观调整和微观禁止的举措，具有普遍的约束力，生产者必须严格遵守，不得违反，违者将依法追究责任。

二是生产者不得伪造产地，不得伪造或冒用他人的厂名、厂址。产品的产地、厂名、厂址，从一定的意义上说是与产品的质量联系在一起的，并具有质量证明的作用。因此，禁止在甲地生产的产品而标注乙地地名的欺骗性行为，禁止非法制作或者冒用他人的厂名、厂址的侵权行为。

三是生产者不得伪造或者冒用认证标志、名优标志等质量标志。质量标志是产品质量的证明，只能用于已经取得质量标志的产品上。

四是生产者生产产品，不得掺杂、掺假，不得以假充真、以次充好，不得以不合格产品冒充合格产品。

二、销售者的产品质量责任和义务

（一）执行进货检查验收制度

实施这一制度，是销售者对国家的义务和对用户、消费者的义务。销售者具有双重的地位，对于生产者，它是用户；对于消费者，又是产品质量的潜在承担者。检查、验收货物本来属于销售者基于自身利益而必须做、必然做的行为。法律之所以予以特别规定，是考虑到我国特殊国情和需要。产品质量问题和经济纠纷，除故意违法、违约的之外，也有许多是由于疏忽和不负责任造成的。所以，《产品质量法》做此规定，将销售者自身本来应为的行为上升为义务性规范，以加强销售者的注意义务，减少纠纷，明确责任。

若从生产者（包括其供货者）的角度看，销售者的此项义务其实也是他的权利。这再一次体现了由于角度不同，同一行为可能既是权利也是义务的“权利义务一体化”的现象和理论。

（二）采取措施，保持产品质量

从根本上讲，产品质量取决于生产者。但是，生产者生产的产品通过销售者到达用户、消费者那里，中间常有一段时间差。在此期间内，可能因销售者未采取应有的保质措施导致产品原有质量的变化而发生瑕疵或缺陷，因而，《产品质量法》规定了销售者的此项义务。这一条其实也是销售者从本身利益考虑所应采取的措施，《产品质量法》将之上升为法律规范也有着与第 33 条同样的目的，即加重销售者的注意义务和行为义务，减少纠纷，维护经济秩序，保护那些“未来”的用户和消费者的利益，从而也体现了销售者、用户、消费者与国家根本利益的一致性。

（三）销售产品标志符合法定要求

销售产品的标志应当符合《产品质量法》第 27 条的规定。销售者与生产者有同样的义务，此外销售者还有自己应注意的问题，例如，应“严把产品标识关”，应向生产者索要合法、齐全的标志和说明，不能接受生产者不合格甚至假冒的产品标志等。销售者尤其不可自行伪造或者冒用产品标识。销售者对用户、消费者更负有直接的告知产品警示标志和说明的义务。

（四）不得违反《产品质量法》的禁止性规定

这一要求包括：（1）销售者不得销售国家明令淘汰并停止销售的产品和失效、变质的产品。国家明令淘汰并停止销售的产品，销售者不得销售，这一规定与《产品质量法》第 29 条规定的“生产者不得生产国家明令淘汰的产品”基本相同。失效、变质两个概念不能等同。失效指超过产品质量保证期或安全使用期，失去了原有的效用，可能招致产品变质，但也可能只是使产品价值下降。变质则是指产品发生了本质性的变化，不能再用，可能由于失效造成，但也可能在产品的质量保证期和安全期内发生。失效、变质产品给用户、消费者带来无益、不利或有害的后果，造成其财产损失甚至人身损害，所以，《产品质量法》和有关法律、法规都对其做了严格的禁止性规定。（2）销售者不得伪造产地，不得伪造或者冒用他人的厂名、厂址；销售者不得伪造或者冒用认证标志、名优标志等质量标志；销售者销售产品不得掺杂、掺假，不得以假充真、以次充好，不得以不合格产品冒充合格产品。

第四节 产品质量法律责任

一、产品质量责任制度概述

产品质量责任制度，是指生产者、销售者以及对产品质量负有直接责任的责任者，因违反《产品质量法》所规定的产品质量义务所应承担的法律责任的制度。

产品质量责任是一种综合责任，包括有关产品质量的民事责任、行政责任和刑事责任。民事责任又分为因产品瑕疵而发生的合同责任以及因产品缺陷而发生的产品责任。

产品质量责任与产品责任是两个既有联系而又不能等同的概念。“产品责任”包含在广义的“产品质量责任”概念之中，但它又是一个已经特定化了的法律、法学术语，即仅限于因产品缺陷导致受害人人身、财产损害而发生的特殊侵权责任。两者是一种种属关系，是共性与个性的关系。具体而言，两者的区别可概括为：从性质上看，产品质量责任是一种综合责任，包括民事责任、行政责任、刑事责任；产品责任则仅是民事责任中的一种特殊侵权责任。从责任的发生原因上看，产品质量责任发生原因众多，有违反产品质量监督管理法规的，有违反合同的，也有违反产品质量法造成人身、财产损害的；产品责任则仅有上述的一种发生原因，即由于产品缺陷致使人身、财产遭受损害。从责任主体上看，产品质量责任主体包括产品生产经营过程中所有应对产品质量问题负责的组织或个人，包括生产者、设计者、原材料和零部件的供应者、销售者，还包括承运者、仓储者，以及他们的领导和直接责任人员等；产品责任主体则只限于生产者、销售者。从责任发生阶段（时间）上看，产品质量责任可发生于产品生产经营过程中的任何环节，即可能发生于产品的生产、运输、保管、使用、消费等任何一个环节；而产品责任则只发生于产品销售后的消费、使用过程。

二、产品质量民事责任

产品质量的民事责任是一种古老的法律责任形式。在其历史发展过程中，形成和经历了过错责任、过错推定责任、严格责任、无过错责任等几种归责原则和制度。各种归责原则的产生并不是对其他一个责任原则或几个责任原则的绝对否定或扬弃，而只是丰富和补充。当今各国法律往往是几种归责原则并存并用。下面结合我国《产品质量法》，对产品质量的民事责任的主要内容加以说明。

（一）产品质量法的归责原则

我国《产品质量法》采用的是过错责任原则与无过错责任原则并存的立法模式。这些原则体现在《产品质量法》的有关规定中：对销售缺陷产品造成人身、他人财产损害的销售者适用过错原则；对缺陷产品致人损害的生产者以及不能指明缺陷产品生产者的销售者，均适用无过错责任原则。

在法律规定产品质量责任的归责原则时，对于是采用“无过错责任原则”还是采用“过错推定原则”，存在着理论上的争议。

实行过错责任原则与无过错责任原则并存模式，有助于协调、平衡经营者与用户、消费者的权益关系，既能充分保障受害人的权益，又不致影响经济、科技的发展和产品创新。

实行过错责任原则的生产者、销售者的民事责任的构成，都须要求证明生产者、销售者主观上有过错；实行严格责任制原则，一般认为应具备三个要件：产品存在缺陷、损害事实、产品缺陷与损害事实之间存在因果关系，不以生产者、经营者主观上有无过错为要件。

（二）产品质量民事责任的种类与形式

1. 销售者的产品瑕疵责任

我国《产品质量法》规定，产品瑕疵是指下列三种情况：一是产品不具备应有的使用性能而事先未声明的；二是不符合在产品或者包装上注明采用的产品质量标准的；三是不符合以产品说明、实物样品等方式表明的质量状况的。

对有上述情形之一的，销售者即应负瑕疵担保责任。具体责任形式为：负责修理、更换、退货；给购买产品的用户、消费者造成损失的，应当负责赔偿。

销售者在履行“三包”及赔偿责任之后，如果责任属于生产者、供货者（即向销售者提供产品的其他销售者），销售者有权向他们追偿。生产者之间、销售者之间以及他们相互之间订立的买卖合同、承揽合同等有不同约定的，按照合同约定解决他们之间的责任问题。

为保证上述义务的履行，《产品质量法》还规定了销售者未尽上述责任时，市场监督管理部门可责令改正。

2. 产品缺陷责任（产品责任）

第一，关于生产者的产品责任问题。产品缺陷责任即产品责任。《产品质量法》规定，因产品存在缺陷，造成人身损害以及缺陷产品以外的其他财产损害的，生产者应当承担赔偿责任。这是为生产者设置的责任条款，实行的是无过错责任原则。

缺陷是一个具有特定法律含义的概念。《产品质量法》规定，“缺陷”，是指产品存在危及人身、他人财产安全的不合理的危险，或者不符合保障人体健康，人身、财产安全的国家标准、行业标准。产品缺陷一般包括设计缺陷、制造缺陷、指示缺陷等。当产品缺陷造成消极后果时，就引发了产品缺陷责任问题。

第二，关于销售者的产品责任。《产品质量法》规定了销售者产品缺陷责任条款。与生产者的产品责任相比较，两者实行的不是同一种归责原则，前者实行的是过错责任原则，后者实行无过错责任原则，即：由于销售者的过错使产品存在缺陷，造成人身、他人财产损害的，销售者应当承担赔偿责任；销售者不能指明缺陷产品的生产者、供货者的，销售者承担赔偿责任。

第三，关于产品责任的承担。产品责任的承担，是指对已发生的产品责任的追究程序和具体责任形式。《产品质量法》对此做了规定：因产品存在缺陷造成人身、他人财产损害的，受害人可以向产品的生产者要求赔偿，也可以向产品的销售者要求赔偿。属于产品的生产者的责任，产品的销售者赔偿的，产品的销售者有权向产品的生产者追偿。属于产品的销售者的责任，产品的生产者赔偿的，产品的生产者有权向产品的销售者追偿。此规定与《消费者权益保护法》的规定相一致。

责任形式有两种：一是造成人身伤害的责任。《产品质量法》规定，因产品存在缺陷造成受害人人身伤害的，侵害人应当赔偿医疗费、治疗期间的护理费、因误工减少的收入等费用；造成残疾的，还应当支付残疾者生活自助费、生活补助费、残疾赔偿金以及由其扶养的人所必需的生活费等费用；造成受害人死亡的，并应当支付丧葬费、死亡赔偿金以及死者生前扶养的人所必需的生活费等费用。二是财产损失责任。《产品质量法》规定：因产品存在缺陷造成受害人财产损失的，侵害人应当恢复原状或者折价赔偿。受害人因此遭受其他重大损失的，侵害人应当赔偿损失。

第四，关于产品责任的时效。《产品质量法》规定了产品责任的诉讼时效为 2 年，自当事人知道或应当知道其权益受到损害时起计算。因此，超过 2 年的，受害人即丧失诉讼权。因产品存在缺陷造成损害要求赔偿的请求权，在造成损害的缺陷产品交付最初消费者满 10 年丧失，但是，未超过明示的安全使用期的除外。

第五，关于其他有关机构的民事责任。《产品质量法》规定，产品质量检验机构、认证机构出具的检验结果或者证明不实，造成损失的，应当承担相应的赔偿责任；产品质量认证机构违反法律规定，对不符合认证标准而使用认证标志的产品，未依法要求其改正或者取消其使用认证标志资格的，对因产品不符合认证标准给消费者造成的损失，与产品的生产者、销售者承担连带责任；社会团体、社会中介机构对产品质量做出承诺、保证，而该产品又不符合其承诺、保证的质量要求，给消费者给造成损失的，与产品的生产者、销售者承担连带责任。

三、产品质量行政责任

（一）产品质量行政责任概述

产品质量行政责任，是指生产者、销售者因违反产品质量监督管理法律、法规而应承担的行政上的法律后果。《产品质量法》以专章“罚则”的形式规定了这类责任。

产品质量行政责任的客体，包括瑕疵产品、缺陷产品以及违反产品质量标准和违反产品质量监督管理法律、法规的行为。

产品质量行政责任由市场监督管理部门依法追究和制裁。

产品质量行政责任只适用过错责任原则。

（二）产品质量行政责任的种类

1. 生产者、销售者的产品质量行政责任

根据《产品质量法》的规定，生产者、销售者实施下列行为的，应当承担产品质量行政责任：（1）生产、销售不符合保障人体健康和人身、财产安全的国家标准、行业标准的产品；（2）生产者、销售者在产品中掺杂、掺假，以次充好，或者以不合格产品冒充合格产品；（3）生产国家明令淘汰的产品；（4）销售失效、变质的产品；（5）生产者、销售者伪造产品产地，伪造或冒用他人厂名、厂址，伪造或冒用认证标志等质量标准；（6）产品标识、有包装的产品标识不符合《产品质量法》有关规定的；（7）拒绝接受依法进行的产品质量监督检查的。

2. 生产者、销售者的产品质量行政责任形式

生产者、销售者的产品质量行政责任形式主要有：（1）责令停止生产；（2）责令停止销售；（3）没收违法生产或销售的产品；（4）没收违法所得；（5）罚款；（6）责令公开更正；（7）吊销营业执照等。

执行行政处罚的机关应为市场监督管理部门（法律、行政法规另规定行使处罚权的除外）。

3. 其他有关人员、机构的产品质量行政责任

产品质量检验机构、认证机构实施下列行为的，应承担相应的行政责任：（1）伪造检验结果或者出具虚假证明的；（2）出具的检验结果或者证明不实，造成重大损失的；（3）产品质量认证机构违反《产品质量法》第 21 条第 2 款的规定，对不符合认证标准而使用认证标志的产品，未依法要求其改正或者取消其使用认证标志资格的，对因产品不符合认证标准给消费者造成损失，情节严重的。

除此之外，各级人民政府工作人员和其他国家机关工作人员，市场监督管理部门及其他的责任部门，运输、保管、仓储等部门，服务业经营者等部门和人员违反《产品质量法》规定的，也应承担相应的行政责任。

四、产品质量刑事责任

（一）生产者、销售者的刑事责任

根据《产品质量法》的规定，生产者、销售者违反有关规定并造成严重的社会后果时，应承担刑事责任。

但是，对于生产、销售国家明令淘汰的产品；伪造产地，伪造、冒用厂名、厂址，伪造、冒用质量标志；质量标识不符的，只规定了行政处罚，未规定刑事责任。

（二）国家工作人员的刑事责任

市场监督管理部门的工作人员滥用职权、玩忽职守、徇私舞弊，各级人民政府工作人员和

其他国家机关工作人员包庇、放纵、通风报信或者干扰、阻挠有关机关查处的，其实施者应承担刑事责任。

（三）其他刑事责任

产品质量检验机构、认证机构伪造检验结果或者出具虚假证明，情节严重构成犯罪的；运输、保管、仓储等部门的违法行为并构成犯罪的；以暴力、威胁方法阻碍有关机关工作人员依法执行职务的，应依法追究刑事责任。未使用暴力、威胁方法阻碍上述人员执行公务的，按《治安管理处罚法》的规定处罚。

本章小结

1. 产品质量法律制度中的产品是指通过加工、制作，用于销售的产品。产品质量是指产品符合人们需要的内在素质与外观形态的各种特性的综合状态。

2. 产品质量法，是为了调整产品生产与销售，以及对产品质量进行监督管理过程中所形成的社会关系而由国家制定的法律规范的总称。

3. 根据法律规定，国家设置了专门的产品质量监督管理机构，并要求其依法履行职责权限。

4. 对于产品质量，国家实施产品质量管理制度与产品质量监督制度。

5. 生产者与销售者应履行有关产品质量的责任和义务，否则，要承担相应的法律责任。

关键概念

产品　产品质量　产品质量法

产品质量管理　产品质量监督　企业质量体系认证制度

产品质量认证制度　生产许可证制度　标准化制度

计量制度

思考题

1. 简述产品与产品质量法的关系及产品质量法的本质。
2. 简述产品质量管理制度的基本内容。
3. 简述产品质量监督制度的基本内容。
4. 简述生产者的产品质量责任和义务。
5. 简述销售者的产品质量责任和义务。

第七章

财政与税收法律制度

本章导读

财政与税收，是国家凭借其政治权力参与部分社会产品和国民收入分配与再分配的活动。为了规范财政与税收活动，保证国家机器的正常运行，国家创制了财政法律制度与税收法律制度。本章的学习目标，在于理解和掌握财政法律制度与税收法律制度的重要地位及基本内容与框架，以及国债、外汇等方面的法律规定。

第一节　财政法概述

一、财政关系

财政关系是国家为了实现其职能，凭借政治权力参与部分社会产品和国民收入分配和再分配所形成的一种特殊分配关系。这种特殊分配关系，是以国家为主导一方的分配关系，包括国家与各级政府之间的财政分配关系。我国的社会主义财政关系，主要是由国家与国有企业，国家与集体经济组织，国家与私营企业、外资企业等其他一些非公有制企业，国家与个人之间，以及中央与地方各级政府、地方各级政府之间各种财政分配关系和财政组织管理关系构成。财政体制、国家预算、国家税收、利润上缴等，则是这些财政关系的外在表现形态。财政活动具有筹集、分配、调节、监督资金的职能，是组织国家收入和支出，保证国家机器正常运转的重要工具，是调节社会再生产的综合杠杆。

二、财政法的概念

所谓财政法，是指调整财政分配和财政管理活动中形成的财政关系的法律规范的总称。

我国财政法的调整对象是财政关系，即国家在筹集、供应、使用和管理财政资金的过程中，与国有企业、集体企业及其他经济组织与个人，以及中央与地方之间形成的一种特殊的分配关系。对这种财政关系如何调整及调整得适当与否，直接影响着国家和社会的经济、政治、文化、教育等各方面的利益。

三、财政法的基本内容和体系

财政法是我国经济法体系的重要组成部分，它的基本内容一般包括以下几个基本方面：一是财政法总则。这是财政法的最基本的行为准则。总则要规定财政法的宗旨、任务、基本原则和适用范围，还要规定财政法主体的法律地位、财政管理体制等。二是预算法。国家预算反映国家的基本财政分配关系。国家预算法在整个财政法体系中处于关键地位，是调整国家基本财政分配关系的法律准则。它要规定国家预算的原则、体制、管理职权、预算收支范围、预算编制、预算执行和监督、预算调整、决算等内容。三是税法。税收是国家财政收入的主要来源。税法调整税收关系，它是财政法的重要组成部分。税法不仅要规定税收的原则、税收管理体制、各类具体税种等实体方面的内容，还要规定税收征收管理、违章处理等程序方面的内容。四是国有资产管理法。国家通过行使国有财产收益权，参与国有企业纯收入的分配，这是财政的基本职能之一，所以调整国有资产管理关系的国有资产管理法也是财政法的组成部分。国有资产管理法要规定国有资产管理的原则、管理体制、国有资产的范围和评估，还要规定国有财产所有者和经营者的权利和义务等内容。五是财政监督法。财政监督法调整国家对各类财政活动进行监督和制约过程中所产生的社会关系，它是财政法的基本内容之一。财政监督法要规定财政监督机关的职权、监督的原则和方法、财政监督程序等内容。

可见，我国财政法的基本内容一般包括财政法总则、国家预算法、国有资产管理法、税法和财政监督法等。上述基本内容在财政法基本原则的指导下，构成我国社会主义财政法的有机体系。

四、财政法的地位

在我国社会主义市场经济的法律调整机制中，财政法与其他法律部门相比，更具宏观调控的性质，可以说，财政法是对社会主义市场经济进行宏观调控的最重要的法律部门。

一切社会制度下的财政活动，都是在一定的国家财政政策、法律的规范下进行的。因此，随着财政活动和财政分配关系的出现，也就产生了反映和规范财政活动的财政法律制度。财政法律制度的核心，就是财政法。财政法作为社会上层建筑的重要组成部分，体现着掌握国家政权的阶级的意志和根本利益，是国家实现其财政经济职能和社会公共职能的重要工具。国家制度的根本性质决定着财政法的性质。我国是社会主义国家，实行社会主义市场经济体制，因而我国财政法是建立在社会主义经济基础之上，反映社会主义财政分配关系和要求的法律形式。

社会主义市场经济体制的建立，需要一系列配套措施和良好的外部环境。社会主义市场经济的建立和完善，首先需要人们观念上的更新，对政府机构而言，就是要尽快地转变政府职能，减少对市场、对企业的行政干预，采取法律手段和经济杠杆从宏观上调控、引导国民经济的发展。我们要建立的社会主义市场经济体制，就是要使市场在社会主义国家宏观控制下对资源配置起基础性作用，使经济活动遵循价值规律的要求，适应供求关系的变化的经济体制。但同时我们也要看到，市场有其自身的弱点和消极方面，必须加强和改善国家对经济的宏观控制。要使市场健康发展，一个重要的条件就是国家在宏观上保证控制社会总需求与总供给的平衡。社会总需求与总供给是否平衡，是由国民收入分配和使用状况决定的。社会主义国家财政处于国民收入分配的核心地位，它对国民收入分配和其他方面都有着直接的制约作用。这就决定了财政调控机制在宏观调控体系中具有举足轻重的作用。我国财政法是调整国家参与部分社会产品和国民收入分配和再分配的财政活动中形成的财政关系的法律规范的总称，是对财政管理关系、税收关系、预算关系、国有资产管理关系、财政监督关系等财政经济关系的法律调整，发挥宏观调控作用。因此，财政法的功能与作用，决定了它在我国社会主义市场经济法体系中具有十分重要的地位。

第二节　财政法的主要制度

一、预算法律制度

（一）预算和预算法的概念

预算是经法定程序批准的国家各级人民政府和实行预算管理的各部门、各单位对未来一定期间内（通常为一年）的财政或财务收支的详细计划和方案。

预算有国家预算和单位预算之分。国家预算由中央预算（中央政府预算）和地方预算组成。单位预算是指实行预算管理的国家机关、社会团体、全民所有制事业单位的收支预算和全民所有制企业的财务收支计划中与预算有关的部分。国家预算是国家基本的财政收支计划，是国民经济和社会发展计划的重要组成部分。

预算法是调整预算关系的法律规范的总称，是财政法的重要组成部分。所谓预算关系，是指在国家预算收入、支出和进行预算管理过程中所产生的各种经济关系。1951 年 8 月 19 日，中央人民政府政务院颁布了《预算决算暂行条例》，这是中华人民共和国成立后的第一个预算管理法规。1991 年 10 月 21 日，国务院发布了《国家预算管理条例》，它反映了我国财政体制改革的成果。为了适应社会主义市场经济体制的发展和财政改革的需要，1994 年 3 月 22 日，第八届全国人民代表大会第二次会议通过了《中华人民共和国预算法》（以下简称《预算法》），自 1995 年 1 月 1 日起施行，后分别于 2014 年 8 月 31 日、2018 年 12 月 29 日修正。该法共 11 章 101 条，全面规定了预算管理的基本内容，是国家组织预算收支、管理预算工作的主要法律依据，是我国规范预算活动的基本法。1995 年 11 月 2 日，国务院第三十七次常务会议通过了《中华人民共和国预算法实施条例》。除此之外，为了加强财政资金拨付管理，保障资金使用安全，提高财政资金使用效率，2001 年 11 月 3 日，财政部颁发《财政预算资金拨付管理暂行办法》等规章。上述法律、法规和规章，共同构成我国的预算法律制度。

（二）预算管理体制

预算管理体制，是国家在划分中央与地方之间、地方各级政权之间预算收支范围和预算管理权限的一种根本制度，是我国财政管理体制的中心环节。

按照我国《预算法》的规定，我国的预算管理，实行一级政府一级预算、收支平衡、中央和地方分税制的原则，并按照这一原则建立国家的预算管理体制。国家预算由中央，省、自治区、直辖市，设区的市、自治州，县、自治县、不设区的市、市辖区，乡、民族乡、镇五级预算组成。

（三）预算管理职权

预算管理职权即预算权，是指确定和支配国家预算的权利，以及对于国家预算的编制、审查、批准、执行、调整、监督等权利的总称。预算管理职权具有以下特征：一是预算权发生于国家预算收支管理领域，体现国家的财政分配关系，是国家财政权的主要组成部分。二是预算权的主体只能是国家权力机关、国家行政机关和列入预算管理的其他国家机关。社会团体和其他组织、任何公民或非预算单位都不得享有预算权。三是预算权是一种经济权利，而不仅仅是一种纯粹的行政权，具有经济内容。四是预算权的确定具有严格的法律规定性，不能由当事人约定。五是预算权与预算年度紧密相连，具有严格的周期性。如我国预算年度自公历 1 月 1 日起至 12 月 31 日止。六是预算权所体现的利益归于国家、归于全体人民。

按照预算权主体层次的不同，预算权可以分为中央预算权和地方预算权两类。中央预算权是指中央权力机关、中央行政机关和其他中央机关部门（含直属单位）享有的预算权。地方预算权是指地方各级权力机关、行政机关及其各预算单位享有的预算权。

根据《预算法》的规定，我国的预算管理职权具体分为以下方面。

1. 全国人民代表大会的预算管理职权

全国人民代表大会审查中央和地方预算草案及中央和地方预算执行情况的报告；批准中央预算和中央预算执行情况的报告；改变或者撤销全国人民代表大会常务委员会关于预算、决算的不适当的决议。

全国人民代表大会常务委员会监督中央和地方预算的执行；审查和批准中央预算的调整方案；审查和批准中央决算；撤销国务院制定的同宪法、法律相抵触的关于预算、决算的行政法规、决定和命令；撤销省、自治区、直辖市人民代表大会及其常务委员会制定的同宪法、法律和行政法规相抵触的关于预算、决算的地方性法规和决议。

2. 地方人民代表大会的预算管理职权

县级以上地方各级人民代表大会审查本级总预算草案及本级总预算执行情况的报告；批准本级预算和本级预算执行情况的报告；改变或者撤销本级人民代表大会常务委员会关于预算、决算的不适当的决议；撤销本级政府关于预算、决算的不适当的决定和命令。

县级以上地方各级人民代表大会常务委员会监督本级总预算的执行；审查和批准本级预算的调整方案；审查和批准本级政府决算（以下简称本级决算）；撤销本级政府和下一级人民代表大会及其常务委员会关于预算、决算的不适当的决定、命令和决议。

乡、民族乡、镇的人民代表大会审查和批准本级预算和本级预算执行情况的报告；监督本级预算的执行；审查和批准本级预算的调整方案；审查和批准本级决算；撤销本级政府关于预算、决算的不适当的决定和命令。

3. 国务院的预算管理职权

国务院编制中央预算、决算草案；向全国人民代表大会作关于中央和地方预算草案的报告；将省、自治区、直辖市政府报送备案的预算汇总后报全国人民代表大会常务委员会备案；

组织中央和地方预算的执行；决定中央预算预备费的动用；编制中央预算调整方案；监督中央各部门和地方政府的预算执行；改变或者撤销中央各部门和地方政府关于预算、决算的不适当的决定、命令；向全国人民代表大会、全国人民代表大会常务委员会报告中央和地方预算的执行情况。

4. 地方政府的预算管理职权

县级以上地方各级政府编制本级预算、决算草案；向本级人民代表大会作关于本级总预算草案的报告；将下一级政府报送备案的预算汇总后报本级人民代表大会常务委员会备案；组织本级总预算的执行；决定本级预算预备费的动用；编制本级预算的调整方案；监督本级各部门和下级政府的预算执行；改变或者撤销本级各部门和下级政府关于预算、决算的不适当的决定、命令；向本级人民代表大会、本级人民代表大会常务委员会报告本级总预算的执行情况。

乡、民族乡、镇政府编制本级预算、决算草案；向本级人民代表大会作关于本级预算草案的报告；组织本级预算的执行；决定本级预算预备费的动用；编制本级预算的调整方案；向本级人民代表大会报告本级预算的执行情况。

5. 财政部门的预算管理职权

国务院财政部门具体编制中央预算、决算草案；具体组织中央和地方预算的执行；提出中央预算预备费动用方案；具体编制中央预算的调整方案；定期向国务院报告中央和地方预算的执行情况。

地方各级政府财政部门具体编制本级预算、决算草案；具体组织本级总预算的执行；提出本级预算预备费动用方案；具体编制本级预算的调整方案；定期向本级政府和上一级政府财政部门报告本级总预算的执行情况。

6. 其他部门和单位的预算管理职权

各部门编制本部门预算、决算草案；组织和监督本部门预算的执行；定期向本级政府财政部门报告预算的执行情况。

各单位编制本单位预算、决算草案；按照国家规定上缴预算收入，安排预算支出，并接受国家有关部门的监督。

（四）法定预算收支范围

预算收支范围，是国家财力在中央与地方之间进行分配的具体形式。划分预算收支范围是预算管理体制的重要内容。预算由预算收入和预算支出组成。我国《预算法》规定的预算收支范围为法定预算收支范围，不得随意改变。

1. 法定预算收入

法定预算收入具体包括：各项税收收入、行政事业性收费收入、国有资源（资产）有偿使用收入、转移性收入和其他收入。

2. 法定预算支出

法定预算支出具体包括：一般公共服务支出，外交、公共安全、国防支出，农业、环境保护支出，教育、科技、文化、卫生、体育支出，社会保障及就业支出和其他支出。

中央预算与地方预算有关收入和支出项目的划分、地方向中央上解收入、中央对地方返还或者给予补助的具体办法，由国务院规定，报全国人民代表大会常务委员会备案。

（五）预算编制

预算编制，是指各级政府、各部门、各预算单位制订筹集和分配预算资金年度计划的预算活动，是预算法必须规范的主要内容。预算编制应当遵守国家编制预算的原则，按照预算法规定的编制办法和程序进行。

1. 预算编制的基本要求

预算编制的原则要求是：(1) 必须按照复式预算编制；(2) 遵循量入为出、收支平衡的原则；(3) 应与国民生产总值的增长率相适应；(4) 应当贯彻厉行节约的方针；(5) 应当统筹兼顾、确保重点、妥善安排；(6) 应当按规定设置预算周转金。

各级政府编制年度预算草案的依据是：(1) 有关的法律和法规；(2) 国民经济和社会发展计划、财政中长期计划以及有关的财政经济政策；(3) 本级政府的预算管理职权和财政管理体制确定的预算收支范围；(4) 上一年度预算执行情况和本年度预算收支变化因素；(5) 上级政府对编制本年度预算草案的指示和要求。

各部门、各单位编制年度预算草案的依据：(1) 法律、法规；(2) 本级政府的指示和要求以及本级政府财政部门的部署；(3) 本部门、本单位的职责、任务和事业发展计划；(4) 本部门、本单位的定员定额标准；(5) 本部门、本单位上一年度预算执行情况和本年度预算收支变化因素。

2. 预算编制的方法和程序

各级政府预算按照复式预算编制，分为政府公共预算、国有资产经营预算、社会保障预算和其他预算。复式预算的编制办法和实施步骤由国务院规定。各级政府、各部门、各单位应当按照国务院规定的时间编制预算草案。国务院应当及时下达关于编制下一年的预算草案的指示。编制预算草案的具体事项，由国务院财政部门部署。省、自治区、直辖市政府应当按照国务院规定的时间，将本级总预算草案报国务院审核汇总。

（六）预算的审查和批准

预算草案编制完成后，须提交国家权力机关审批通过后才能生效。预算草案经审批生效后，就成为正式的国家预算，并具有法律约束力，非经法定程序，不得改变。《预算法》规定，中央预算由全国人民代表大会审查和批准，地方各级预算由本级人民代表大会审查和批准。

国务院财政部门应当在每年全国人民代表大会会议举行的45日前，将中央预算草案的初步方案提交全国人民代表大会财政经济委员会进行初步审查。省、自治区、直辖市政府财政部门应当在本级人民代表大会会议举行的30日前，将本级预算草案的初步方案提交本级人民代表大会有关专门委员会进行初步审查。设区的市、自治州政府财政部门应当在本级人民代表大会会议举行的30日前，将本级预算草案的初步方案提交本级人民代表大会有关专门委员会进行初步审查，或者送交本级人民代表大会常务委员会有关工作机构征求意见。县、自治县、不设区的市、市辖区政府应当在本级人民代表大会会议举行的30日前，将本级预算草案的初步方案提交本级人民代表大会常务委员会进行初步审查。

乡、民族乡、镇政府应当及时将经本级人民代表大会批准的本级预算报上一级政府备案。县级以上地方各级政府应当及时将经本级人民代表大会批准的本级预算及下一级政府报送备案的预算汇总，报上一级政府备案。县级以上地方各级政府将下一级政府依照前述规定报送备案的预算汇总后，报本级人民代表大会常务委员会备案。国务院将省级政府依照前述规定报送备案的预算汇总后，报全国人民代表大会常务委员会备案。

国务院和县级以上地方各级政府对下一级政府依《预算法》有关规定报送备案的预算，认为有同法律、行政法规相抵触或者有其他不适当之处，需要撤销批准预算的决议的，应当提请本级人民代表大会常务委员会审议决定。各级预算经本级人民代表大会批准后，本级政府财政部门应当在 20 日内向本级各部门批复预算。各部门应当在接到本级政府财政部门批复的本部门预算后 15 日内向所属各单位批复预算。

（七）预算的执行和调整

1. 预算的执行

预算的执行，是指各级政府、各部门、各预算单位在组织实施经本级权力机关批准的本级预算中的筹措预算收入、拨付预算支出等各种活动的总称。各级预算由本级政府组织执行，具体工作由本级政府部门负责。

《预算法》规定，预算年度开始后，各级预算草案在本级人民代表大会批准前，本级政府可以安排下列支出：上一年度结转的支出；参照上一年同期的预算支出数额安排必须支付的本年度部门基本支出、项目支出，以及对下级政府的转移性支出；法律规定必须履行支付义务的支出，以及用于自然灾害等突发事件处理的支出。这些支出应当在预算草案的报告中作出说明。预算经本级人民代表大会批准后，按照批准的预算执行。

预算收入征收部门和单位，必须按照法律、行政法规的规定，及时、足额征收应征的预算收入。不得违反法律、行政法规规定，多征、提前征收或者减征、免征、缓征应征的预算收入，不得截留、占用或者挪用预算收入。

政府的全部收入应当上缴国家金库（以下简称国库），任何部门、单位和个人不得截留、占用、挪用或者拖欠。对于法律有明确规定或者经国务院批准的特定专用资金，可以依照国务院的规定设立财政专户。

各级政府财政部门必须依照法律、行政法规和国务院财政部门的规定，及时、足额地拨付预算支出资金，加强对预算支出的管理和监督。各级政府、各部门、各单位应当对预算支出情况开展绩效评价。

县级以上各级预算必须设立国库；具备条件的乡、民族乡、镇也应当设立国库。国库是办理预算收入的收纳、划分、留解、退付和预算支出拨付的专门机构。国库分为中央国库和地方国库。中央国库业务由中国人民银行经理，地方国库业务依照国务院的有关规定办理。

财政、税务、海关等部门在预算执行中，应当加强对预算执行的分析，发现问题时应当及时建议本级政府采取措施予以解决。各部门、各单位应当加强对预算收入和支出的管理，不得截留或者动用应当上缴的预算收入，不得擅自改变预算支出的用途。各级预算预备费的动用方案，由本级政府财政部门提出，报本级政府决定。各级预算周转金由本级政府财政部门管理，不得挪作他用。

2. 预算的调整

预算的调整，是指经全国人民代表大会批准的中央预算和经地方各级人民代表大会批准的本级预算，在执行中因特殊情况需要增加支出或者减少收入，使原批准的收支平衡的预算的总支出超过总收入，或者使原批准的预算中举借债务的数额增加的部分变更。在一般情况下，不允许随意追加预算支出与追减预算收入，不过，在预算年度内，如果遇到重大事件的发生、方针政策的调整或者经济状况的重大变动，可以依法对预算进行调整。

预算调整是一种正常的预算活动，但是预算调整必须依法进行。《预算法》规定，各级政府对于必须进行的预算调整，应当编制预算调整方案。中央预算的调整方案必须提请全国人民代表大会常务委员会审查和批准。县级以上地方各级预算的调整方案必须提请本级人民代表大会常务委员会审查和批准；乡、民族乡、镇预算的调整方案必须提请本级人民代表大会审查和批准。未经批准，不得调整预算。经批准的预算调整方案，各级政府应当严格执行。未经法定程序，各级政府不得作出预算调整的决定。对违反上述规定作出的决定，本级人民代表大会、本级人民代表大会常务委员会或者上级政府应当责令其改变或者撤销。

在预算执行中，地方各级政府因上级政府增加不需要本级政府提供配套资金的专项转移支付而引起的预算收支变化，不属于预算调整。接受增加专项转移支付的县级以上的地方各级政府应当向本级人民代表大会常务委员会报告有关情况；接受增加专项转移支付的乡、民族乡、镇政府应当向本级人民代表大会报告有关情况。各部门、各单位的预算支出应按照预算科目执行。严格控制不同预算科目、预算级次或者项目间的预算资金的调剂，确需调剂使用的，按照国务院财政部门的规定办理。

地方各级预算的调整方案经批准后，由本级政府报上一级政府备案。

（八）决算

决算是指对年度预算收支执行结果的会计报告，是预算执行的总结，全面反映国家一年中预算执行的最终结果，是国家管理预算活动的最后一道程序。决算必须按照规定编制决算草案，提请国家权力机关审查和批准后方可生效。《预算法》对决算的原则和程序作出了明确的规定。

《预算法》规定，决算草案由各级政府、各部门、各单位，在每一预算年度终了后按照国务院规定的时间编制。编制决算草案的具体事项，由国务院财政部门部署。编制决算草案，必须符合法律、行政法规，做到收支真实、数额准确、内容完整、报送及时。各部门对所属各单位的决算草案，应当审核并汇总编制本部门的决算草案，在规定的期限内报本级政府财政部门审核。各级政府财政部门对本级各部门决算草案审核后发现有不符合法律、行政法规规定的，有权予以纠正。

国务院财政部门编制中央决算草案，经国务院审计部门审计后，报国务院审定，由国务院提请全国人民代表大会常务委员会审查和批准。县级以上地方各级政府财政部门编制本级决算草案，经本级政府审计部门审计后，报本级政府审定，由本级政府提请本级人民代表大会常务委员会审查和批准。乡、民族乡、镇政府编制本级决算草案，提请本级人民代表大会审查和批准。各级决算经批准后，财政部门应当在20日内向本级各部门批复决算。地方各级政府应当将经批准的决算及下一级政府上报备案的决算汇总，报上一级政府备案。

国务院和县级以上地方各级政府对下一级政府依照《预算法》规定报送备案的决算，认为有同法律、行政法规相抵触或者有其他不适当之处，需要撤销批准该项决算的决议的，应当提请本级人民代表大会常务委员会审议决定；经审议决定撤销的，该下级人民代表大会常务委员会应当责成本级政府依照《预算法》规定重新编制决算草案，提请本级人民代表大会常务委员会审查和批准。

（九）对预算、决算的监督和法律责任

1. 对预算、决算的监督

为了加强对预算活动的管理，切实贯彻预算法制，保障预算工作的顺利进行，《预算法》

专章规定了对中央和地方预算、决算进行监督的规范。

《预算法》规定，全国人大及其常委会对中央和地方预算、决算进行监督。县级以上地方各级人大及其常委会对本级和下级政府预算、决算进行监督。乡、民族乡、镇人民代表大会对本级预算、决算进行监督。各级人民代表大会和县级以上各级人大常委会有权就预算、决算中的重大事项或者特定问题组织调查，有关的政府、部门、单位和个人应当如实反映情况和提供必要的材料。各级人大和县级以上各级人大常委会举行会议时，人大代表或者常委会组成人员，依照法律规定的程序就预算、决算中的有关问题提出询问或者质询，受询问或受质询的有关的政府或者财政部门必须及时给予答复。

各级政府应当在每年 6 月至 9 月期间向本级人大常委会报告预算执行情况。

各级政府监督下级政府的预算执行；下级政府应当定期向上一级政府报告预算执行情况。

各级政府财政部门负责监督本级各部门及其所属各单位预算管理有关工作，并向本级政府和上一级政府财政部门报告预算执行情况。

县级以上政府审计部门依法对预算执行、决算实行审计监督。

2. 违反《预算法》的法律责任

凡是违反《预算法》规定或负有直接责任的人，都要依法承担一定的法律责任。根据《预算法》的规定，承担预算法律责任有以下情形：

（1）各级政府及有关部门有下列行为之一的，责令改正，对负有直接责任的主管人员和其他直接责任人员追究行政责任：

1）未依照《预算法》规定，编制、报送预算草案、预算调整方案、决算草案和部门预算、决算以及批复预算、决算的。

2）违反《预算法》规定，进行预算调整的。

3）未依照《预算法》规定对有关预算事项进行公开和说明的。

4）违反规定设立政府性基金项目和其他财政收入项目的。

5）违反法律、法规规定使用预算预备费、预算周转金、预算稳定调节基金、超收收入的。

6）违反《预算法》规定开设财政专户的。

（2）各级政府及有关部门、单位有下列行为之一的，责令改正，对负有直接责任的主管人员和其他直接责任人员依法给予降级、撤职、开除的处分：

1）未将所有政府收入和支出列入预算或者虚列收入和支出的。

2）违反法律、行政法规的规定，多征、提前征收或者减征、免征、缓征应征预算收入的。

3）截留、占用、挪用或者拖欠应当上缴国库的预算收入的。

4）违反《预算法》规定，改变预算支出用途的。

5）擅自改变上级政府专项转移支付资金用途的。

6）违反《预算法》规定拨付预算支出资金，办理预算收入收纳、划分、留解、退付，或者违反《预算法》规定冻结、动用国库库款或者以其他方式支配已入国库库款的。

（3）各级政府、各部门、各单位违反《预算法》规定举借债务或者为他人债务提供担保，或者挪用重点支出资金，或者在预算之外及超预算标准建设楼堂馆所的，责令改正，对负有直接责任的主管人员和其他直接责任人员给予撤职、开除的处分。

（4）各级政府有关部门、单位及其工作人员有下列行为之一的，责令改正，追回骗取、使用的资金，有违法所得的没收违法所得，对单位给予警告或者通报批评；对负有直接责任的主管人员和其他直接责任人员依法给予处分：

1）违反法律、法规的规定，改变预算收入上缴方式的。

2）以虚报、冒领等手段骗取预算资金的。

3）违反规定扩大开支范围、提高开支标准的。

4）其他违反财政管理规定的行为。

(5)《预算法》第 92 条、第 93 条、第 94 条、第 95 条所列违法行为，其他法律对其处理、处罚另有规定的，依照其规定。

(6) 违反《预算法》规定，构成犯罪的，依法追究刑事责任。

二、国债法律制度

(一) 国债的含义与特征

为了维持国家每年的庞大经费开支，以税收等无偿的手段取得的财政收入满足不了日益扩大的财政资金的需要，于是国家以债务人的身份，根据有偿的信用原则取得财政收入，其中最重要的一种形式便是发行国债。所谓国债，就是中央政府举借的债，具体是指中央政府通过在国内外发行债券（或向外国借款）的方法，来募集一部分财政资金，以满足其行使职能的需要。国债作为财政收入的特定形式，与税收等其他财政收入等形式相比较，在形式上具有以下几个方面的特征。

1. 国债的自愿性

这是指国债发行或认购应当建立在认购者自愿认购的基础上。这一特征与税收所具有的强制性有明显的区别。

2. 国债的有偿性

所谓有偿性，一是指通过发行国债的方式筹集财政资金，政府必须按期偿还；二是指债权人可以根据事先规定的利息率取得相应的利息。这也是国债区别于其他财政收入形式的重要特征。

3. 国债的灵活性

所谓灵活性，是指国债发行与否以及发行多少，一般由政府根据财政资金的余缺状况灵活地加以确定，而不是必须通过法律形式预先规定。

国债的上述三个特征是相互联系、密不可分的，只有同时具备这三个特征，才能称为国债，否则，就不能称为国债。国债是国家按照有偿原则筹集财政资金的一种形式，同时也是实现宏观调控和财政政策的一个重要手段。

近几年我国发行的国债有以下三种：一是记账式国债，它通过证券交易系统发行与流通；二是无记名国债，即实物国债，它不记名也不挂失，一般可上市流通；三是凭证式国债，是财政部委托商业银行发行的储蓄国债，它可以记名，可以挂失，但不能上市流通。

(二) 国债法的概念和中国的国债立法

国债的发行和国债市场的建立与发展，客观上需要市场机制与宏观调控有机结合，同时也需要经济手段和法律调整手段有机结合，相互协调，共同作用，以保证国债市场的有效与健康运行。国债法是国家管理国债市场的主要法律形式。

所谓国债法，是指调整国家在借款和发行、使用、兑付、流通政府债券过程中发生的社会关系的法律规范的总称。国债法的调整对象是以国家为一方主体的债权、债务关系。国债法的主要特征表现为具有公法与私法的双重属性、具有财政政策性、具有宏观调控性三个方面。因此，从国债法的上述特征来看，它是财政法的重要内容，属于经济法体系中宏观调控法的主要制度之一。

新中国刚成立时，中央人民政府为了恢复国民经济、解决财政支出的困难，选择了发行国债券来弥补财政亏空的方式。1949 年 12 月 2 日，中央人民政府委员会第四次会议通过了《关于发行人民胜利建设公债的决定》，这是新中国成立后的第一项国债立法文件。1953 年，我国开始实行第一个五年计划，进入计划经济时期。当时国家财力相当薄弱，开展大规模经济建设需要大量资金，在此情况下，中央政府于 1953 年 12 月制定了《一九五四年国家经济建设公债条例》，此后全国人大常委会连续五年颁布了五项《国家经济建设公债条例》。1958 年至 1980 年的 20 多年间，由于受以“既无内债，又无外债”为荣的思想支配，我国没有发行国债，国债立法也处于“空白”时期。1981 年，为了支持经济体制改革，确保当时预算收支平衡，国务院决定发行国库券和借用地方财力来弥补预算赤字，同年 1 月 16 日，国务院颁布了《中华人民共和国国库券条例》，确定的国债发行对象主要是国有企事业单位。此后，在每年国库券发行之前，国务院会发布该年度的《国库券条例》。但是，每年都发布一个条例，不仅损害了法律的稳定性，也使人们对国债发行产生多变与短期化的不良印象。所以，1992 年 3 月 18 日国务院发布的《中华人民共和国国库券条例》以调整国债关系的基本法规形式出现，对国库券发行、转让等问题做了原则规定，以保持国债立法的稳定性。此后，国务院和有关主管部门发布了一系列国债方面的立法，例如，1992 年 12 月 17 日国务院发布《关于进一步加强证券市场宏观管理的通知》，1993 年 12 月 13 日财政部、中国人民银行、中国证监会联合发布《中华人民共和国国债一级自营商管理办法（试行）》，1997 年 4 月 10 日财政部制定公布《中华人民共和国国债托管管理暂行办法》等。

（三）国债的发行制度

国债的发行，是指国家通过一定的渠道和方式将国家债券转移到最初的投资者手中的行为。国家确定每年需要发行的债券种类、数额和期限后，由财政部代表中央政府发行。

国债发行的对象主要是居民个人、个体工商户、企业、事业单位、机关、社会团体和其他组织等。国债的发行数额、利率、偿还期等，经国务院确定后，由财政部予以公告。国债按期偿还本金，其利息在偿还本金时一次给付，不计复利。

国债发行方式主要有直接公募发行和间接公募发行两种方式。

直接公募发行方式，是指作为国债发行主体的中央财政机关，自己办理发行手续而无须中介机构介入，向认购者直接推销其所发国债的方式，这也是国债公募发行的主要方式。

间接公募发行方式主要包括承购包销、代销、公开招标、公开拍卖等方式。所谓承购包销方式是指银行及其中介机构承担购买全部国债券的发行任务和发行风险，然后再通过各自的销售网点转售的方式。代销方式是利用代销者，如银行、证券公司等金融机构的网点，委托其代为向社会公众出售国债的方式，代销者不承担发行的风险和责任。公开招标方式是指由中央财政提出含有国债发行条件和所需费用的标的，然后直接向大宗机构投资者发标。公开拍卖方式是指在拍卖市场上，按照例行的经营性拍卖方式和程序，由发行主体或委托中介行公开向投资者拍卖国债的方式。以上方式均属于间接公募发行方式。

（四）国债转让制度

国债发行后，只有在偿还期满后才能要求发行主体清偿，或按规定的赎回条件清偿。在国债券到期前，持有者不能要求债务人清偿自己所持有的债权。如果持有者由于种种原因，在到期前需要资金时，可以在证券市场上向第三人出售转让。转让完成后，债券的所有权也随之转移。因此，国债的转让属于国债法律关系中债权主体的变更。

1988年4月和6月，我国两次在全国62个城市进行国库券流通转让的试点，规定转让必须在国家指定的交易所内按照国家的有关规定进行，这是我国国债市场发展史上的一个重要转折点。1992年的《国库券条例》肯定了国债转让的行为："国库券可以转让，但是应当在国家批准的交易场所办理。"目前，国债转让进一步市场化，极大地方便了投资者，活跃了证券市场。

我国办理国债转让业务的中介机构主要有两大类：一是财政系统的财政证券公司、国债服务部；二是金融系统的信托投资公司、证券公司等。国债交易的主体也有两大类：一是个人投资者，即具有民事行为能力的自然人投资者；二是机构投资者，即以投资为目的，从事相当程度的持续性投资的法人，如证券公司、信托投资公司和银行等。中介机构办理国债转让可采取自营买卖和代理买卖两种形式。自营买卖是指由中介机构用自己的资金向国债券出售人买入债券，然后再将其售出。代理买卖是根据国债券出售人或购买人的委托，由中介机构按其指定的价格、数额和交易期限代其买卖国债券的形式。

目前我国国债法律制度还不完善，没有一部国债法，国债的发行和流通缺乏健全而统一的法律规范。譬如，对于财政部发行和管理国债的必要权限、国债发行原则以及一定时期内国债发行的总规模、国家偿债基金来源、国债推销机构等均没有明确的法律规定。因此，国家应尽快制定和颁布国债法，完善我国国债法律体系，促进国债市场的健康发展。

第三节　税法概述

一、税法的概念

税收是国家为了实现其职能，凭借政治上的权力，按照法律规定的标准，对社会组织和个人强制地、无偿地取得财政收入所发生的一种特殊分配活动，它体现了以国家为当然主体，在国家与纳税人之间形成的特定分配关系。税收不仅是国家取得财政收入的一种主要手段，而且是国家调控经济生活的重要经济杠杆之一。

税收在形式上具有强制性、无偿性和固定性。所谓税收的强制性，是指税收是根据国家的法律、法规的规定进行征收的，只要符合税法规定的应纳税条件，纳税人就必须无条件地履行纳税义务，不得违抗，否则将受到法律的制裁。税收的无偿性，是指国家对纳税人进行无偿征收，不需要付出相应的对价。税收的固定性，是指税收是按照法律规定的范围、标准、环节、期限等进行的。税收法律法规的相对稳定性决定了税收的固定性特征，从而使国家税收具有客观性的标准。

税收活动必须以税法为依据。税法是国家制定的调整在税收过程中发生的社会关系的法律规范的总称，是国家向社会组织和个人征税的法律依据。在税收过程中形成的社会关系，主要包括税收分配关系和征纳程序关系，这是税法调整的对象。凡是为了调整税收分配关系和征纳程序关系而制定的一切法律、行政法规等规范性文件，都是税法的表现形式。

1979 年以来，随着经济体制改革的发展，我国的税收立法取得了巨大的成就。在实体法方面，有《中华人民共和国个人所得税法》（1980 年 9 月 10 日通过，至今经过七次修正）、《中华人民共和国外商投资企业和外国企业所得税法》（1991 年 4 月 9 日通过，已废止）、《中华人民共和国增值税暂行条例》（1993 年 12 月 13 日公布，2008 年 11 月 5 日、2017 年 11 月 19 日修订）等法律、行政法规；在征管程序方面，有《中华人民共和国税收征收管理法》（1992 年 9 月 4 日通过，后经过四次修正或修订）、《中华人民共和国税收征收管理法实施细则》（2002 年 9 月 7 日公布，2012 年 11 月 9 日、2013 年 7 月 18 日、2016 年 2 月 6 日修正）和《中华人民共和国发票管理办法》（1993 年 12 月 12 日发布，2010 年 12 月 20 日修改）等法律、行政法规。目前，我国现行税收法律体系已经初具规模。

税收和税法的关系密不可分。任何一种税收都以一定的法律形式表现出来，并借助于法律的约束力保证其实现。因此，税收与税法之间的关系，是一种经济现象所体现出的内容与形式的关系。税收作为社会经济关系，是税法的实质内容；税法作为特殊的行为规范，是税收的法律形式。

二、税法的构成要素

税法构成是税收法律规范的内部构成。从逻辑上看，任何法律规范都是由条件（假定）、行为模式（处理）和法律后果（制裁）三个部分构成的。税法规范同其他法律规范一样，也是由条件、行为模式、法律后果三个部分构成的。条件是指适用该税法的条件或情形，如纳税人的范围、课税客体的情形等；行为模式是指征税主体或纳税主体的权利、义务范围，如纳税人就什么东西缴税、缴多少、怎么缴、什么时间缴等；法律后果是指税法主体为一定行为以后的法律后果，如对合法行为予以保护和奖励、对违法行为予以制裁。

税法构成要素一般包括以下几项。

（一）纳税主体

纳税主体又称课税主体，即纳税义务人，是指税法规定的直接负有纳税义务的单位和个人。纳税人是按税种分别确定的，每一种税都有它的纳税人，同一种税也可以有不同的纳税人。法人、非法人的社会组织和个人都可以充当我国税法的纳税义务人。

在我国的税法中，还规定了扣缴义务人，就是负有代扣纳税人应纳税款并将该款项代为缴纳给征税机关的义务的单位和个人。

（二）征税客体

征税客体又称课税对象，是指税法规定的征税标的，它具体指明国家对什么东西征税。例如，是根据纳税人的每月收入所得征税，还是根据纳税人的财产或某一特定行为征税。在法律上明确规定征税客体，关系到对某种税的征税界限，关系到税源的开发和税收负担的调节等问题。税法必须对每一种税的征税客体作出明确、具体的规定。

（三）税率

税率是指征税客体数额与应纳税额之间的比例，它是法定的计算税额的尺度。税率的调高调低直接关系到国家财政收入的多少和纳税人的负担水平。所以，它是调节国家和纳税人之间经济利益分配的手段，是税收的中心环节。我国现行税率分为比例税率、累进税率和定额税率等。

（四）纳税环节

纳税环节是指在商品生产和流转过程中应当缴纳税款的环节。一种税具体确定在哪个或哪几个环节进行征税，这不仅关系到税制结构和税负平衡问题，而且对于保证国家财政收入，便于纳税人缴纳税款，促进企业加强经济核算等方面，都具有重要意义。

（五）纳税期限

纳税期限是指纳税单位和个人缴纳税款的期限。税法明确规定每种税的纳税期限，是为了保证税收的稳定性和及时性。纳税人按纳税期限缴纳税款，是税法规定的纳税人必须履行的义务。

（六）加成征收、减税、免税

这是根据国家政策对某些纳税人给予鼓励、照顾或限制的一种特殊措施。它把税收的严肃性和灵活性结合起来，使税法能够更好地贯彻党和国家政策，保证国家财政收入和纳税人经济利益的合理调节。加成征收是按该税的基本税率确定纳税人的税款之后，另外再加征一定成数的税款。它是在原纳税款的基础上按照一定比例征收的，是税率的补充和延伸。减税是对应纳税额少征一部分税额。免税是纳税额全部免除。

（七）法律责任

法律责任是税法规定的纳税人和征税工作人员违反税法规范应当承担的法律后果，是规定对纳税人和征税工作人员违反税法的行为采取的惩罚措施。它是税收的强制性在法律上的集中表现，是税法规范构成的不可缺少的组成部分。

第四节　我国现行实体税法结构

实体税法，也就是税收实体法，是指主要规定国家征税和纳税主体纳税的实体权利和义务的法律、法规的总称。我国现行实体税法结构体系包括流转税法、所得税法、财产税法、行为税法和其他实体税法。

一、流转税法

调整以流转额为征税对象的税收关系的法律、法规的总称，称为流转税法。所谓流转额，是指在商品流转中商品销售收入额和经营活动所取得的劳务或业务收入额。以流转额作为征税对象的一类税收称为流转税，如增值税、消费税、营业税（现已改为增值税）、关税等。凡为规范流转税而制定的法律、法规，均属于流转税法。我国流转税法内容较多，下面仅就几项有代表性的流转税法进行简要阐述。

（一）增值税法

增值税是以商品生产流通和劳务服务各个环节的增值额为征税对象的一种税。所谓增值额，从理论上讲是指商品的价值中由活劳动新创造的价值，由工资、利润、利息和租金等增值因素组成。但在制定税法时，并不一定严格按照理论增值额，而是按照法定增值额来确定扣除项目。法定增值额是指按照法律规定计算出的增值额。我国于 1993 年 12 月 13 日发布，2016 年 2 月 6 日和 2017 年 11 月 19 日修订的《中华人民共和国增值税暂行条例》（简称《增值税暂行条例》）和 1993 年 12 月 25 日发布、2011 年 10 月 28 日修改的《增值税暂行条例实施细则》是我国增值税法的主要法律规范性文件。这两个规范性文件对增值税的内容做了明确的规定。

1. 纳税主体

凡在中华人民共和国境内销售货物或者加工、修理修配劳务（以下简称劳务），销售服务、无形资产、不动产以及进口货物的单位和个人，为增值税的纳税义务人（即纳税人）。

2. 征税对象和征税范围

在我国，销售货物和加工、修理修配劳务，销售服务、无形资产、不动产的法定增值额为增值税的征税对象。根据《增值税暂行条例》的规定，在我国境内销售货物，销售服务、无形资产、不动产，进口货物以及销售应税劳务，均应缴纳增值税。因此，其征税范围不仅涉及生产环节销售货物的领域，而且在流通环节销售货物也需缴纳增值税。

3. 税率

现行增值税法规定了 17%、11%、6%和零税率四档税率。其中，17%为增值税基本税率，对纳税人出口货物、境内单位和个人跨境销售国务院规定范围内的服务、无形资产，实行零税率。

4. 纳税额的计算

除《增值税暂行条例》第 11 条规定外，纳税人销售货物、劳务、服务、无形资产、不动产（以下统称应税销售行为），应纳税额为当期销项税额抵扣当期进项税额后的余额。应纳税额计算公式：

应纳税额=当期销项税额－当期进项税额

当期销项税额小于当期进项税额不足抵扣时，其不足部分可以结转下期继续抵扣。

5. 纳税期限

增值税的纳税期限分别为 1 日、3 日、5 日、10 日、15 日、1 个月或者 1 个季度。纳税人的具体纳税期限，由主管税务机关根据纳税人应纳税额的大小分别核定。不能按照固定期限纳税的，可以按次纳税。纳税人进口货物，自海关填发海关进口增值税专用缴款书之日起 15 日内缴纳税款。

6. 纳税地点

（1）固定业户应当向其机构所在地的主管税务机关申报纳税。总机构和分支机构不在同一县（市）的，应当分别向各自所在地的主管税务机关申报纳税；经国务院财政、税务主管部门或者其授权的财政、税务机关批准，可以由总机构汇总向总机构所在地的主管税务机关申报纳税。

（2）固定业户到外县（市）销售货物或者劳务，应当向其机构所在地的主管税务机关报告外出经营事项，并向其机构所在地的主管税务机关申报纳税；未报告的，应当向销售地或者劳务发生地的主管税务机关申报纳税；未向销售地或者劳务发生地的主管税务机关申报纳税的，由其机构所在地的主管税务机关补征税款。

（3）非固定业户销售货物或者劳务，应当向销售地或者劳务发生地的主管税务机关申报纳税；未向销售地或者劳务发生地的主管税务机关申报纳税的，由其机构所在地或者居住地的主管税务机关补征税款。

（4）进口货物，应当向报关地海关申报纳税。

扣缴义务人应当向其机构所在地或者居住地的主管税务机关申报缴纳其扣缴的税款。

（二）消费税法

消费税是以应税消费品的流转额为征税对象的一种税。国务院于1993年12月13日发布了《中华人民共和国消费税暂行条例》（以下简称《消费税暂行条例》，2008年11月5日修订通过），财政部、国家税务总局于1993年12月制定了《消费税暂行条例实施细则》（2008年11月修订）。这两个法律规范性文件，对我国消费税法的主要内容作出明确的规定。

1. 纳税人

消费税的纳税人是指在我国境内生产、委托加工和进口《消费税暂行条例》规定的消费品的单位和个人，不分经济性质和所具有的国籍，也不分所处的地区。

2. 征税客体和税目

消费税征税客体是生产、委托加工和进口的应税消费品的流转额。

税目是征税客体的具体项目。消费税税目有：烟、酒、高档化妆品、贵重首饰及珠宝玉石、鞭炮和焰火、成品油、汽车轮胎、摩托车、小汽车、高尔夫球及球具、高档手表、游艇、木制一次性筷子、实木地板、电池、涂料等。

3. 税率

消费税税率采用比例税率和定额税率。比例税率设置了不同档次的税率，最低税率为1%，最高为56%。黄酒、啤酒、汽油、柴油等实行定额税率。

4. 应纳税额的计算公式

纳税人自销产品，实行从价定率办法计算的，其计税公式为：

应纳税额＝销售额×税率

纳税人自销产品，实行从量定额办法计算的，其计税公式为：

应纳税额＝销售数量×单位税额

自产自用应税消费品的，其计税公式为：

应纳税额＝按纳税人生产的同类消费品的销售价确定的销售额×税率

或

应纳税额＝销售数量×单位税额

进口应税消费品的，其计税公式为：

应纳税额＝组成计税价格×税率

5. 纳税环节

消费税的纳税环节是结合纳税义务发生和计税依据等相关的规定，从有利于征纳双方具体实施而确定的。对应税工业品的纳税环节确定在销售环节；对自产自销品确定在移送环节；委托加工应税消费品确定在提货环节；进口的应税产品确定在报送进口环节，由海关代缴。

6. 纳税期限

消费税的纳税期限分别为 1 日、3 日、5 日、10 日、15 日、1 个月或者一个季度。进口应税消费品，自海关填发海关进口消费税专用缴款书之日起 15 日内缴纳税款。

7. 纳税地点

消费税的纳税地点，基本上是按纳税人的所在地确定的，与纳税环节是一致的。

（三）营业税法

营业税是以工商营利单位和个人商品销售收入额、提供劳务发生的营业额为征税对象的一种税。国务院于 1993 年 12 月 13 日发布并于 2008 年 11 月 6 日修订《中华人民共和国营业税暂行条例》（以下简称《营业税暂行条例》，2008 年 11 月 6 日修订），该条例对营业税法的主要内容作出了规定。2011 年起，我国逐步开展营业税改增值税工作。

营业税改增值税（以下简称营改增）是指以前缴纳营业税的应税项目改成缴纳增值税，增值税只对产品或者服务的增值部分纳税，减少了重复纳税的环节。营改增是党中央、国务院根据经济社会发展新形势，从深化改革的总体部署出发作出的重要决策，目的是加快财税体制改革，进一步减轻企业赋税，调动各方积极性，促进服务业尤其是科技等高端服务业的发展，促进产业和消费升级，培育新动能，深化供给侧结构性改革。

营改增在全国的推开，大致经历了以下阶段。2011 年，经国务院批准，财政部、国家税务总局联合下发《营业税改征增值税试点方案》。从 2012 年 1 月 1 日起，在上海交通运输业和部分现代服务业开展营业税改征增值税试点。自 2012 年 8 月 1 日起至 2012 年底，国务院扩大营改增试点至 8 省市；2013 年 8 月 1 日，营改增范围推广到全国试行，将广播影视服务业纳入试点范围。2014 年 1 月 1 日起，铁路运输和邮政服务业纳入营业税改征增值税试点。至此，交通运输业已全部纳入营改增范围；2016 年 3 月 18 日召开的国务院常务会议决定，自 2016 年 5 月 1 日起，我国全面推开营改增试点，将建筑业、房地产业、金融业、生活服务业全部纳入营改增试点，至此，营业税退出历史舞台，增值税制度更加规范。这是自 1994 年分税制改革以来，我国财税体制的又一次深刻变革。

二、所得税法

所得税是指以纳税人的所得或收益额为征税对象的一种税。所得税法就是指调整所得税税收关系的法律规范的总称。目前我国的所得税法法规主要有《中华人民共和国个人所得税法》（以下简称《个人所得税法》）、《中华人民共和国企业所得税法》（以下简称《企业所得税法》）。

（一）企业所得税法

企业所得税是对企业纯收益征收的一种税。2007 年 3 月 16 日，第十届全国人大常委会第五次会议通过了《企业所得税法》，自 2008 年 1 月 1 日起实施。2017 年 2 月 24 日该法第一次修正；2018 年 12 月 19 日该法第二次修正，之前施行的《企业所得税条例》和《外商投资企业和外国企业所得税法》废止。现行《企业所得税法》同时调整规范内资企业所得税和涉外企业所得税。根据《企业所得税法》的规定，我国企业所得税法的主要内容如下。

1. 纳税人

我国《企业所得税法》将纳税义务人分为居民企业和非居民企业。居民企业是指依法在中国境内成立，或者依照外国（地区）法律成立但实际管理机构在中国境内的企业；非居民企业是指依照外国（地区）法律成立且实际管理机构不在中国境内，但在中国境内设立机构、场所的，或者在中国境内未设立机构、场所，但有来源于中国境内所得的企业。

2. 征税对象

企业所得税的征税对象是生产、经营所得和其他所得。生产、经营所得是指从事物质生产、交通运输、商品流通、劳务服务，以及经国务院税务主管部门确认的其他营利事业取得的所得；其他所得是指股息、利息、租金、转让各类资产收益、特许权使用费以及营业外收益等所得。具体来说，居民企业应当就其来源于中国境内、境外的所得缴纳企业所得税；非居民企业在中国境内设立机构、场所的，应当就其所设机构、场所取得的来源于中国境内的所得，以及发生在中国境外但与其所设机构、场所有实际联系的所得，缴纳企业所得税。非居民企业在中国境内未设立机构、场所的，或者虽设立机构、场所但取得的所得与其所设机构、场所没有实际联系的，应当就其来源于中国境内的所得缴纳企业所得税。

3. 税率

企业所得税采用25%的比例税率。非居民企业按照属地原则确定的征税对象，适用税率为20%。

4. 应纳税额计算

企业所得税＝应纳税所得额×税率

应纳税所得额＝收入总额－税收准予扣除项目金额。

5. 企业所得税的缴纳

企业所得税按纳税年度计算，分月或者分季预缴。企业应当自月份或者季度终了之日起15日内，向税务机关报送预缴企业所得税纳税申报表，预缴税款。企业应当自年度终了之日起5个月内，向税务机关报送年度企业所得税纳税申报表，并汇算清缴，结算应缴应退税款。企业在年度中间终止经营活动的，应当自实际经营终止之日起60日内，向税务机关办理当期企业所得税汇算清缴。企业应当在办理注销登记前，就其清算所得向税务机关申报并依法缴纳企业所得税。

（二）个人所得税法

个人所得税是一种对个人纯收入征收的税。我国的个人所得税法律制度是在改革开放以后逐步建立的。1980年9月10日，第五届全国人大第三次会议通过了《个人所得税法》，同年12月14日财政部颁布《个人所得税法施行细则》。1993年10月31日，第八届全国人大常委会第四次会议通过了《关于修改〈个人所得税法〉的决定》，将我国一度同时存在的《个人收入调节税暂行条例》和《城乡个体工商业户所得税暂行条例》修改并入《个人所得税法》，统一了我国个人所得税法制度。之后，全国人大常委会分别于1999年8月30日、2005年10月27日、2007年6月29日、2007年12月29日、2011年6月30日、2018年8月31日对该法进行修正。根据现行《个人所得税法》，将其基本内容介绍如下。

1. 纳税人

我国个人所得税的纳税人有居民和非居民。居民是指在中国境内有住所，或者无住所而一个纳税年度内在中国境内居住累计满183天中国的个人。非居民是指在中国境内无住所又不居住，或者无住所而在一个纳税年度内在中国境内居住累计不满183天的个人。

2. 征税对象

个人所得税的征税对象是纳税人从中国境内和境外取得的所得。从中国境内取得的所得，是指来源于中国境内的9项所得：工资、薪金所得；劳务报酬所得；稿酬所得；特许权使用费所得；经营所得；利息、股息、红利所得；财产租赁所得；财产转让所得；偶然所得。

3. 税率

综合所得，适用3%～45%的超额累进税率；经营所得，适用5%～35%的超额累进税率；利息、股息、红利所得，财产租赁所得，财产转让所得和偶然所得，适用比例税率，税率为20%。

《个人所得税法》还对应纳税所得额和税额的计算、申报纳税、减免税等内容作出了规定；该法还规定，对储蓄存款利息所得开征、减征、停征个人所得税及其具体办法，由国务院规定，并报全国人民代表大会常务委员会备案。

三、财产税法

财产税是指以国家规定的纳税人的某些特定财产数量或价值额为征税对象的一类税。调整财产税关系的法律规范的总称，称为财产税法。我国现行财产税法规主要有国务院发布的《房产税暂行条例》（1986年9月15日发布，2011年1月8日修订）和《契税暂行条例》（1997年4月23日发布，2019年3月2日修订）。现行财产税种较少，征税面也较窄。随着经济的发展，改革的深化，我国在财产税方面将有较大的改变，会开征遗产税和赠与税。

四、行为税法

行为税是以某种特定行为的发生，对行为人课税的一种税。我国现行的行为税法规主要有《印花税暂行条例》（1988年8月6日发布，2011年1月8日修订）、《固定资产投资方向调节税暂行条例》（1991年4月16日发布，2011年1月8日修订）、《车船使用税暂行条例》（2006年12月27日发布）等。在我国整个税法体系中，行为税法是不可缺少的组成部分。它对某些特定行为课税，用以规范、引导、控制和管理经济行为、消费行为等，达到调节和保护经济关系的目的。

第五节　税收征收管理法律制度

一、税收征收管理法概述

我国税收征收管理法律制度，是指规定国家税务机关进行税收征收管理和纳税人纳税程序方面的法律、法规的总称，其主要内容包括税务登记、纳税鉴定、纳税申报、税款征收、财务和票证管理、税务检查、法律责任等。1992年制定，并于1995年、2001年和2015年修正的

《中华人民共和国税收征收管理法》（以下简称《税收征管法》）对税收征收管理的相关内容作出了明确规定。

二、税收征收管理的基本内容

（一）税务管理

1. 税务登记

税务登记是纳税人向税务机关办理书面登记的法定手续。税务登记是纳税人应当履行的义务。凡是税法规定应当纳税的纳税义务人，都必须在领取营业执照之日起 30 日内，持有关证件，向税务机关申报办理税务登记。

从事生产、经营的纳税人，税务登记内容发生变化的，自市场监督管理机关办理变更登记之日起 30 日内或者在向市场监督管理机关申请办理注销登记之前，持有关证件向税务机关申报办理变更或者注销税务登记。

2. 账簿、凭证管理

账簿、凭证是纳税人进行生产经营活动必不可少的原始凭证，也是税务机关进行税务监督的主要依据。纳税人、扣缴义务人应当按照国务院财政、税务主管部门的规定设置账簿，根据合法、有效凭证记账，进行核算。从事生产、经营的纳税人的财务、会计制度或者财务、会计处理办法和会计核算软件，应当报送税务机关备案。纳税人、扣缴义务人的财务、会计制度或者财务、会计处理办法与国务院或者国务院财政、税务主管部门有关税收的规定相抵触的，依照国务院或者国务院财政、税务主管部门有关税收的规定计算纳税。

3. 纳税申报

纳税申报是纳税人履行纳税义务的法定手续，也是基层税务机关办理征收业务、核定应收税款、开具纳税凭证的主要依据。

纳税人必须依照法律、行政法规规定或者税务机关依照法律、行政法规的规定确定的申报期限、申报内容如实办理纳税申报，报送纳税申报表、财务会计报表以及税务机关根据实际需要要求纳税人报送的其他纳税资料；扣缴义务人必须依照法律、行政法规规定或者税务机关依照法律、行政法规的规定确定的申报期限、申报内容如实报送代扣代缴、代收代缴税款报告表以及税务机关根据实际需要要求扣缴义务人报送的其他有关资料。

纳税人、扣缴义务人不能按期办理纳税申报或者报送代扣代缴、代收代缴税款报告表的，经税务机关核准，可以延期申报。经核准延期办理所规定的申报、报送事项的，应当在纳税期内按照上期实际缴纳的税额或者税务机关核定的税额预缴税款，并在核准的延期内办理税款结算。

（二）税款征收

税款征收是税务机关按照税法规定将纳税人应纳的税款收缴入库。它是征收管理的归宿，是体现依法办事、依率计征，保证国家财政收入及时足额入库的关键环节。税务机关应当依照法律、行政法规的规定征收税款，不得违反法律、行政法规的规定开征、停征、多征、少征、提前征收、延缓征收或者摊派税款。除税务机关、税务人员以及经税务机关依照法律、行政法规委托的单位和人员外，任何单位和个人不得进行税款征收活动。

1. 税款征收方式

税款征收的法定方式主要有查账征收、查定征收、查验征收、定期定额征收以及代征、代扣代缴等。税务机关根据保证国家税款及时足额入库、方便纳税人、降低税收成本的原则，确定税款征收的方式。

一是查账征收方式。查账征收又称“查账计征”，是指纳税人在规定的纳税期限内根据自己的财务报表或经营成果，向纳税机关申报应纳税收入或所得额及应纳税额，经税务机关核实后，填写纳税缴款书，纳税人据以缴税的方式。待税务机关查账后，根据检查结果多退少补。查账征收在我国适用面比较广泛，是大多数企业法人、团体法人和部分公民向国家申报纳税的主要方式。

二是查定征收方式。查定征收，是指税务机关通过按期查定纳税人的实物量而确定应纳税额，分期征收税款的一种征收方式。

三是查验征收方式。查验征收，是指税务机关对便于查验的纳税单位和个人，在应税货物出厂、起运、到货、进场时查验，以核定纳税人在一定时期内应纳税款数额的一种税收征收方式，主要适用于生产产品、经营商品货物有据可查的单位和个人。

四是定期定额征收方式。定期定额征收，是指由税务机关对纳税人一定经营时期的应纳税收入或所得额和应纳税额进行核定并分期征收税款的一种方式。

五是代征方式。代征，是指税务机关根据有利于税收控管和方便纳税的原则，按照国家有关规定委托有关单位和人员代征零星分散和异地缴纳的税收，受托单位和人员按照代征证书的要求，以税务机关的名义依法征收税款的一种征收方式。

六是代扣代缴方式。代扣代缴又称代收代缴，是指由税法规定的代扣代缴义务人依法代扣代缴纳税人应纳税款的一种方式。扣缴义务人依照法律、行政法规的规定履行代扣、代收税款的义务。对法律、行政法规没有规定负有代扣、代收税款义务的单位和个人，税务机关不得要求其履行代扣、代收税款义务。扣缴义务人依法履行代扣、代收税款义务时，纳税人不得拒绝。纳税人拒绝的，扣缴义务人应当及时报告税务机关处理。

税务机关征收税款时，必须给纳税人开具完税凭证。扣缴义务人代扣、代收税款时，纳税人要求扣缴义务人开具代扣、代收税款凭证的，扣缴义务人应当开具。完税凭证，是指各种完税证、缴款书、印花税票、扣（收）税凭证以及其他完税证明。

根据《税收征管法》的规定，纳税人有下列情形之一的，税务机关有权核定其应纳税额：（1）依照法律、行政法规的规定可以不设置账簿的；（2）依照法律、行政法规的规定应当设置账簿但未设置的；（3）擅自销毁账簿或者拒不提供纳税资料的；（4）虽设置账簿，但账目混乱或者成本资料、收入凭证、费用凭证残缺不全，难以查账的；（5）发生纳税义务，未按照规定的期限办理纳税申报，经税务机关责令限期申报，逾期仍不申报的；（6）纳税人申报的计税依据明显偏低，又无正当理由的。

企业或者外国企业在中国境内设立的从事生产、经营的机构、场所与其关联企业之间的业务往来，应当按照独立企业之间的业务往来收取或者支付价款、费用；不按照独立企业之间的业务往来收取或者支付价款、费用，而减少其应纳税的收入或者所得额的，税务机关有权进行合理调整。

对未按照规定办理税务登记的从事生产、经营的纳税人以及临时从事经营的纳税人，由税务机关核定其应纳税额，责令缴纳；不缴纳的，税务机关可以扣押其价值相当于应纳税款的商品、货物。扣押后缴纳应纳税款的，税务机关必须立即解除扣押，并归还所扣押的商品、货物；扣押后仍不缴纳应纳税款的，经县以上税务局（分局）局长批准，依法拍卖或者变卖所扣押的商品、货物，以拍卖或者变卖所得抵缴税款。

2. 纳税担保和税收保全

在纳税限期内发现纳税人有明显的转移、隐匿其应纳税的商品、货物以及其他财产或者应纳税的收入的迹象的，税务机关可以责成纳税人提供纳税担保，以保证其履行纳税义务。纳税担保包括人的担保（即经税务机关认可的纳税保证人为纳税人提供的纳税保证）和财产担保（即纳税人或者第三人以其未设置或者未全部设置担保物权的财产提供的担保）。纳税保证人可以是在中国境内具有纳税担保能力的自然人、法人或者其他经济组织，但法律、行政法规规定的没有担保资格的单位和个人，不得作为纳税担保人。

纳税担保人同意为纳税人提供纳税担保的，应当填写纳税担保书，写明担保对象、担保范围、担保期限和担保责任以及其他有关事项。担保书须经纳税人、纳税担保人签字盖章并经税务机关同意，方为有效。纳税人或者第三人以其财产提供纳税担保的，应当填写财产清单，并写明财产价值以及其他有关事项。纳税担保财产清单须经纳税人、第三人签字盖章并经税务机关确认，方为有效。

如果纳税人不能提供纳税担保，经县以上税务局（分局）局长批准，税务机关可以采取下列税收保全措施：（1）书面通知纳税人开户银行或者其他金融机构从其存款中扣缴税款；（2）依法拍卖或者变卖其价值相当于应纳税款的商品、货物或者其他财产，以拍卖或者变卖所得抵缴税款。

个人及其所扶养家属维持生活必需的住房和用品，不在税收保全措施的范围之内。

（三）税务检查

税务检查是指税务机关依法对纳税人履行纳税义务和代征人履行代征、代扣、代缴税款义务的情况进行的监督检查。通过税务检查，税务机关可以了解税法实施情况，发现违反税法和财务会计法规的问题，有利于严肃税收法纪，纠正错漏，有利于纠正纳税人的行为。

税务机关应当建立科学的检查制度，统筹安排检查工作，严格控制对纳税人、扣缴义务人的检查次数。税务机关应当制定合理的税务稽查工作规程，负责选案、检查、审理、执行的人员的职责应当明确，并相互分离、相互制约，规范选案程序和检查行为。

税务机关有权进行下列税务检查：检查纳税人的账簿、记账凭证、报表和有关资料，检查扣缴义务人代扣代缴、代收代缴税款账簿、记账凭证和有关资料；到纳税人的生产、经营场所和货物存放地检查纳税人应纳税的商品、货物或者其他财产，检查扣缴义务人与代扣代缴、代收代缴税款有关的经营情况；责成纳税人、扣缴义务人提供与纳税或者代扣代缴、代收代缴税款有关的文件、证明材料和有关资料；询问纳税人、扣缴义务人与纳税或者代扣代缴、代收代缴税款有关的问题和情况；到车站、码头、机场、邮政企业及其分支机构检查纳税人托运、邮寄应纳税商品、货物或者其他财产的有关单据、凭证和有关资料；经县以上税务局（分局）局长批准，凭全国统一格式的检查存款账户许可证明，查询从事生产、经营的纳税人、扣缴义务人在银行或者其他金融机构的存款账户。税务机关在调查税收违法案件时，经设区的市、自治州以上税务局（分局）局长批准，可以查询案件涉嫌人员的储蓄存款。税务机关查询所获得的资料，不得用于税收以外的用途。

税务机关对从事生产、经营的纳税人以前纳税期的纳税情况依法进行税务检查时，发现纳税人有逃避纳税义务行为，并有明显的转移、隐匿其应纳税的商品、货物以及其他财产或者应纳税的收入的迹象的，可以按照批准权限采取税收保全措施或者强制执行措施。

纳税人、扣缴义务人必须接受税务机关依法进行的税务检查，如实反映情况，提供有关资料，不得拒绝、隐瞒。税务机关依法进行税务检查时，有权向有关单位和个人调查纳税人、扣缴义务人和其他当事人与纳税或者代扣代缴、代收代缴税款有关的情况，有关单位和个人有义务向税务机关如实提供有关资料及证明材料。

三、法律责任

（一）纳税人和扣缴义务人的责任

纳税人和扣缴义务人违反《税收征管法》，有下列行为的，要承担相应的行政法律责任：(1) 未按照规定的期限申报办理税务登记、变更或者注销登记的；(2) 未按照规定设置、保管账簿或者保管记账凭证和有关资料的；(3) 未按照规定将财务、会计制度或者财务、会计处理办法和会计核算软件报送税务机关备查的；(4) 未按照规定将其全部银行账号向税务机关报告的；(5) 未按照规定安装、使用税控装置，或者损毁或者擅自改动税控装置的；(6) 未按照规定使用税务登记证件，或者转借、涂改、损毁、买卖、伪造税务登记证件的；(7) 编造虚假计税依据；(8) 拒绝或者以其他方式阻挠税务机关检查的；(9) 偷税；(10) 以转移或者隐匿财产的手段，妨碍税务机关追缴欠缴的税款； (11) 骗取国家出口退税款的； (12) 抗税；(13) 有非法印制发票等行为的。上述行为应根据相关规定承担限期改正、支付滞纳金、支付罚款、被吊销其营业执照等责任。构成犯罪的，应承担刑事责任。

（二）税务机关和税务人员的责任

税务机关和税务人员违反《税收征管法》，有下列行为的，要承担相应的行政法律责任：(1) 具有擅自改变税收征收管理范围和税款入库预算级次的；(2) 徇私舞弊或者玩忽职守，不征或者少征应征税款的；(3) 查封、扣押纳税人个人及其所扶养家属维持生活必需的住房和用品的；(4) 与纳税人、扣缴义务人勾结，唆使或者协助纳税人、扣缴义务人实施违法行为的；(5) 滥用职权，故意刁难纳税人、扣缴义务人的；(6) 对纳税人、扣缴义务人以及其他检举人进行打击报复的；(7) 违反规定提前征收、延缓征收或者摊派税款的；(8) 擅自作出税收的开征、停征或者减税、免税、退税、补税以及其他同税收法律、行政法规相抵触的决定等行为的。构成犯罪的，要承担刑事责任。

（三）其他人员和单位的责任

其他人员和单位违反《税收征管法》，有下列行为的，应根据相关规定承担相应的民事责任、行政责任和刑事责任：(1) 未经税务机关依法委托征收税款的；(2) 纳税人、扣缴义务人的开户银行或者其他金融机构拒绝接受税务机关依法检查纳税人、扣缴义务人存款账户，或者拒绝执行税务机关作出的冻结存款或者扣缴税款的决定，或者在接到税务机关的书面通知后帮助纳税人、扣缴义务人转移存款，造成税款流失的。

（四）税收争议的解决

纳税争议，是指纳税人、扣缴义务人、纳税担保人对税务机关确定纳税主体、征税对象、征税范围、减税、免税及退税、适用税率、计税依据、纳税环节、纳税期限、纳税地点以及税款征收方式等具体行政行为有异议而发生的争议。

纳税人、扣缴义务人、纳税担保人同税务机关在纳税上发生争议时，必须先依照税务机关的纳税决定缴纳或者解缴税款及滞纳金或者提供相应的担保，然后可以依法申请行政复议；对行政复议决定不服的，可以依法向人民法院起诉。

当事人对税务机关的处罚决定、强制执行措施或者税收保全措施不服的，可以依法申请行政复议，也可以依法向人民法院起诉。

当事人对税务机关的处罚决定逾期不申请行政复议，也不向人民法院起诉，又不履行的，作出处罚决定的税务机关可以采取《税收征管法》规定的强制执行措施，或者申请人民法院强制执行。

本章小结

1. 财政法是调整财政分配和财政管理活动中形成的财政关系的法律规范的总称。因此，财政法在经济法体系中占有重要的地位。

2. 预算法律制度是财政法律制度中的一项基本制度，它调整着各级人民政府和实行预算管理的各部门、各单位的预算关系。预算应遵循《预算法》的规定进行。

3. 税法是调整税收过程中发生的社会关系的法律规范的总称。税法是国家向社会组织和个人征税的法律依据。

4. 税法的构成要素决定了税法的基本内容。

5. 根据经济发展的状况，我国的实体税法主要包括流转税法、所得税法、财产税法、行为税法等几大类。

6. 为了保证税收如期进入国库，国家还专门创制了税收征收管理法律制度。

7. 违反财政法和税法规定的当事人，应承担相应的法律责任。

关键概念

财政	财政法	预算
决算	国债	税收
税法	税法构成要素	流转税法
所得税法	财产税法	行为税法
税收征收管理法		

思考题

1. 简述财政法的调整对象及地位。
2. 简述预算法规定的预算管理体制、预算管理职权、预算程序的基本内容。
3. 简述国债的概念、发行与转让的法律规定。
4. 简述税法的构成要素及基本规定。
5. 简述我国现行实体税法的结构。
6. 简述流转税的种类及基本内容。
7. 简述所得税的种类及基本内容。
8. 简述税收征收管理法的基本内容。
9. 简述违反财政法、税法应承担的法律责任。

第八章 金融法律制度

本章导读

金融机构属于国家重要的经济部门，金融活动与国民经济的发展有着密切的联系。国家创制的金融法律制度包括中央银行法、商业银行法等法律法规，以确定金融机构的法律地位并调整其金融关系。金融法也属于宏观调控法的范畴，是防范金融风险的有效手段。学习金融法律制度时，要重点了解与掌握金融机构的地位与职责权限，以及金融监管的基本内容。

第一节 金融法概述

一、金融法的概念

金融是指以银行等金融机构为中心的各种形式的信用活动以及在信用基础上组织起来的货币流通。例如，货币的发行与回笼，资金的借贷，金银、外汇的买卖，保险，信托，有价证券的发行与交易，国内、国际的货币结算，等等，都属于金融的范畴。简而言之，金融是货币资金融通的简称。

金融法，就是确认金融机构的法律地位并调整金融关系的法律规范的总称，它是国家实行金融货币政策、管理金融活动的法律工具。从实质意义上说，金融法是金融法律规范的总称；从立法体系的角度理解，或者说从表现形式意义上理解，金融法是金融规范性文件的总称，是一个总括性的概念。在我国，由于货币资金融通绝大部分是由银行完成的，所以银行法是金融法的核心。

金融法的调整对象是金融关系，是在金融业务活动和金融监管活动中形成的社会关系，即由金融法律规范调整的，在金融活动中形成的具有权利义务内容的社会关系。因此，金融关系包括金融业务关系和金融管理关系。金融法律关系除了具备经济法律关系的一般法律特征外，还有区别于其他经济法律关系的特点：首先，从主体上看，参加金融法律关系的一方当事人必定为金融机构或金融实体；其次，从内容上来看，金融法律关系内容具有纵横交叉、相互结合的特点，因为金融法调整对象既包括金融业务关系，也包括金融管理关系，而这两种关系是相互结合和交织在一起的；最后，从客体上看，金融法律关系的客体一般是作为物的货币、金银或有价证券等。

金融法体系是在金融法的基本原则的指导下，根据各个具体的金融法律制度的性质的异同和逻辑发展关系，按一定的规则组合而成的和谐、统一的整体。我国金融法体系包括以下几个方面的规范或制度：（1）金融法的一般性规范，如金融法的基本原则、金融管理体制等；（2）银行法律制度；（3）货币制度；（4）信贷制度；（5）结算制度；（6）信托投资制度；（7）金融证券制度；（8）票据制度和外汇制度，等等。金融法规体系是不同于金融法体系的另一个概念，它是由金融方面的法律规范性文件所构成的体系。加强金融法制，首先要加强金融立法工作，建立起为社会主义市场经济服务的金融法规体系。

二、金融法的地位

金融是现代经济的核心，又是一个高风险行业。各国政府经常面临金融风险和危机的挑战。为了防范和化解金融风险，避免金融危机的发生，国家必须运用金融法律手段，防范和监管金融活动，维护金融市场秩序。我国改革开放以来，金融法作为国家执行货币政策、规范和监管金融、发挥宏观调控作用的宏观经济法律制度，得到了迅速的发展，它在我国经济生活中的地位和作用日益突出。

金融是商品经济高度发展的产物，它连接生产、交换、分配和消费各环节，是社会生产和再生产活动的核心。现代社会没有一项经济活动不与金融相联系，没有一项商品生产和流通能够离开银行和银行信用。因此，金融是一种涉及面广、错综复杂的经济活动。要建立起社会主义市场经济体制，就必须深化金融体制改革；要培育和管理好金融活动和金融市场，防范金融风险和避免金融危机，就必须强化金融法制。金融法是建设金融法制、依法治理金融的基础和前提。

我国金融法是国家领导、组织、管理金融事业的一个法律部门，是我国社会主义经济法体系的重要组成部分。

第二节　中央银行法

一、中央银行的基本情况

（一）中央银行的地位、职责和组织机构

中央银行产生于17世纪后半期，而中央银行制度的形成则在19世纪初期。从1656年瑞典银行成立到1913年美国联邦储备体系建立，中央银行制度的建立经历了近260年。我国的

中央银行萌芽于20世纪初，1904年清朝政府设立户部银行，1908年更名为大清银行，经理国库，发行纸币，部分地承担了中央银行的职责。1927年国民党政府制定《中央银行条例》，于1928年成立中央银行。新中国的中央银行是中国人民银行。1983年，国务院作出决定，中国人民银行专门行使中央银行职能。1986年1月7日，国务院发布《银行管理暂行条例》，该条例从法律上确认了中国人民银行的中央银行地位。1995年3月18日，第八届全国人大第三次会议通过了《中华人民共和国中国人民银行法》（以下简称《中国人民银行法》）；2003年12月，第十届全国人大常委会第六次会议对《中国人民银行法》进行了修改，进一步明确了中国人民银行的法律地位和职责。《中国人民银行法》除了规定中央银行的地位、职责、机构，人民币及其发行制度，中央银行法定业务，以及金融监督管理任务外，还规定了中央银行的财务会计制度和法律责任等内容。《中国人民银行法》是我国制定的第一部全面调整中央银行管理和业务关系，规范中央银行行为的金融法律。

《中国人民银行法》规定：中国人民银行是中华人民共和国的中央银行。中国人民银行在国务院的领导下，制定和执行货币政策，防范和化解金融风险，维护金融稳定。这一规定，确立了中国人民银行的中央银行地位，明确中国人民银行的两大政府职能，即制定和执行货币政策；对全国金融业实施监督管理。可见，中国人民银行的性质属于国务院领导下的国家机关。《中国人民银行法》进一步规定：中国人民银行应当向全国人民代表大会常务委员会提出有关货币政策情况和金融业运行情况的工作报告。中国人民银行在国务院领导下依法独立执行货币政策，履行职责，开展业务，不受地方政府、各级政府部门、社会团体和个人的干涉。中国人民银行的全部资本由国家出资，属于国家所有。

根据《中国人民银行法》的规定，中国人民银行的职责是：(1) 发布与履行其职责有关的命令和规章；(2) 依法制定和执行货币政策；(3) 发行人民币，管理人民币流通；(4) 监督管理银行间同业拆借市场和银行间债券市场；(5) 实施外汇管理，监督管理银行间外汇市场；(6) 监督管理黄金市场；(7) 持有、管理、经营国家外汇储备、黄金储备；(8) 经理国库；(9) 维护支付、清算系统的正常运行；(10) 指导、部署金融业反洗钱工作，负责反洗钱的资金监测；(11) 负责金融业的统计、调查、分析和预测；(12) 作为国家的中央银行，从事有关的国际金融活动；(13) 国务院规定的其他职责。

根据《中国人民银行法》的有关规定，中国人民银行为执行货币政策，还可以从事金融业务活动。

按照《中国人民银行法》的规定，中国人民银行的组织机构包括：总行的职能机构、分支机构和咨询机构。中国人民银行设行长1人，副行长若干人。中国人民银行行长的人选，根据国务院总理的提名，由全国人民代表大会决定；全国人民代表大会闭会期间，由全国人大常委会决定，由国家主席任免。中国人民银行副行长由国务院总理任免。中国人民银行实行行长负责制。中国人民银行总行根据履行职责的需要设置办公厅、综合计划司、调查统计司、资金管理司、稽核司、货币发行司、会计司、国库司、金融管理司、条法司、人事教育司和外事司等职能部门。

中国人民银行根据履行职责的需要设置分支机构，作为中国人民银行的派出机构，分支机构根据中国人民银行的授权，维护本辖区的金融稳定，承办有关业务。中国人民银行对分支机构实行集中统一领导和管理。

为了保证国家货币政策的准确性、可行性和操作性，《中国人民银行法》规定，在中国人民银行设立货币政策委员会，作为其制定和执行货币政策的咨询机构。

（二）人民币及其发行制度

货币发行是中央银行的主要职责。《中国人民银行法》确定中国人民银行有依法制定和执行货币政策、发行人民币、管理人民币流通的职责，并且专章规定了人民币的地位、发行和流通管理。

我国的法定货币是人民币。以人民币支付我国境内的一切公共的和私人的债务，任何单位和个人不得拒收。人民币由中国人民银行统一印制、发行。中国人民银行对人民币发行的管理是通过划分发行库和业务库予以组织实施的。发行库即发行基金保管库。发行基金是中国人民银行保管的尚未进入流通的人民币票券，它还不是货币。

《中国人民银行法》规定，中国人民银行设立人民币发行库，在其分支机构设立分支库。分支库调拨人民币发行基金，应当按照上级库的调拨命令办理。任何单位和个人不得违反规定动用发行基金。业务库是各商业银行等银行机构为办理日常业务、收付现金而设置的金库。

中国人民银行发行新版人民币，应当将发行时间、面额、图案、式样、规格予以公告。法律严格禁止伪造、变造人民币；禁止出售、购买伪造、变造的人民币；禁止运输、持有、使用伪造、变造的人民币；禁止故意毁损人民币；禁止在宣传品、出版物或者其他商品上非法使用人民币图样。任何单位和个人不得印制、发售代币票券，以代替人民币在市场上流通。残缺、污损的人民币，按照中国人民银行的规定兑换，并由中国人民银行负责收回、销毁。

二、中央银行的法定业务

中央银行的业务，是中央银行职责的具体化。中央银行业务一般由中央银行法确定，即中央银行的法定业务。根据《中国人民银行法》的规定，我国中央银行法定业务的具体范围包括：

（一）运用货币政策工具

具体来说，中国人民银行为执行货币政策，可以运用下列货币政策工具。

1. 规定和集中存款准备金

所谓存款准备金，是指具有存款业务的金融机构为应付存款户提款而保留的库存现金和按规定存入中央银行的存款。

将存款准备金集中于中央银行，最初始于18世纪的英国。以法律形式规定商业银行必须向中央银行缴存存款准备金，始于1913年的美国《联邦储备法》。实行存款准备金制度，主要目的在于保护存款人的资金安全以及金融机构本身的安全，有利于中央银行调节信用规模和控制货币供应量。《中国人民银行法》规定，中国人民银行为执行货币政策，可以要求金融机构按照规定的比例交存存款准备金。

2. 确定中央银行基准利率

基准利率是指在多种利率并存的条件下起决定作用的利率。基准利率变动，其他利率也相应变动。基准利率在西方国家通常是中央银行的再贴现利率，在我国是中央银行对商业银行贷款的利率。中国人民银行根据执行货币政策的需要，可以确定中央银行基准利率。

3. 办理再贴现

中国人民银行可以根据需要，为金融机构开立账户，为已在中国人民银行开立账户的金融机构办理再贴现。所谓贴现，是指企业或者其他经营者为了获得现金，将未到期的票据交给商业银行或者其他金融机构，由商业银行或者其他金融机构按照规定的贴现率，扣除贴现日至票据到期日之间的贴现利息后，将票面金额支付给票据持有人（贴现人）的活动。再贴现就是指商业银行或其他金融机构将贴现所获得的未到期票据，向中央银行所做的票据转让，实际上就是商业银行与中央银行之间的票据买卖和资金让渡活动。

4. 向商业银行提供贷款

中央银行不办理普通银行贷款业务，贷款对象必须是银行和其他金融机构，它不是为了追求盈利，而是为了调节金融，借以实现对金融活动的管理。《中国人民银行法》规定，为执行货币政策，中国人民银行可以向商业银行提供贷款，并且可以决定对商业银行贷款的数额、期限、利率和方式，但贷款的期限不得超过一年。中国人民银行不得向地方政府、各级政府部门提供贷款，不得向非银行金融机构以及其他单位和个人提供贷款，但国务院决定中国人民银行可以向特定的非银行金融机构提供贷款的除外。中国人民银行不得向任何单位和个人提供担保。

5. 在公开市场上买卖国债和其他政府债券及外汇

公开市场政策是中央银行拥有的一般性货币政策工具。所谓公开市场政策，是指中央银行在公开市场上买进或卖出有价证券的行为。公开市场有广义公开市场和狭义公开市场两种形式。广义公开市场，是指中央银行除了在公开市场上买卖国债和其他政府债券外，还可以买卖地方政府债券、政府担保的证券、银行承兑汇票等，以达到调节信用和控制货币供应量的目的。狭义公开市场，是指仅允许中央银行在公开市场上买卖国债和其他政府债券。《中国人民银行法》规定，中国人民银行可以在公开市场上买卖国债、其他政府债券和金融债券及外汇，可以代理国务院财政部门向各金融机构组织发行、兑付国债和其他政府债券，但不得对政府财政透支，不得直接认购、包销国债和其他政府债券。

6. 国务院确定的其他货币政策工具

中国人民银行为执行货币政策，运用上述所列货币政策工具时，可以规定具体的条件和程序。

（二）中国人民银行的其他金融业务

1. 经理国库

国库就是国家金库，是负责办理国家预算资金的收入和支出的出纳机关。《中国人民银行法》和《中华人民共和国国家金库条例》都规定，中国人民银行依照法律、行政法规的规定经理国库。因此，经理国库是中国人民银行的一项重要职责。

2. 清算服务

所谓清算，是指为避免现款支付的麻烦而以转账方式了结债权债务关系。银行之间的债权债务关系需要通过一个中枢机构办理转账结算，这种中枢机构一般由中央银行兼任。《中国人民银行法》规定，中国人民银行应当组织或者协助组织银行业金融机构相互之间的清算系统，协调银行业金融机构相互之间的清算事项，提供清算服务。

3. 代理发行国债

中国人民银行可以代理国务院财政部门向各金融机构组织发行、兑付国债和其他政府债券。

4. 为金融机构开立账户

中国人民银行可以根据需要，为金融机构开立账户，但不得对金融机构的账户透支。

除了上述《中国人民银行法》所规定的中国人民银行的职责之外，《中国人民银行法》还从相反的角度，规定了禁止中国人民银行从事的金融业务：不得对政府财政透支，不得直接认购、包销国债和其他政府债券；不得向地方政府、各级政府部门提供贷款；不得向非银行金融机构以及其他单位和个人提供贷款，但国务院决定中国人民银行可以向特定的非银行金融机构提供贷款的除外。

三、中央银行的金融监督管理

金融业是经营风险较大的行业。世界上出现的很多金融危机，大多与金融监管体制的不健全或者监管不力有关。为了本国金融业和金融市场的安全、稳定、积极和健康发展，维护国家的金融秩序和债权人的合法权益，必须加强对金融业的监督和管理。

目前，各国的金融监管体制差别很大，并没有统一的监管模式。银行监管组织采用何种模式，主要取决于不同国家的政治、经济、金融、立法的历史背景。各国金融监管的模式主要有四种：一是欧洲中央银行成立后，欧元区国家中已有多半国家将银行监管从中央银行中分离出来。二是英国、日本、瑞典、丹麦、澳大利亚将银行、证券、保险监管统一于单一的金融监管机构。三是美国由美国联邦储备委员会作为伞形监管者，负责监管混业经营的金融控股公司，银行、证券、保险由其他监管部门分别监管。四是许多发展中国家仍由中央银行同时负责货币政策和金融监管。但从总的趋势看，越来越多的国家金融监管采用了与央行货币政策职能相分离的模式。

从目前我国的金融监管体制来看，属于一元化的多重管理体制。根据我国现行的《中国人民银行法》的规定，中央银行的金融监督管理职责的具体内容主要包括：一是依法对金融机构及其业务实施监督管理，以维护全国金融业的合法、稳健运行。二是按照法律、行政法规的规定审批金融机构的设立、变更、终止及其业务范围。三是有权对各类金融机构的存款、贷款、结算、呆账等情况随时进行稽核、检查监督。中国人民银行还有权对金融机构违反规定提高或者降低存款利率、贷款利率的行为进行监督检查。四是有权对国家政策性银行的金融业务进行指导和监督。五是有权要求各金融机构按照规定报送资产负债表、损益表以及其他财务会计报表和资料。六是按照金融监督管理的需要，负责统一编制全国金融统计数据、报表，并按照国家有关规定予以公布。七是为了更有效地行使金融监督管理职权，中央银行应当建立、健全本系统的稽核、检查制度，加强内部的监督管理。

我国金融改革开放以来，人民银行管理体制进行了多次重大调整，每一次改革都推动了中央银行职能的强化和金融业的快速健康发展。1983 年 9 月，国务院作出了《关于中国人民银行专门行使中央银行职能的决定》（国发〔1983〕146 号），推进了我国中央银行体制的确立；1992 年 10 月，中国证券监督管理委员会成立；1998 年，中国人民银行将证券监管职能全部划转到中国证券监督管理委员会，有力地促进了我国银行管理、证券管理专业化和国际化水平；1993 年 12 月，国务院作出了《关于金融体制改革的决定》（国发〔1993〕91 号），使中国人民银行朝着真正中央银行的方向迈出重要步伐；1998 年 11 月，中国人民银行成立九家跨省（区、市）分行，同时宣告成立中国保险监督管理委员会，我国监管架构进一步完善，执行货币政策和监管的独立性和专业化水平得到提高。1998 年后，我国金融宏观调控发生了重大变革，取消了对商业银行贷款规模的限额控制，实施货币政策主要靠运用各种货币政策工具进行间接调节，商业银行贷款多少在很大程度上取决于其资金平衡能力和风险控制能力。在这种情况下，让中央银行同时承担货币政策和银行监管职能，不仅会造成宏观、微观目标的冲突，而且也容易造成管理和约束软化。

根据党的十六大提出的深化行政管理体制改革的任务和十六届二中全会审议通过的《关于深化行政管理体制和机构改革的意见》，2003 年 3 月 10 日，十届全国人大一次会议审议通过了国务院机构改革方案，其中第三项内容是：健全金融监管体制，设立中国银行业监督管理委员会（以下简称银监会）。

设立银监会，是我国金融监管体制演进的必然结果。20 世纪 90 年代以前，我国金融监管职能主要由人民银行内部的金融管理司承担。随着金融市场的发展，按照分业经营的要求，监管的组织体系不断调整，银行监管由过去的合规监管向以防范和化解金融风险的审慎监管转变。特别是加入世界贸易组织后，金融立法进程明显加快。但是，如何协调整体金融稳定与微观金融风险的处置，如何在履行货币政策和银行监管双重职责方面形成有效的约束和制衡，始终是中国人民银行履行职责过程中面临的问题。处理得不好，不仅会影响货币政策实施的统一效能，也容易引发一定程度的道德风险。银监会的成立，无疑为解决上述问题提供了相应的体制约束和保障，同时也有利于集中精力解决银行监管中的难题，提高监管效率和监管的专业化水平和权威性，推动我国银行业尽快提高国际竞争力。

成立银监会，是我国金融发展史上的一件大事，是完善宏观调控体系、健全金融监管体制的重大决策。这是一个双赢的举措，使中央银行和监管当局能够腾出更多的时间和空间，以更细的分工专司其职，迅速提升货币政策和银行监管的专业化水平，从而加快金融改革与发展的进程。中国人民银行作为中央银行，在宏观调控体系中的作用将更加突出。中国人民银行不再承担监管职能后，加强了制定和执行货币政策职能，不断完善有关金融机构的运行规则和改进对金融业的宏观调控政策，更好地发挥了中央银行在宏观调控和防范与化解金融风险中的作用，进一步改进金融服务。银监会成立后，中国人民银行在集中履行货币政策和金融服务职责的同时，在宏观经济管理和维护整体金融稳定方面发挥了更大的作用。在金融监管方面，中国人民银行的宏观调控和银监会的监管工作是互相补充、互相促进的。

2018 年 3 月，为深化金融监管体制改革，解决现行体制存在的监管职责不清晰、交叉监管和监管空白等问题，强化综合监管，优化监管资源配置，更好地统筹系统重要性金融机构监管，逐步建立符合现代金融特点、统筹协调监管有力有效的现代金融监管框架，守住不发生系统性金融风险的底线，在国务院机构改革过程中，将中国银行业监督管理委员会和中国保险监督管理委员会的职责整合，组建中国银行保险监督管理委员会，作为国务院直属事业单位，不再保留银监会、保监会。与此同时，将银监会和保监会拟定银行业、保险业重要法律法规草案和审慎监管基本制度的职责划入央行。这一改革的目的，旨在进一步加强监管的协调性，防范监管空白和监管套利，同时进一步加强监管部门之间的相互制约。

第三节 商业银行法

一、商业银行法的地位

（一）商业银行的概念和特征

商业银行，是指以经营存、放款为主要业务，并以营利性、安全性和流动性为主要经营原则的信用机构。

商业银行的历史，可上溯至16世纪至17世纪在英国出现的金匠，但一般认为，1694年成立的英格兰银行是世界上最早的一家商业银行。在我国，第一家商业银行为1897年成立的中国通商银行，总行设在上海。商业银行最初的业务，只是吸收短期存款，同时发放短期的“商业”贷款，故称之为“商业银行”。

随着时代和社会经济的发展，商业银行的业务范围不断扩大，但基本的业务仍然是存款、贷款和汇兑。因此，《中华人民共和国商业银行法》对商业银行所规定的定义仍然是：商业银行是指依照《商业银行法》和《公司法》设立的吸收公众存款、发放贷款、办理结算等业务的企业法人。目前，我国商业银行体系中，除国有商业银行外，还有交通银行、中信实业银行、光大银行、华夏银行、招商银行、福建兴业银行、广东发展银行、深圳发展银行、上海浦东发展银行等。

从《商业银行法》对商业银行所下的定义看，商业银行的性质不是国家机关，而是企业法人，具有《民法典》赋予一般企业法人的法律地位和权利义务。由于商业银行依照《公司法》和《商业银行法》设立，所以，商业银行除具有一般公司企业法人的基本特点外，与一般的公司企业法人又有区别，主要表现在：

（1）设立的法律依据和条件不完全相同。一般公司的设立只需依据《公司法》设立，而商业银行除了需要符合《公司法》所规定的条件之外，还需要符合《商业银行法》所规定的条件和程序，并且需要经中国人民银行审查批准。

（2）经营的商品不同。公司经营的是一般商品，而商业银行经营的是特殊商品，即充当一般等价物的货币。

（3）经营的方式不同。一般公司的经营方式，都是将商品的所有权和使用权通过交易同时转让出去，而商业银行经营货币时只转让货币的使用权，保留货币的所有权。

（4）经营商品的权益来源不同。一般公司的收益主要来源于经营商品的价值增值，而商业银行的收益主要来源于经营货币所获取的利息。

由此可见，商业银行是特殊的公司企业法人。同时，由于商业银行以效益性、安全性、流动性为经营原则，它与同是银行的政策性银行也是不同的。政策性银行不经营商业性信贷业务，不以营利为目的，采用保本经营的原则。

（二）商业银行法的概念和地位

商业银行法，就是调整商业银行的设立、变更和终止及相关金融业务活动所发生的经济关系的法律规范的总称。

为了适应社会主义市场经济体制的需要，1995 年 5 月 10 日，第八届全国人大常委会第十三次会议通过了《中华人民共和国商业银行法》，自 1995 年 7 月 1 日起施行，并于 2003 年 12 月 27 日和 2015 年 8 月 29 日进行了修改。广义上的商业银行法是一种泛称，实际上是指包括《商业银行法》在内的所有有关商业银行的法律法规。当然，《商业银行法》是其中最主要的规范性法律文件。

从性质上来说，《商业银行法》应当属于公司法的特别法。《商业银行法》主要规定了商业银行的设立和组织机构、业务范围、基本规则，以及中央银行的监管和接管等事宜。

《商业银行法》不属于传统的民商法的范畴。当然，应当承认，商业银行在金融市场上的活动主要是民事活动，特别是在信贷活动中所发生的关系，属于民事法律关系。《商业银行法》中的很多规定也属于民商法律规范。但是，从总体上分析，《商业银行法》不同于民商法：

(1)《商业银行法》中规定了大量的对商业银行监督管理的内容，甚至包括中央银行在必要时对商业银行的接管的规定，这些内容都是民商法所无法容纳的。

(2)《商业银行法》中对商业银行的金融业务范围、金融业务活动的规则的规定，大部分属于强制性规范，甚至这种强制程度远远超过了《公司法》。

(3) 商业银行本身并不属于国家的金融调控机关，但它是金融监管机构的主要调控对象，国家和中央银行的金融政策和调控措施，主要是通过商业银行的活动而发生作用，因此可以说，商业银行在金融调控中间接发挥着调控功能和作用。

(4) 传统的商法是在资本主义发展初期，商品经济尚不发达的条件下，主要为了满足新的商人阶级的需要，才形成了一种有别于一般民事活动的法律体系，从一开始便带有模仿商人习惯法的局限性，其制法过程缺乏类似于民事立法那样的理论准备，包括欧洲各国的商事立法在内。在缺乏理论准备下建立起来的商法体系，随着经济生活的发展，商法内容不断修改和补充，成为发展最为迅速、变化最大而又最缺乏理论指导的法律部门。随着社会经济发展所带来的商人特殊身份的消失和商业的泛化以及国家职能角色的转变，加上商事法律规范本身缺乏共同性，商法本身也日趋捉襟见肘，从而陷入一种尴尬的境地。即使在传统的商法中，也不包括银行法的内容。因此，有些民商法论著将《商业银行法》归类于商法的范畴，是没有任何根据的。

(三) 商业银行的业务

我国《商业银行法》就商业银行的经营业务列举了 13 项内容。从理论上来说，这些内容可以归类于三种类型，即资金市场业务、资本市场业务和中介服务业务。

1. 资金市场业务

资金市场业务是商业银行的传统业务和主要业务，包括从社会吸收资金和向社会发放资金两个方面。从社会吸收资金的业务可称为负债性业务，向社会发放资金的业务可称为资产性业务。

根据《商业银行法》的规定，商业银行的资金市场业务主要包括：(1) 吸收公众存款。吸收公众存款包括居民个人储蓄和企事业单位储蓄。(2) 发放短期、中期和长期贷款。商业银行向企事业单位和居民个人发放贷款，是商业银行的资产性业务，也是商业银行资金经营的最主要的方式和经营利润的主要来源。(3) 办理票据贴现。

2. 资本市场业务

资本市场业务，是指商业银行运用其可动用的资金，参与资本市场的经营活动。资本市场业务也可以称为商业银行的投资业务。

商业银行的投资业务是现代商业银行业务范围扩张的结果，也是商业银行增强自身经济实力的需要。但是，根据我国目前的实际状况，《商业银行法》对商业银行从事资本市场业务做了严格限制。按照《商业银行法》的规定，商业银行在中国境内不得从事信托投资和证券经营业务，不得投资于非自用不动产，不得向非银行金融机构和企业投资。

按照我国现行法律规定，商业银行的资本业务主要包括：(1) 发行金融债券。作为股份制的公司企业，商业银行可以按照《公司法》和其他法律法规的规定，向社会发行金融债券，募集资金，但募集的资金必须用于规定的用途。(2) 买卖政府债券和外汇。(3) 从事同业拆借。

3. 中介服务业务

中介服务业务是指商业银行在无须动用资金的情况下，为客户承办金融服务事项和其他委托事项，并收取服务费或者手续费的业务活动。根据《商业银行法》的规定，商业银行的主要中介服务业务包括：(1) 办理国内外结算。结算是银行为在本行开户的客户办理经济往来所引起的货款结算以及其他收付款项结算的业务。目前主要的结算方式有现金结算、转账结算和票据结算等。(2) 代理发行、代理兑付、承销政府债券。(3) 代理买卖外汇。(4) 提供信用证服务及担保。(5) 代理收付款项及代理保险业务。(6) 提供保管箱服务。

各商业银行可以经营上述业务的一部分，也可以经营上述全部业务。经营业务的范围由该商业银行的章程规定，并报国务院银行业监督管理机构批准。未经国务院银行业监督管理机构批准，任何单位和个人不得从事吸收公众存款等商业银行业务。

商业银行的业务活动应当遵守以下规则：(1) 商业银行与客户的业务往来，应当遵循平等、自愿、公平和诚实信用的原则。(2) 商业银行开展业务，应当遵守法律、行政法规的有关规定，不得损害国家利益、社会公共利益。(3) 商业银行开展业务，应当遵守公平竞争的原则，不得从事不正当竞争。(4) 商业银行以效益性、安全性、流动性为经营原则，实行自主经营、自担风险、自负盈亏、自我约束。(5) 商业银行应当保障存款人的合法权益不受任何单位和个人的侵犯。(6) 商业银行依法接受中国人民银行的监督管理。

(四) 商业银行的组织形式

《商业银行法》规定，商业银行的组织形式、组织机构适用《公司法》的规定。《公司法》中所规范的公司主要有两种基本形式：有限责任公司和股份有限公司。中国工商银行、中国银行、中国农业银行、中国建设银行等国有独资商业银行，必须适用国有独资公司的规定。在商业银行的组织机构方面，是什么样的公司组织形式，就适用什么样的公司组织机构的规定。例如，中国工商银行是国有独资银行，它必须适用《公司法》关于国有独资公司的规定。

商业银行的组织机构除了适用《公司法》的有关规定外，还应当适用《商业银行法》关于商业银行组织机构的规定。这些规定主要有：(1) 国有独资商业银行设立监事会。监事会由中国人民银行、政府有关部门的代表、有关专家和本行工作人员的代表组成。监事会对国有独资商业银行的信贷资产质量、资产负债比例、国有资产保值增值等情况以及高级管理人员违反法律、行政法规或者章程的行为和损害银行利益的行为进行监督。(2) 商业银行根据业务需要可以在中华人民共和国境内外设立分支机构。设立分支机构必须经国务院相关监督管理机构审查批准。在中华人民共和国境内的分支机构，不按行政区划设立。商业银行对其分支机构实行全行统一核算、统一调度资金、分级管理的财务制度。商业银行分支机构不具有法人资格，在总行授权范围内依法开展业务，其民事责任由总行承担。

二、商业银行的设立、变更、接管和终止

（一）商业银行的设立

《商业银行法》规定，设立商业银行，应当经国务院银行业监督管理机构审查批准。未经国务院银行业监督管理机构批准，任何单位和个人不得从事吸收公众存款等商业银行业务，任何单位不得在名称中使用“银行”。

在我国设立商业银行，应当具备以下法定条件：(1) 应当有符合《商业银行法》和《公司法》规定的章程。(2) 须有符合《商业银行法》规定的注册资本最低限额。设立全国性商业银行的注册资本最低限额为10亿元人民币。设立城市合作商业银行的注册资本最低限额为1亿元人民币，设立农村商业银行的注册资本最低限额为5 000万元人民币。注册资本应当是实缴资本。国务院银行业监督管理机构根据审慎监管的要求可以调整注册资本最低限额，但不得少于上述规定的限额。(3) 有具备任职专业知识和业务工作经验的董事、高级管理人员。(4) 有健全的组织机构和管理制度。(5) 有符合要求的营业场所、安全防范措施和与业务有关的其他设施。

设立商业银行时，申请人应当向国务院银行业监督管理机构提交以下文件、资料：申请书，申请书上应当载明拟设立的商业银行的名称、所在地、注册资本、业务范围等；可行性研究报告；国务院银行业监督管理机构规定提交的其他文件、资料。

设立商业银行的申请，经国务院银行业监督管理机构审查后，符合《商业银行法》规定的，申请人应当填写正式申请表，并提交下列文件、资料：章程草案；拟任职的董事、高级管理人员的资格证明；法定验资机构出具的验资证明；股东名册及其出资额、股份；持有注册资本5%以上的股东的资信证明和有关资料；经营方针和计划；营业场所、安全防范措施和与业务有关的其他设施的资料；国务院银行业监督管理机构规定的其他文件、资料。

经批准设立的商业银行，由国务院银行业监督管理机构颁发经营许可证，并凭该许可证向市场监督管理部门办理登记，领取营业执照。

商业银行根据业务需要可以在我国境内外设立分支机构。设立分支机构必须经国务院银行业监督管理机构审查批准，在境内的分支机构，不按行政区划设立。设立分支机构，应当按照规定拨付与其经营规模相适应的营运资金额。经批准设立的商业银行分支机构，由国务院银行业监督管理机构颁发经营许可证，并凭该许可证向市场监督管理部门办理登记，领取营业执照。

（二）商业银行的变更

商业银行的变更，包括商业银行的分立、合并以及其他注册事项的变更。根据《商业银行法》的规定，商业银行变更名称、变更注册资本、变更总行或分支行所在地、调整业务范围、变更持有资本总额或者股份总额5%以上的股东、修改章程，以及国务院银行业监督管理机构规定的其他变更事项的，都应当经国务院银行业监督管理机构批准。更换董事、高级管理人员时，应当报经中国人民银行审查其任职条件。

商业银行的分立、合并，适用《公司法》的规定，并应当经国务院银行业监督管理机构审查批准。

（三）商业银行的接管和终止

商业银行已经或者可能发生信用危机，严重影响存款人的利益时，国务院银行业监督管理机构可以对该银行实行接管，对被接管的商业银行采取必要措施，以保护存款人的利益，恢复商业银行的正常经营能力，但被接管的商业银行的债权债务关系不因接管而变化。

商业银行的接管由国务院银行业监督管理机构决定，并组织实施。接管决定由国务院银行业监督管理机构予以公告。接管自接管决定实施之日起开始。自接管开始之日起，由接管组织行使商业银行的经营管理权力。接管期限届满，国务院银行业监督管理机构可以决定延期，但接管期限最长不得超过 2 年。

按照《商业银行法》的规定，有下列情形之一的，接管终止：(1) 接管决定规定的期限届满或者接管延期届满。(2) 接管期限届满前，该商业银行已恢复正常经营能力。(3) 接管期限届满前，该商业银行被合并或者被依法宣告破产。

商业银行因解散、被撤销和被宣告破产而终止。具体来说包括三种情况：(1) 商业银行因分立、合并或者出现公司章程规定的解散事由需要解散的，应当向国务院银行业监督管理机构提出申请，并附解散的理由与支付存款的本金和利息等债务清偿计划，经国务院银行业监督管理机构批准后解散。(2) 商业银行因吊销经营许可证被撤销的，国务院银行业监督管理机构应当依法及时组织成立清算组，进行清算，按照清偿计划及时偿还存款本金和利息等债务。(3) 商业银行不能支付到期债务，经国务院银行业监督管理机构同意，由人民法院依法宣告其破产。

三、商业银行业务的基本规定

（一）存款业务的基本规则

存款是企业、机关、团体或个人把货币资金存入银行或其他信用机构并获取存款利息的一种信用活动形式。吸收公众存款是商业银行最基本的业务。保护存款人的合法权益是商业银行法的立法宗旨之一。为规范商业银行吸收公众存款的行为，保护存款人的合法权益，我国《商业银行法》等法律、行政法规，对存款人的保护作出了明确的规定。

(1) 商业银行办理个人储蓄存款业务，应当遵循存款自愿、取款自由、存款有息、为存款人保密的原则。对个人储蓄存款，商业银行有权拒绝任何单位或者个人查询、冻结、扣划，但法律另有规定的除外。

(2) 对单位存款，商业银行有权拒绝任何单位或者个人查询，但法律、行政法规另有规定的外；有权拒绝任何单位或者个人冻结、扣划，但法律另有规定的除外。

(3) 商业银行应当按照中国人民银行规定的存款利率的上下限，确定存款利率，并予以公告。

(4) 商业银行应当按照中国人民银行的规定，向中国人民银行交存存款准备金，留足备付金。

(5) 商业银行应当保证存款本金和利息的支付，不得拖延、拒绝支付存款本金和利息。

总之，商业银行与客户的业务往来，应当遵循平等、自愿、公平和诚实信用的原则。商业银行应当保障存款人的合法权益不受任何单位和个人的侵犯。

（二）贷款业务的基本规则

贷款，是指银行向客户转让货币资金的使用权，并按约定的期限和利息等条件加以回收的一种信用活动形式。贷款业务是商业银行的主要经营业务。商业银行根据国民经济和社会发展的需要，在国家产业政策指导下开展贷款业务。

《商业银行法》规定，商业银行贷款，应当对借款人的借款用途、偿还能力、还款方式等情况进行严格审查，实行审贷分离、分级审批的制度。借款人应当向贷款商业银行提供担保，商业银行应当对保证人的偿还能力，抵押物、质物的权属和价值以及实现抵押权、质权的可行性进行严格审查。经商业银行审查、评估，确认借款人资信良好，确能偿还贷款的，可以不提供担保。商业银行贷款，还应当与借款人订立书面合同；商业银行应当按照中国人民银行规定的贷款利率的上下限，确定贷款利率。

国家要求商业银行资产与负债之间保持合理的比例，实行资产负债比例管理的制度。对此，《商业银行法》要求商业银行贷款应当遵守下列资产负债比例管理规定：资本充足率不得低于8%；流动性资产余额与流动性负债余额的比例不得低于25%；对同一借款人的贷款余额与商业银行资本余额的比例不得超过10%；国务院银行业监督管理机构对资产负债比例管理的其他规定。

（三）其他行为规范

1. 不得违规贷款

商业银行不得向关系人发放信用贷款；向关系人发放担保贷款的条件不得优于其他借款人同类贷款的条件。所谓关系人，是指商业银行的董事、监事、管理人员、信贷业务人员及其近亲属，以及包括这些关系人所投资或者担任高级管理职务的公司、企业和其他经济组织。

2. 不得强令贷款

任何单位和个人不得强令商业银行发放贷款或者提供担保。商业银行有权拒绝任何单位和个人强令要求其发放贷款或者提供担保。

3. 不得违反合同约定

借款人应当按期归还贷款的本金和利息。借款人到期不归还担保贷款的，商业银行依法享有要求保证人归还贷款本金和利息或者就该担保物优先受偿的权利。商业银行因行使抵押权、质权而取得的不动产或者股票，应当自取得之日起2年内予以处分。借款人到期不归还信用贷款的，应当按照合同约定承担责任。

4. 不得违规从事其他业务

商业银行在我国境内不得从事信托投资和证券经营业务，不得向非自用不动产投资或者向非银行金融机构和企业投资，但国家另有规定的除外。商业银行在中国境内不得从事信托投资和证券经营业务，不得向非自用不动产投资或者向非银行金融机构和企业投资，但国家另有规定的除外。

5. 不得违规办理票据事务

商业银行办理票据承兑、汇兑、委托收款等结算业务，应当按照规定的期限兑现，收付入账，不得压单、压票或者违反规定退票。有关兑现、收付入账期限的规定应当公布。

6. 不得违规借款

商业银行发行金融债券或者到境外借款，应当依照法律、行政法规的规定报经批准。

7. 不得违规同业拆借

同业拆借，应当遵守中国人民银行的规定。禁止利用拆入资金发放固定资产贷款或者用于投资。拆出资金限于交足存款准备金、留足备付金和归还中国人民银行到期贷款之后的闲置资金。拆入资金用于弥补票据结算、联行汇差头寸的不足和解决临时性周转资金的需要。

8. 不得违规存放贷款

商业银行不得违反规定提高或者降低利率以及采用其他不正当手段，吸收存款，发放贷款。

9. 不得违规开立账户

企业事业单位可以自主选择一家商业银行的营业场所开立一个办理日常转账结算和现金收付的基本账户，不得开立两个以上基本账户。任何单位和个人不得将单位的资金以个人名义开立账户存储。

四、商业银行的监督管理

（一）中国人民银行的监督管理

商业银行依法接受中国人民银行的监督管理。《商业银行法》对监督管理的具体要求做出了专章规定，具体来说，中国人民银行有权对商业银行执行存款准备金管理规定、人民币管理规定、外汇管理规定、黄金管理规定等情况进行检查监督。中国人民银行根据执行货币政策和维护金融稳定的需要，可以建议国务院银行业监督管理机构对商业银行进行检查监督。

商业银行应当依法接受审计机关的审计监督。

（二）银行业监督管理机构的监督管理

银行业监督管理机构根据审慎监管的要求，可以采取下列措施进行现场检查：(1) 进入商业银行进行检查。(2) 询问商业银行的工作人员，要求其对有关检查事项作出说明。(3) 查阅、复制商业银行与检查事项有关的文件、资料，对可能被转移、隐匿或者毁损的文件、资料予以封存。(4) 检查商业银行运用电子计算机管理业务数据的系统。

银行业监督管理机构根据履行职责的需要，有权要求商业银行按照规定报送资产负债表、利润表和其他财务会计、统计报表，经营管理资料以及注册会计师出具的审计报告；可以与商业银行董事、高级管理人员进行监督管理谈话，要求商业银行董事、高级管理人员就商业银行的业务活动和风险管理的重大事项作出说明。

商业银行违反审慎经营规则的，国务院银行业监督管理机构或者其省一级派出机构应当责令限期改正；逾期未改正的，或者其行为严重危及该商业银行的稳健运行、损害存款人和其他客户合法权益的，经国务院银行业监督管理机构或者其省一级派出机构负责人批准，可以区别情形。

商业银行已经或者可能发生信用危机，严重影响存款人和其他客户合法权益的，国务院银行业监督管理机构可以依法对该商业银行实行接管或者促成机构重组。商业银行有违法经营、经营管理不善等情形，不予撤销将严重危害金融秩序、损害公众利益的，国务院银行业监督管理机构有权对其予以撤销。

商业银行应当依法接受审计机关的审计监督。

（三）商业银行的财务会计制度

为了加强对商业银行的财务会计活动的管理，规范其行为，《商业银行法》对商业银行的财务会计工作作出了明确的要求。根据《商业银行法》的规定，商业银行应当依照法律和国家统一的会计制度以及国务院银行业监督管理机构的有关规定，建立、健全本行的财务、会计制度；应当按照国家有关规定，真实记录并全面反映其业务活动和财务状况，编制年度财务会计报告，及时向国务院银行业监督管理机构和财政部门报送会计报表。商业银行不得在法定的会计账册外另立会计账册。商业银行的会计年度自公历 1 月 1 日起至 12 月 31 日止。

商业银行应当于每一会计年度终了 3 个月内，按照国务院银行业监督管理机构的规定，公布其上一年度的经营业绩和审计报告。

商业银行应当按照国家有关规定，提取呆账准备金，冲销呆账。

（四）商业银行的内部监督管理

商业银行应当按照国务院银行业监督管理机构的规定，制定本行的业务规则，建立、健全本行的风险管理和内部控制制度。

商业银行应当建立、健全本行对存款、贷款、结算、呆账等各项情况的稽核、检查制度。商业银行对分支机构应当进行经常性的稽核和检查监督。

五、法律责任

《商业银行法》专章规定了违反《商业银行法》的法律责任。

（一）商业银行的责任

根据《商业银行法》的规定，商业银行有下列行为的，应当根据《商业银行法》的相关规定承担相应的民事责任、行政责任和刑事责任：（1）无故拖延、拒绝支付存款本金和利息的；（2）违反票据承兑等结算业务规定，不予兑现，不予收付入账，压单、压票或者违反规定退票的；（3）非法查询、冻结、扣划个人储蓄存款或者单位存款的；（4）违反规定对存款人或者其他客户造成损害的其他行为；（5）未经批准设立分支机构的；（6）未经批准分立、合并或者违反规定对变更事项不报批的；（7）违反规定提高或者降低利率以及采用其他不正当手段，吸收存款，发放贷款的；（8）出租、出借经营许可证的；（9）未经批准买卖、代理买卖外汇的；（10）未经批准买卖政府债券或者发行、买卖金融债券的；（11）违反国家规定从事信托投资和证券经营业务、向非自用不动产投资或者向非银行金融机构和企业投资的；（12）向关系人发放信用贷款或者发放担保贷款的条件优于其他借款人同类贷款的条件的；（13）拒绝或者阻碍国务院银行业监督管理机构检查监督的；（14）提供虚假的或者隐瞒重要事实的财务会计报告、报表和统计报表的；（15）未遵守资本充足率、资产流动性比例、同一借款人贷款比例和国务院银行业监督管理机构有关资产负债比例管理的其他规定的；（16）未经批准办理结汇、售汇的；（17）未经批准在银行间债券市场发行、买卖金融债券或者到境外借款的；（18）违反规定同业拆借的；（19）拒绝或者阻碍中国人民银行检查监督的；（20）提供虚假的或者隐瞒重要事实的财务会计报告、报表和统计报表的；（21）未按照中国人民银行规定的比例交存存款准备金的；（22）商业银行不按照规定向国务院银行业监督管理机构或中国人民银行报送有关文件、资料的；(23) 未经国务院银行业监督管理机构批准，擅自设立商业银行，或者非法吸收公众存款、变相吸收公众存款的；(24) 转让商业银行经营许可证的；等等。

（二）其他人的责任

其他人的责任包括自然人责任和单位的责任。

《商业银行法》规定：其他人具有未经批准在名称中使用“银行”字样的，未经批准购买商业银行股份总额5%以上的，将单位的资金以个人名义开立账户存储的，借款人采取欺诈手段骗取贷款，单位或者个人强令商业银行发放贷款或者提供担保等行为，应当承担相应的民事责任、行政责任和刑事责任。

本章小结

1. 金融是指以银行等金融机构为中心的各种形式的信用活动以及在信用基础上组织起来的货币流通活动。金融法，就是确认金融机构的法律地位并调整金融关系的法律规范的总称。

2. 中国人民银行是我国的中央银行，在国务院领导下，制定和实施货币政策，以及从事其他法定的业务。

3. 商业银行是以经营存款、放款为主要业务的金融机构，应具有法人资格。

4. 商业银行的设立、变更、接管和终止，商业银行的业务范围等，都应该受到商业银行法的制约。

5. 商业银行的业务活动受国家有关部门的监督与管理。

关键概念

金融　　金融法　　货币政策
中央银行　　商业银行　　商业银行的接管
人民币

思考题

1. 简述金融法的概念及地位。
2. 简述中国人民银行的职责权限及法定业务。
3. 简述商业银行的地位及经营的法定业务。
4. 简述商业银行设立、变更、接管和终止的前提条件。
5. 简述对商业银行监督的方式与基本内容。
6. 简述违反金融法应承担的法律责任形式及内容。

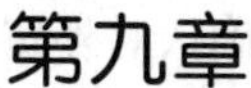

第九章

对外贸易法律制度

本章导读

对外贸易是国内贸易的延伸。对外贸易不仅关系到国家外汇收支平衡，而且还关系到国内产品的生产与销售，以及他国经济力量对本国经济发展的影响程度。因此，以对外贸易法的形式，对对外贸易实行法律调整，推行国家对外贸易政策和维护对外贸易秩序，是现代国家普遍采取的有效手段。学习对外贸易法时，应注意结合我国对外贸易政策、世界贸易组织的规则等内容进行，充分理解和掌握对外贸易法的本质。

第一节　对外贸易法概述

一、对外贸易的概念

对外贸易是指一个国家或者地区与其他国家或者地区之间所进行的商品与服务的交换活动。《中华人民共和国对外贸易法》（以下简称《对外贸易法》）所指的对外贸易，包括货物进出口、技术进出口和国际服务贸易。从世界范围看，各国对外贸易总和就构成国际贸易。一国的对外贸易是国际贸易的组成部分。因此，国际贸易和对外贸易是两个不同的概念。

根据贸易对象的性质，对外贸易可分为货物贸易、技术贸易、服务贸易。根据贸易对象的移动方向，对外贸易可分为进口贸易、出口贸易、过境贸易。根据清偿工具的不同，对外贸易可分为自由结汇贸易、易货贸易。

对外贸易是一国国内贸易的延伸，是国民经济活动中的一个重要组成部分，不仅关系到一个国家外汇收支能否平衡，而且关系到其国内产品的生产和销售，以及他国经济力量对本国经济发展的影响程度。因此，为推行一国对外贸易政策和维护对外贸易秩序，对对外贸易进行法律调整，是各个国家普遍采取的管理手段。

二、对外贸易法的概念

对外贸易法是调整对外贸易关系以及确认对外贸易主管机关和对外贸易经营者法律地位的法律规范的总称。我国目前调整对外贸易关系的基本法律是 1994 年 7 月 1 日起施行并于 2004 年 4 月和 2016 年 11 月 7 日修改的《对外贸易法》。《对外贸易法》是一部旨在促进对外贸易发展，维护对外贸易秩序，规范国家对外贸易管理活动的经济法律。它的制定和实施，为我国对外贸易的更快发展提供了良好的法律环境和有效的法律保障。

对外贸易法的表现形式可分为两大类：一是国内有关立法，如《对外贸易法》以及依据该法而制定的、规范对外贸易管理活动的行政法规、部门规章等相关立法；二是我国参加的国际贸易条约及惯例，如《联合国国际货物销售合同公约》等多边条约、公约及协定，这些国际贸易条约都是缔约方或者参加方的对外贸易法律规范的组成部分。

《对外贸易法》确立了我国发展对外贸易的基本原则：实行统一的对外贸易制度，依法维护公平的、自由的对外贸易秩序；鼓励发展对外贸易，发挥地方的积极性，保障对外贸易经营者的经营自主权；在对外贸易活动中实行平等互利；根据互惠、对等原则给予外贸对方最惠国待遇或国民待遇；在对外贸易中，根据实际情况，可以采取相应报复性措施。

三、对外贸易管理体制

根据我国《对外贸易法》的规定，国务院对外经济贸易主管部门负责全国对外贸易管理工作、法制建设，拟定对外贸易发展战略和政策，同时代表我国政府对外谈判、签约及负责组织实施。它是在国务院领导下的全国对外贸易的中央行政领导机关。2003 年 3 月 10 日，第十届全国人大第一次会议审议通过了国务院机构改革方案，组建了商务部，我国长达 50 多年的内外贸管理体制分割的局面被彻底打破。新组建的商务部最大的特点是实现了内外贸的统一。根据国务院的方案，商务部为主管国内外贸易和国际经济合作的国务院组成部门，其主要职责是：制定市场运行的法规政策，监测分析市场运行和商品供求状况，组织开展国际经济合作，负责组织协调反倾销、反补贴的有关事宜和组织产业损害调查等。

第二节　对外贸易经营者

一、对外贸易经营者的概念与特征

对外贸易经营者是指依法取得对外贸易经营资格而从事对外贸易经营活动的自然人、法人和其他组织。《对外贸易法》施行以来，我国加快了进出口经营管理体制方面的改革，已经形成外贸经营主体多元化的格局。为适应外贸体制改革的要求，外经贸主管部门以“宽审批、严管理、促发展”为原则，打破所有制界限和外贸经营由国有专业外贸公司垄断的局面，取消了私营企业进入外贸领域的限制，鼓励符合条件的各类企业进入外贸行业，并逐步降低注册资本金要求，减少核准程序。《对外贸易法》允许自然人从事对外贸易经济活动。

对外贸易经营者具有如下特征：

(1) 对外贸易经营者既可以是自然人，也可以是法人或者其他组织。在对外贸易中，能够成为对外贸易经营者的法人只能是企业法人以及部分事业单位法人，机关法人和社会团体法人不能成为对外贸易经营者。这里的其他组织即非法人组织，是指那些不具备法人资格但从事营利性活动的组织，如个人独资企业、合伙企业或合作性的从事技术进口业务或服务的商行、律师事务所、会计师事务所。

(2) 对外贸易经营者必须依法取得对外贸易经营资格。根据《对外贸易法》的规定，从事货物进出口与技术进出口的对外贸易经营者必须具备相应条件，并经国务院对外贸易主管部门许可。

二、对外贸易经营者的权利和义务

通过法律的形式明确对外贸易经营者的权利和义务，对于发挥对外贸易经营者在对外贸易交往过程中的积极性与主动性，保护对外贸易经营者的合法权益可以起到不可低估的作用。

根据《对外贸易法》的规定，对外贸易经营者依法自主经营、自负盈亏。从目前的规定来看，对外贸易经营者的权利主要有：(1) 对外经营自主权；(2) 自主使用外汇权；(3) 反倾销、反补贴和保障措施的请求权；(4) 对外贸代理权。

对外贸易经营者有依法经营、信守合同、结汇、提供资料等义务。

第三节 进出口商品与国际服务贸易管理制度

一、进出口商品管理制度

根据《对外贸易法》的规定，国家准许货物与技术的自由进出口。但是，法律、行政法规另有规定的除外。国家对限制进口或出口的商品实行配额或者许可证等方式管理。进出口货物配额、关税配额由国务院对外贸易主管部门或者国务院有关部门在各自职责范围内进行分配。国家实行统一的商品合格评定制度，根据有关法律、行政法规的规定，对进出口商品进行认证、检验、检疫。

二、国际服务贸易管理制度

国际服务贸易是指进出口服务的贸易。其内容十分广泛，基本上相当于我国的第三产业，并包括建筑业。

根据我国所缔结或者参加的国际条约、协定中所做的承诺，我国给予其他缔约方、参加方市场准入和国民待遇。

我国对国际服务贸易作出限制或禁止。国家可以基于下列原则限制或禁止国际服务贸易：

为维护国家安全、社会公共利益或者公共道德，需要限制或禁止的；为保护人的健康或者安全，保护动物、植物的生命或者健康，保护环境，需要限制或者禁止的；为建立或者加快建立国内特定服务产业，需要限制的；为保障国家外汇收支平衡，需要限制的；依照法律、行政法规的规定，其他需要限制或禁止的；根据我国缔结或者参加的国际条约、协定的规定，其他需要限制或者禁止的。

三、进出口商品检验制度

我国十分重视进出口商品检验工作。早在 1954 年，我国就发布了《输出输入商品检验暂行条例》。随着对外开放政策的实施，对外贸易迅速发展，进出口商品品种日益增多，工作范围不断扩大。为了加强对进出口商品的检验，保证检验工作质量，维护对外贸易有关各方的合法权益，1984 年 1 月，国务院发布了《中华人民共和国进出口商品检验条例》；同年 6 月，国家商品检验局发布了《中华人民共和国进出口商品检验条例实施细则》；1988 年，国家商检局、对外经济贸易合作部等联合发布了《进口商品质量许可证制度实施办法（试行）》和《进出口商品检验样品管理办法》；1989 年 2 月 21 日，全国人大常委会通过了《中华人民共和国进出口商品检验法》，后分别于 2002 年、2013 年、2018 年进行修正；1991 年 10 月 30 日，全国人大常委会通过并于 2009 年 8 月 27 日修正了《中华人民共和国进出境动植物检疫法》。目前，我国进出口商品检验工作已基本纳入了法制化的轨道，为对外贸易管理提供了重要的法律手段。

国务院设立进出口商品检验部门（以下简称国家商检部门），主管全国进出口商品检验工作。国家商检部门设在各地的进出口商品检验机构（以下简称商检机构）管理所辖地区的进出口商品检验工作。商检机构和经国家商检部门许可的检验机构，依法对进出口商品实施检验。商检机构和经国家商检部门许可的检验机构，以第三者身份，本着独立公正、实事求是的原则，办理进出口商品检验和对外贸易的公证鉴定业务，出具检验鉴定证书，作为进出口商品的交换、结算、计算、报送、纳税和理索赔的依据。

进出口商品检验应当根据保护人的健康和安全、保护动物或者植物的生命和健康、保护环境、防止欺诈行为、维护国家安全的原则，由国家商检部门制定、调整必须实施检验的进出口商品目录（以下简称目录）并公布实施。列入目录的进出口商品，由商检机构实施检验，符合国家规定的免予检验条件的，由收货人或者发货人申请，经国家商检部门审查批准，可以免予检验；进口商品未经检验的，不准销售、使用。

必须实施的进出口商品检验，是指确定列入目录的进出口商品是否符合国家技术规范的强制性要求的合格评定活动。合格评定程序包括：抽样、检验和检查；评估、验证和合格保证；注册、认可和批准以及各项的组合。

列入目录的进出口商品，按照国家技术规范的强制性要求进行检验；尚未制定国家技术规范的强制性要求的，应当依法及时制定，未制定之前，可以参照国家商检部门指定的国外有关标准进行检验。法律、行政法规规定由其他检验机构实施检验的进出口商品或者检验项目，依照有关法律、行政法规的规定办理。

经国家商检部门许可的检验机构，可以接受对外贸易关系人或者外国检验机构的委托，办理进出口商品检验鉴定业务。国家商检部门和商检机构的工作人员在履行进出口商品检验的职责时，对所知悉的商业秘密负有保密义务。

（一）出口商品检验制度

《进出口商品检验法》规定必须经商检机构检验的出口商品的发货人或者其代理人，应当在商检机构规定的地点和期限内，向商检机构报检。商检机构应当在国家商检部门统一规定的期限内检验完毕，并出具检验证单。经商检机构检验合格发给检验证单的出口商品，应当在商检机构规定的期限内报关出口；超过期限的，应当重新报检。为出口危险货物生产包装容器的企业，必须申请商检机构进行包装容器的性能鉴定。生产出口危险货物的企业，必须申请商检机构进行包装容器的使用鉴定。使用未经鉴定合格的包装容器的危险货物，不准出口。对装运出口易腐烂变质食品的船舱和集装箱，承运人或者装箱单位必须在装货前申请检验。未经检验合格的，不准装运。

法定检验以外的出口商品，对外贸易合同约定由商检机构检验的，依照相关规定办理报验、检验事项。

商检机构根据出口商品的种类和外贸合同的规定，凡列入《种类表》的出口商品和外贸合同规定由商检机构检验出证的出口商品，均由商检机构负责检验出证或签发放行单。对列入《种类表》的出口商品，海关凭商检机构的检验证书或放行单验收，或凭商检机构在报关单上加盖的印章验收。对于未列入《种类表》的出口商品，可由生产单位、供货单位或外贸企业自行检验。

（二）进口商品检验制度

凡《进出口商品检验法》规定必须经商检机构检验的进口商品的收货人或者其代理人，应当向报关地的商检机构报检，海关凭商检机构签发的货物通关证明验放。必须经商检机构检验的进口商品的收货人或者其代理人，应当在商检机构规定的地点和期限内，接受商检机构对进口商品的检验。商检机构应当在国家商检部门统一规定的期限内检验完毕，并出具检验证单。

必须经商检机构检验的进口商品以外的进口商品的收货人，发现进口商品质量不合格或者残损短缺，需要由商检机构出证索赔的，应当向商检机构申请检验出证。

对重要的进口商品和大型的成套设备，收货人应当依据对外贸易合同约定在出口国装运前进行预检验、监造或者监装，主管部门应当加强监督；商检机构根据需要可以派出检验人员参加。

（三）进出口商品检验的监督管理

为了保证进出口商品检验的规定得以实施，国家还设置了对其监督管理制度。其具体内容有：

（1）商检机构对于法定的必须经商检机构检验的进出口商品以外的进出口商品，根据国家规定实施抽查检验。

（2）商检机构根据便利对外贸易的需要，可以按照国家规定对列入目录的出口商品进行出厂前的质量监督管理和检验。

（3）为进出口货物的收发货人办理报检手续的代理人办理报检手续时应当向商检机构提交授权委托书。

（4）国家商检部门可以按照国家有关规定，通过考核，许可符合条件的国内外检验机构承担委托的进出口商品检验鉴定业务。

（5）国家商检部门和商检机构依法对经国家商检部门许可的检验机构的进出口商品检验鉴定业务活动进行监督，可以对其检验的商品抽查检验。

（6）国家认证认可监督管理部门根据国家统一的认证制度，对有关的进出口商品实施认证管理。认证机构可以根据国家认证认可监督管理部门同外国有关机构签订的协议或者接受外国有关机构的委托进行进出口商品质量认证工作，准许在认证合格的进出口商品上使用质量认证标志。

（7）商检机构依法对实施许可制度的进出口商品实行验证管理，查验单证，核对证货是否相符。

（8）商检机构根据需要，对检验合格的进出口商品，可以加施商检标志或者封识。

进出口商品的报检人对商检机构作出的检验结果有异议的，可以向原商检机构或者其上级商检机构以至国家商检部门申请复验，由受理复验的商检机构或者国家商检部门及时作出复验结论。当事人对商检机构、国家商检部门作出的复验结论不服或者对商检机构作出的处罚决定不服的，可以依法申请行政复议，也可以依法向人民法院提起诉讼。

本章小结

1. 对外贸易法基于国家调整对外贸易关系而制定，其基本目标是对对外贸易活动进行有效管理。

2. 为了规范对外贸易行为，对外贸易法规定了对外贸易经营者的资格与对外贸易代理制度。

3. 对外贸易代理合同是从事对外贸易活动的基本形式。

4. 除了确定对外贸易主体资格外，对外贸易法还就进出口商品与国际服务贸易管理的内容与形式进行了规定。

5. 进出口商品检验涉及国家的安全问题，因此，国家以商品检验法律制度来保证对外贸易中进出口商品的安全。

关键概念

对外贸易　　对外贸易法　　对外贸易管理体制
对外贸易代理合同　　对外贸易经营者　　进出口许可
进出口商品检验

思考题

1. 简述对外贸易法调整的社会关系及其本质。
2. 简述对外贸易管理制度的基本内容。
3. 简述对外贸易代理合同的性质及双方当事人的权利与义务。
4. 简述进出口商品制度。
5. 简述国际服务贸易管理的基本内容与形式。

第十章 自然资源与环境保护法律制度

本章导读

自然资源与自然环境共同构成了人们所有活动最原始的根基。一方面，自然资源和能源是人类社会赖以生存和发展的重要物质基础，是国家现代化建设的基本物质条件，是国计民生的基本保障。为了有效保护、合理利用自然资源和能源，国家制定了自然资源法和能源法。另一方面，环境的好坏，直接关系到国民经济发展和人们的身体健康与生命安全。环境保护法则是国家管理与保护环境的法律手段。由于自然资源法和环境法内容比较多，在学习时应从总体上把握这些法律制度的基本精神与基本内容，以及这些法律制度与国家经济政策相互之间的关系。

第一节 自然资源法

一、自然资源法概述

（一）自然资源的概念

自然资源是自然界中一切可以为人类所利用的物资，包括土地资源、森林资源、草原资源、矿产资源、水资源、野生动植物资源等。

自然资源是人类社会赖以生存和发展的重要物质基础，是国家现代化建设的基本物质条件，是国计民生的基本保障。随着科学技术的进步、经济的发展和社会的前进，人们将会越来越多地开发利用自然资源，为人类服务。自然资源又可分为生物资源和非生物资源两类，前者有自然更新的能力，可以再生和繁殖，如植物和动物；后者没有再生能力，如各种矿藏。人类应当保护生物资源的生态平衡，使之成为人类永续使用的自然财富。对于非生物资源，必须加以保护、合理开发和充分利用。当自然资源由于不合理开发利用而遭受破坏时，将影响地球的生态平衡。

（二）自然资源法的概念和原则

自然资源法是调整人们在保护、管理、开发、利用自然资源过程中所发生的经济关系的法律规范的总称。自然资源法是国家保护、管理、开发和利用自然资源的法律工具，属于经济管理法，是经济法体系中一个专门性的法律部门，包括土地管理法、森林法、草原法、水法、渔业法、野生动植物保护法、自然保护区法、矿产资源法等。

自然资源法是经济法的一个法律部门，经济法的基本原则对其也适用。但是，由于自然资源法有其固有的特性，在适用经济法的基本原则时，其侧重面也应有所不同。当然，自然资源法也有其本身特有的原则，主要有：

1. 遵循客观规律的原则

对于自然资源来说，不仅要遵循客观经济规律，更要遵循自然规律。实践证明，违反自然规律，破坏了自然资源，会给社会带来严重危害。

2. 坚持一切重要自然资源和专有资源属于国家所有的原则

一切重要自然资源和专有资源属于国家所有，既是保证国民经济发展的物质基础，又是人民幸福生活的物质源泉。因此，所有自然资源的立法都必须坚持一切重要自然资源和专有资源属于国家所有的原则。我国《宪法》第 9 条规定：矿藏、水流、森林、山岭、草原、荒地、滩涂等自然资源，都属于国家所有，即全民所有；由法律规定属于集体所有的森林和山岭、草原、荒地、滩涂除外。同时还规定：国家保障自然资源的合理利用，保护珍贵的动物和植物；禁止任何组织或者个人用任何手段侵占或者破坏自然资源。《宪法》第 12 条规定：社会主义的公共财产神圣不可侵犯；国家保护社会主义公共财产；禁止任何组织或者个人用任何手段侵占或者破坏国家的和集体的财产。这些指导原则是我国自然资源立法的依据。所有的自然资源法都必须坚决保护国家充分实现对自然资源的占有、使用和处置的权利，同时，还应明确国家对自然资源进行特殊保护的职责。

当然，重要的自然资源和专有资源属于国家所有，并不排除将一部分资源交给社会组织、法人等使用，使用权还可以依法转让。但是，使用者只有使用权，并无所有权。

3. 国家统一领导和分级管理的原则

为了加强国家对自然资源的特殊保护，确保一切国家资源不受侵犯，达到统一规划、合理开发和利用自然资源的目的，都必须贯彻国家集中统一领导和分级管理的原则。

坚持统一规划、合理开发和利用是自然资源本身所具有的特性所决定的。由于现代化大生产的发展和科学技术的进步，统一规划、合理开发和综合利用自然资源成为可能。所谓合理开发，是指要注意经济、合理，符合客观经济规律和自然规律的要求；开发自然资源还必须全面安排、统一规划，只有这样，才能促进国民经济和社会事业的不断发展。因此，在自然资源的立法工作中，必须体现统一规划、合理开发和利用自然资源的目的，必须贯彻国家集中统一领导和分级管理的原则。

4. 保护和改善自然环境、保护自然生态平衡的原则

保护和改善自然环境、保护自然生态平衡的原则作为制定自然资源法的基本原则，已为许多国家在制定法律时所认可，我国《宪法》第 26 条规定了这个原则，即“国家保护和改善生活环境和生态环境，防治污染和其他公害”。保护和改善自然环境、保护自然生态平衡就是要求在开发利用自然资源时必须合乎自然规律。不这样去做，其后果必然是造成环境不断恶化，

自然资源和生态平衡遭到破坏，并且严重地影响到国民经济的发展。有些恶果在短期内表现得可能不明显，但其影响是深远的，甚至不可能恢复。因此，为了更有效地利用自然资源，为了造福后代，自然资源法必须严格贯彻保护和改善自然环境、保护自然生态平衡的原则。

5. 坚持开源与节流相结合的原则

有些自然资源能再生，但再生的时期相当长，如森林、野生动物等；有的自然资源不能再生，如矿产资源采后就不能再生。所以，自然资源立法就要坚决贯彻开源与节流相结合的原则。开源就是要鼓励再生和寻找新资源，挖掘可用旧资源，开发潜在资源及人造代用资源等；节流就是要千方百计地提高利用自然资源的目的。在自然资源的立法和执法中，只有坚持这一原则，才能适应社会主义经济建设对自然资源日益增长的需要。

二、土地管理法

（一）土地管理法的概念

土地是人类赖以生存和发展的自然资源，是一切生产、建设和人民生活必需的物质基础，是农业的基本生产资料。由于人口多、可耕地少，而土地的有限性决定了土地资源的总数在相当长的时期内不会有太大的变化，我国还存在着耕地后备资源不足等情况。随着人口的增长、国民经济的发展，国家建设用地和人民生活用地的要求将与日俱增，随着人民生活水平的提高，人们对农副产品的要求也会日益扩大，土地问题的矛盾将日益尖锐。因此，管好我国每一寸土地，鼓励和通过集约经营来不断提高土地生产力，是我国一项重大国策。为了管好和用好土地，我国制定了有关土地方面的法律、法规，以便更好地采用法律手段调整土地关系，保护土地资源。

土地管理法是调整人们在管理、保护、开发、利用土地过程中所发生的社会关系的法律规范的总称。这些社会关系主要包括土地所有关系、土地使用关系、土地的保护和利用关系、土地的管理和征用关系等。1986 年 6 月 25 日第六届全国人大常委会第十六次会议通过了《中华人民共和国土地管理法》(以下简称《土地管理法》)。随着经济体制改革不断深入发展，土地问题也必然有所变化。该法 1988 年第一次修正，1998 年修订，2004 年、2019 年第二次和第三次修正。1999 年 12 月 27 日国务院还发布了《中华人民共和国土地管理法实施条例》（以下简称《土地管理法实施条例》)。上述法律、法规和规章，是我国土地管理法律体系中最基本的制度。

（二）土地的利用和保护制度

1. 土地的所有权和使用权

我国《宪法》和《土地管理法》及《土地管理法实施条例》规定，城市市区的土地属于国家所有；农村和城市郊区的土地，除由法律规定属于国家所有的以外，属于农民集体所有；宅基地和自留地、自留山，属于农民集体所有。任何单位或者个人不得侵占、买卖或者以其他形式非法转让土地。农民集体所有的土地依法属于村农民集体所有的，由村集体经济组织或者村民委员会经营、管理；已经分别属于村内两个以上农村集体经济组织的农民集体所有的，由村内各该农村集体经济组织或者村民小组经营、管理；已经属于乡（镇）农民集体所有的，由乡（镇）农村集体经济组织经营、管理。

根据土地的所有权和使用权可以分离的原则，《宪法》进一步规定土地的使用权可以依照法律的规定转让。《土地管理法》则进一步规定国有土地和集体所有的土地的使用权可以依法转让，同时还规定了国家依法实行国有土地有偿使用的制度。

2. 土地的利用

土地的利用是指开发利用国有土地和集体所有土地以及开发利用国有荒山、荒地、滩涂、江河、湖泊和其他水域。

各级人民政府应当依据国民经济和社会发展规划、国土整治和资源环境保护的要求、土地供给能力以及各项建设对土地的需求，组织编制土地利用总体规划。下级土地利用总体规划应当依据上一级土地利用总体规划编制。地方各级人民政府编制的土地利用总体规划中的建设用地总量不得超过上一级土地利用总体规划确定的控制指标，耕地保有量不得低于上一级土地利用总体规划确定的控制指标。省、自治区、直辖市人民政府编制的土地利用总体规划，应当确保本行政区域内耕地总量不减少。

3. 土地的保护

土地的保护是指为了防止土地资源被荒废、破坏和污染，保持土地数量和质量而采取的积极、有效措施。为了保护土地资源，《土地管理法》明确规定，国家保护耕地，严格控制耕地转为非耕地。国家实行占用耕地补偿制度。非农业建设经批准占用耕地的，按照“占多少，垦多少”的原则，由占用耕地的单位负责开垦与所占用耕地的数量和质量相当的耕地；没有条件开垦或者开垦的耕地不符合要求的，应当按照省、自治区、直辖市的规定缴纳耕地开垦费，专款用于开垦新的耕地。省、自治区、直辖市人民政府应当制定开垦耕地计划，监督占用耕地的单位按照计划开垦耕地或者按照计划组织开垦耕地，并进行验收。县级以上地方人民政府可以要求占用耕地的单位将所占用耕地耕作层的土壤用于新开垦耕地、劣质地或者其他耕地的土壤改良。

4. 国家建设用地和乡（镇）建设用地

国家进行经济、文化、国防建设以及兴办社会公共事业，需要征用集体所有的土地或者使用国有土地的单位，必须依照《土地管理法》的规定进行办理。

任何单位和个人进行建设，需要使用土地的，必须依法申请使用国有土地（包括国家所有的土地和国家征用的原属于农民集体所有的土地）；但是，兴办乡镇企业和村民建设住宅经依法批准使用本集体经济组织农民集体所有的土地的，或者乡（镇）村公共设施和公益事业建设经依法批准使用农民集体所有的土地的除外。

三、森林法

（一）森林法的概念

森林资源是国家重要的植被资源。森林能提供木材和各种林产品，不断满足国家经济建设和人民生活的需要；森林能够蓄水保土、调节气候、防沙固林，保障农、牧业的发展；森林能够防治空气污染，保护和美化生活环境和生态环境，增强人民的身心健康。因此，森林在人类生活中发挥着多种效益，起着很重要的作用。

我国是个少林国家，森林资源少，而且分布不均，森林大多分布在东北、西南等边远地区，华北、西北一带森林很少，有的省区森林覆盖率还不到1%。新中国成立以来，我国的林业建设取得了一定的成绩，加强保护森林资源、植树造林、发展林业，已成为我国整治河山、美化环境、造福子孙，确保森林资源永续利用，不断适应社会主义现代化建设和社会发展需要的一项重要的战略措施。

森林分为以下五类：一是防护林。防护林是以防护为主要目的的森林、林木和灌木丛，包括水源涵养林，水土保持林，防风固沙林，农田、牧场防护林，护岸林，护路林。二是用材林。用材林是以生产木材为主要目的的森林和林木，包括以生产竹材为主要目的的竹林。三是经济林。经济林是以生产果品、食用油料、饮料、调料、工业原料和药材等为主要目的的林木。四是薪炭林。薪炭林是指以生产燃料为主要目的的林木。五是特种用途林。特种用途林是指以国防、环境保护、科学实验等为主要目的的森林和林木，包括国防林、实验林、母树林、环境保护林、风景林、名胜古迹和革命纪念地的林木、自然保护区的森林。

森林资源，包括森林、林木、林地以及依托森林、林木、林地生存的野生动物、植物和微生物。森林，包括乔木林和竹林。林木，包括树木和竹子。

森林法是调整人们在森林的管理、养护、开发、利用、发展过程中所发生的各种社会关系的法律规范的总称。新中国成立以来，党和政府发布过一系列保护森林、发展林业的法规。特别是改革开放以来，我国加强了森林立法。1984 年 9 月 20 日第六届全国人大常委会第七次会议通过了《中华人民共和国森林法》（以下简称《森林法》），1998 年、2009 年进行了修正，2019 年进行了修订。2000 年 1 月 29 日国务院批准发布了《中华人民共和国森林法实施条例》，后分别于 2011 年、2016 年进行修订。

（二）森林、林木所有权和使用权

我国《森林法》规定，森林资源属于国家所有，由法律规定属于集体所有的除外。国有企业事业单位、机关、团体、部队营造的林木，由营造单位管护并按照国家规定支配林木收益。农村居民在房前屋后、自留地、自留山种植的林木，归个人所有。城镇居民在自有房屋的庭院内种植的林木，归个人所有。集体或者个人承包国家所有和集体所有的宜林荒山荒地造林的，承包后种植的林木归承包的集体或者个人所有；承包合同另有规定的，按照承包合同的规定执行。

林地和林地上的森林、林木的所有权、使用权，由登记机构统一登记造册，核发证书。国务院确定的国家重点林区的森林、林木和林地，由国务院自然资源主管部门负责登记。森林、林木、林地的所有者和使用者的合法权益受法律保护，任何单位和个人不得侵犯。

（三）森林的经营管理和保护

1. 森林的经营管理

国务院林业主管部门主管全国林业工作。县级以上地方人民政府林业主管部门，主管本地区的林业工作。乡级人民政府设专职或者兼职人员负责林业工作。

各级林业主管部门对管辖区域以内的森林资源的保护、利用、更新，实行管理和监督。林业主管部门的主要职责是：负责组织森林清查，建立资源档案制度，掌握资源变化情况；制定林业长远规划；指导国有农场、牧场、工矿企业等单位编制森林经营方案；组织护林工作；领导和组织植树造林；管理和控制森林采伐工作；协调和处理林木、林地所有权和使用权争议等。

2. 森林保护

保护森林资源是森林法的重要内容之一，对此《森林法》做了专章规定。

国家加强森林资源保护，发挥森林蓄水保土、调节气候、改善环境、维护生物多样性和提供林木产品等多种功能。中央和地方财政分别安排资金，用于公益林的营造、抚育、保护、管理和非国有公益林权利人的经济补偿等，实行专款专用。国家支持重点林区的转型发展和森林资源保护修复，支持生态脆弱地区森林资源的保护修复，严格限制天然林采伐。

四、草原法

（一）草原法的概念

草原是多年生草本植物为主的植物群，包括天然草原和人工草地，是人类宝贵的自然资源。草原具有适应性强、覆盖面大、更新快的特点，具有生态平衡、保持水土、防风固沙、改善环境等效益，同时还具有作为饲料、燃料、工业原料等功能。同时，草原对于改善和提高牧区人民的生活水平也至关重要。草原在全世界分布有 450 多亿亩。我国草原面积 42.9 亿亩，占世界第三位。多年来，我国草原建设忽视了生态平衡，只注重利用，不注意保护，毁草种田现象严重，加之过牧、滥牧，导致草场退化严重，草地资源遭到严重破坏。为了保护、建设和合理利用草原，改善生态环境，维护生物多样性，发展现代畜牧业，促进经济和社会的可持续发展，1985 年 6 月 18 日第六届全国人大常委会第十一次会议通过了《中华人民共和国草原法》（以下简称《草原法》），2002 年进行了修订，2009 年、2013 年进行了修正。

（二）草原的所有权和使用权

根据《草原法》的规定，草原属于国家所有，由法律规定属于集体所有的除外。国家所有的草原，由国务院代表国家行使所有权。国家所有的草原，可以依法确定给全民所有制单位、集体经济组织等使用。使用草原的单位，应当履行保护、建设和合理利用草原的义务。

任何单位或者个人不得侵占、买卖或者以其他形式非法转让草原。

依法确定给全民所有制单位、集体经济组织等使用的国家所有的草原，由县级以上人民政府登记，核发使用权证，确认草原使用权。未确定使用权的国家所有的草原，由县级以上人民政府登记造册，并负责保护管理。集体所有的草原，由县级人民政府登记，核发所有权证，确认草原所有权。依法改变草原权属的，应当办理草原权属变更登记手续。

（三）草原的管理与保护制度

1. 草原的规划

国家对草原保护、建设、利用实行统一规划制度。国务院草原行政主管部门会同国务院有关部门编制全国草原保护、建设、利用规划，报国务院批准后实施。县级以上地方人民政府草原行政主管部门会同同级有关部门依据上一级草原保护、建设、利用规划编制本行政区域的草原保护、建设、利用规划，报本级人民政府批准后实施。批准的草原保护、建设、利用规划确需调整或者修改时，须经原批准机关批准。

编制草原保护、建设、利用规划，应当依据国民经济和社会发展规划并遵循下列原则：改善生态环境，维护生物多样性，促进草原的可持续利用；以现有草原为基础，因地制宜，统筹规划，分类指导；保护为主、加强建设、分批改良、合理利用；生态效益、经济效益、社会效益相结合。

2. 草原的建设

县级以上人民政府应当增加草原建设的投入，支持草原建设。国家鼓励单位和个人投资建设草原，按照谁投资、谁受益的原则保护草原投资建设者的合法权益。

3. 草原的利用

草原承包经营者应当合理利用草原，不得超过草原行政主管部门核定的载畜量；草原承包经营者应当采取种植和储备饲草饲料、增加饲草饲料供应量、调剂处理牲畜、优化畜群结构、提高出栏率等措施，保持草畜平衡。

牧区的草原承包经营者应当实行划区轮牧，合理配置畜群，均衡利用草原。

4. 草原的保护

国家实行基本草原保护制度。下列草原应当划为基本草原，实施严格管理：重要放牧场；割草地；用于畜牧业生产的人工草地、退耕还草地以及改良草地、草种基地；对调节气候、涵养水源、保持水土、防风固沙具有特殊作用的草原；作为国家重点保护野生动植物生存环境的草原；草原科研、教学试验基地；国务院规定应当划为基本草原的其他草原。

五、矿产资源法

（一）矿产资源法的概念

矿产资源包括金属、非金属、燃料等呈固体、液体、气体状态的各种各样可以为人类开发利用的，具有一定数量和质量的矿业资源。目前已知的矿物有 3 000 多种，已被利用的至少有 150 多种。矿产资源所包括的对象在不断发展变化，这是与科学技术的进步、经济的发展、人们对自然现象的认识和不断深化分不开的，也是与工艺技术条件的改进和提高分不开的。科技的进步和经济的发展，使得越来越多的矿产资源被人们所认识和利用。

矿产资源是国家的宝贵财富，是人类赖以生存和发展的必要的物质条件，是社会主义现代化建设的重要物质基础。矿产资源绝大部分开采后不能再生，因此，世界各国都非常重视在立法上保障矿产资源的合理开发、利用和保护。

我国的矿产资源非常丰富，矿种多，分布广。但是，由于我国人口多，按人口平均的矿产比率又很少，所以，从国家目前和长远利益出发，在积极开发矿产资源的同时，必须重视对矿产资源的合理开发利用和保护工作。

矿产资源法是调整人们在管理、保护、勘探、开发、利用矿产资源过程中所发生的各种社会关系的法律规范的总称。1986 年 3 月 19 日第六届全国人大常委会第十五次会议通过了《中华人民共和国矿产资源法》（以下简称《矿产资源法》），1996 年、2009 年进行了修正。

（二）矿产资源的权属

矿产资源属于国家所有，由国务院行使国家对矿产资源的所有权。地表或者地下的矿产资源的国家所有权，不因其所依附的土地的所有权或者使用权的不同而改变。

矿产资源使用权，包括探矿权和采矿权。《矿产资源法》规定，国家保障矿产资源的合理开发利用。禁止任何组织或者个人用任何手段侵占或者破坏矿产资源。各级人民政府必须加强矿产资源的保护工作。勘查、开采矿产资源，必须依法分别申请，经批准取得探矿权、采矿权，并办理登记；但是，已经依法申请取得采矿权的矿山企业在划定的矿区范围内为本企业的生产而进行的勘查除外。国家保护探矿权和采矿权不受侵犯，保障矿区和勘查作业区的生产秩序、工作秩序不受影响和破坏。

（三）矿产资源的管理与保护制度

1. 矿产资源勘查的登记和开采的审批

国家对矿产资源勘查实行统一的区块登记管理制度。矿产资源勘查登记工作，由国务院地质矿产主管部门负责；特定矿种的矿产资源勘查登记工作，可以由国务院授权有关主管部门负责。矿产资源勘查区块登记管理办法由国务院制定。

开采下列矿产资源的，由国务院地质矿产主管部门审批，并颁发采矿许可证：(1) 国家规划矿区和对国民经济具有重要价值的矿区内的矿产资源；(2) 前项规定区域以外可供开采的矿产储量规模在大型以上的矿产资源；(3) 国家规定实行保护性开采的特定矿种；(4) 领海及中国管辖的其他海域的矿产资源；(5) 国务院规定的其他矿产资源。开采石油、天然气、放射性矿产等特定矿种的，可以由国务院授权的有关主管部门审批，并颁发采矿许可证。

2. 矿产资源的勘查

矿产资源的勘查包括下列内容：一是地质调查；二是资源普查；三是矿床勘探；四是资料管理。

3. 矿产资源开采

开采矿产资源，必须采取合理的开采顺序、开采方法和选矿工艺。矿山企业的开采回采率、采矿贫化率和选矿回收率应当达到设计要求。在开采主要矿产的同时，对具有工业价值的共生和伴生矿产应当统一规划，综合开采，综合利用，防止浪费；对暂时不能综合开采或者必须同时采出而暂时还不能综合利用的矿产以及含有有用组分的尾矿，应当采取有效的保护措施，防止损失破坏。

4. 矿产资源的管理体制

国务院地质矿产主管部门主管全国矿产资源勘查、开采的监督管理工作。国务院有关主管部门协助国务院地质矿产主管部门进行矿产资源勘查、开采和监督管理工作。省、自治区、直辖市人民政府地质矿产主管部门主管本行政区域内矿产资源勘查、开采的监督管理工作。省、自治区、直辖市人民政府有关主管部门协助同级地质矿产主管部门进行矿产资源勘查、开采的监督管理工作。

5. 集体矿山企业和个体采矿

国家对集体矿山企业和个体采矿实行积极扶持、合理规划、正确引导、加强管理的方针，鼓励集体矿山企业开采国家指定范围内的矿产资源，允许个人采挖零星分散资源和只能用作普通建筑材料的砂、石、黏土以及为生活自用采挖少量矿产。矿产储量规模适宜由矿山企业开采的矿产资源、国家规定实行保护性开采的特定矿种和国家规定禁止个人开采的其他矿产资源，个人不得开采。

六、能源法

（一）能源法概述

我国《节约能源法》规定，能源是指煤炭、石油、天然气、生物质能和电力、热力以及其他直接或者通过加工、转换而取得有用能的各种资源。能源对经济建设和人民生活都是必不可少的，而且随着经济技术的发展和人民生活水平的提高，人们对能源的需求量会越来越大。但是，由于能源是有限的，而且一般情况下是不能再生的，因此，人类必须保护和合理开发利用能源，节约使用能源。特别是1973年能源危机以后，各国普遍采用法律手段加强国家对能源工作的管理，加强能源立法，以期解决和缓和能源危机给国民经济造成的困境。如美国在1978年发布了由《节能法案》《煤炭转换法案》《电价变革》《天然气价格》《能源税》5个法案所组成的《国家能源政策法》，以保护能源，并向使用煤炭过渡和压缩石油进口。

能源管理是经济管理的一部分，能源关系实质上是一种经济关系。对能源关系的法律调整属于经济法的范畴。能源法也是经济法体系中的一个重要的法律部门。

能源法是调整对能源资源的管理、保护、开发、利用、节约使用过程中所发生的社会关系的法律规范的总称。

（二）能源法的基本内容

1. 煤炭法

煤炭是我国主要能源之一。我国煤炭资源非常丰富，工业和生活用能主要来源于煤炭。为了合理开发利用和保护煤炭资源，规范煤炭生产、经营活动，促进和保障煤炭行业的发展，1996年8月29日第八届全国人民代表大会常务委员会第二十一次会议通过了《中华人民共和国煤炭法》（以下简称《煤炭法》）并分别于2009年、2011年、2013年和2016年修正，对煤炭生产开发规划与煤矿建设、煤炭生产与煤矿安全、煤炭经营、煤矿矿区保护、监督检查以及违反《煤炭法》的法律责任等做出了规定。

国家对煤炭开发实行统一规划、合理布局、综合利用的方针。国家依法保护煤炭资源，禁止任何乱采、滥挖破坏煤炭资源的行为。国家保护依法投资开发煤炭资源的投资者的合法权益。国家保障国有煤矿的健康发展，对乡镇煤矿采取扶持、改造、整顿、联合、提高的方针，实行正规合理开发和有序发展。各级人民政府及其有关部门和煤矿企业必须采取措施加强劳动保护，保障煤矿职工的安全和健康。国家对煤矿井下作业的职工采取特殊保护措施。国家鼓励和支持在开发利用煤炭资源过程中采用先进的科学技术和管理方法。煤矿企业应当加强和改善经营管理，提高劳动生产率和经济效益。国家维护煤矿矿区的生产秩序、工作秩序，保护煤矿企业设施。开发利用煤炭资源，应当遵守有关环境保护的法律、法规，防治污染和其他公害，保护生态环境。

国务院煤炭管理部门依法负责全国煤炭行业的监督管理。国务院有关部门在各自的职责范围内负责煤炭行业的监督管理。县级以上地方人民政府煤炭管理部门和有关部门依法负责本行政区域内煤炭行业的监督管理。煤炭矿务局是国有煤矿企业，具有独立法人资格。

2. 电力法

电能被广泛用于国民经济各个部门，是生产和生活现代化的重要标志，现代化水平越高，对电力要求也越高。它是实现生产的自动化和机械化，并将其推向更先进水平，加速和强化生产过程的必不可少的条件。

我国电力管理实行“政企分开、省为实体、联合电网、统一调度、集资办电”的方针。根据1996年12月7日《国务院关于组建国家电力公司的通知》，国务院决定按照有关法律法规和政企分开等原则，组建国家电力公司。国家电力公司成立后，电力工业部继续行使对电力工业的行政管理职能，原由该部承担的国有资产经营职能和企业经营管理职能移交给国家电力公司。国家电力公司不具有政府行政管理职能，接受电力工业部等有关部门的行政管理与监督。中国电力企业联合会履行对电力工业的行业管理与服务职能。全国已组建东北、华东、华北、华中、西北等电力集团，并逐步改为省级电力公司，实行独立经营。为了加强对电力的管理，国务院在 1987 年发布并于 1998 年、2011 年两次修订了《电力设施保护条例》，1993 年发布并于 2011 年修正了《电网调度管理条例》等。为了集资办电，1985 年国务院批转国家经委、计委、水电部、物价局联合发布的《关于鼓励集资办电和实行多种电价的暂行规定》，决定把国家统一建设电力和统一电价的办法，改为鼓励地方、部门和企业投资建设电厂并对部分电力实行多种电价的办法，以适应国民经济发展的需要。1984 年年底，党中央、国务院做出利用外资加快电力建设的决定。为了协调电力供、用双方的关系，明确责任，维护正常的供用电秩序，并且达到经济、合理、安全地使用电力，1983 年水利电力部发布了第五版《全国供用电规则》，1984 年国务院发布了《关于电力统一分配确保重点企业用电的暂行规定》，1987 年国务院批转国家经委、计委发布的《关于进一步加强节约用电的若干规定》，1990 年国务院批转能源部、计委发布的《关于改进现行电力分配办法请示的通知》等。

为了保障和促进电力事业的发展，维护电力投资者、经营者和使用者的合法权益，保障电力安全运行，1995 年 12 月 28 日第八届全国人民代表大会常务委员会第十七次会议通过了《中华人民共和国电力法》并分别于 2009 年、2015 年和 2018 年修正，适用于我国境内的电力建设、生产、供应和使用活动。该法共分为十章，包括总则、电力建设、电力生产与电网管理、电力供应与使用、电价与电费、农村电力建设和农业用电、电力设施保护、监督检查、法律责任、附则。

1996 年 4 月 17 日，为了加强电力供应与使用的管理，保障供电、用电双方的合法权益，维护供电、用电秩序，安全、经济、合理地供电和用电，根据《中华人民共和国电力法》，国务院又颁布了《电力供应与使用条例》，对在我境内的电力供应企业和电力使用者以及与电力供应、使用有关的单位和个人之间的供用电行为做出了规制。该条例于 2016 年 2 月 6 日修订。

3. 石油和天然气的法律规定

石油和天然气都具有热值高、运输方便、污染小的特点，是高质能源资源。我国对石油和天然气的勘探、开采和中外合作开采等方面都有法律规定。1980 年石油工业部发布了《油气勘探工作条件（试行草案）》，作为油气勘探工作的准则。为了保护我国的石油资源，制止开采中的混乱现象，加强对石油、天然气资源勘查、开采的管理，国务院在 1981 年发布了《关于严格限制发展小炼油厂和取缔小土炼油炉的通令》，1987 年国务院批转石油工业部发布的《石油、天然气勘查、开采登记管理暂行办法》。2010 年 6 月 25 日第十一届全国人民代表大会常务委员会第十五次会议通过了《中华人民共和国石油天然气管道保护法》，该法自 2010 年 10 月 1 日起施行。

为了利用外国的资金和技术开采海上石油资源，国务院在 1982 年 1 月 30 日发布了《中华人民共和国对外合作开采海洋石油资源条例》，并于 2001 年 9 月 23 日、2011 年 1 月 8 日和 9 月 30 日、2013 年 7 月 18 日进行了修订。该条例规定，我国内海、领海、大陆架以及其他属于我国海洋资源管辖海域的石油资源，都属于我国国家所有，开采设施等受我国管辖。外国企业的合法权益和合作开采活动受我国法律保护。合作开采海洋石油资源的一切活动都应遵守我国法律、法规和有关规定，受我国法律约束，接受中国政府有关主管部门的检查、监督。该条例还规定了石油合同各方的权利和义务，规定了石油作业的有关事项。该条例明确指出，我国能源部（原石油工业部）是对外合作开采海洋石油资源的主管部门。我国对外合作开采海洋石油资源的业务，统一由中国海洋石油总公司全面负责。中国海洋石油总公司是具有法人资格的国家公司，享有在对外合作海区内进行石油勘探、开发、生产和销售专营权。

为保障石油工业的发展，促进国际经济合作和技术交流，1993 年 10 月 7 日，国务院发布了《中华人民共和国对外合作开采陆上石油资源条例》，2001 年、2007 年、2011 年、2013 年国务院分别对该条例进行了修订。根据该条例的规定，中华人民共和国境内的石油资源属于中华人民共和国国家所有，中国政府依法保护参加合作开采陆上石油资源的外国企业的合作开采活动及其投资、利润和其他合法权益。中国石油天然气集团公司、中国石油化工集团公司（以下简称中方石油公司）负责对外合作开采陆上石油资源的经营业务；负责与外国企业谈判、签订、执行合作开采陆上石油资源的合同；在国务院批准的对外合作开采陆上石油资源的区域内享有与外国企业合作进行石油勘探、开发、生产的专营权。对外合作开采陆上石油资源，应当遵循兼顾中央与地方利益的原则，通过吸收油（气）田所在地的资金对有商业开采价值的油（气）田的开发进行投资等方式，适当照顾地方利益。中外合作开采陆上石油资源合同，须经中华人民共和国商务部批准后方为成立。该条例还对于外国合同者的权利和义务、石油作业以及争议的解决等问题做出了规定。

4. 节约能源的法律规定

节约能源是指加强用能管理，采取技术上可行、经济上合理以及环境和社会可以承受的措施，减少从能源生产到消费各个环节中的损失和浪费，更加有效、合理地利用能源。

为了贯彻国家对能源实行开发和节约并重的方针，合理利用能源，降低能源消耗，提高经济效益，保证国民经济持续、稳定、协调的发展，国务院在 1986 年 1 月 12 日发布了《节约能源管理暂行条例》。1997 年 11 月 1 日第八届全国人民代表大会常务委员会第二十八次会议通过了《中华人民共和国节约能源法》，2007 年修订，2016 年、2018 年两次修正。该法对于节能管理、合理使用能源和节能技术进步等做出了规定。节能是国家发展经济的一项长远战略方针。国务院和省、自治区、直辖市人民政府应当加强节能工作，合理调整产业结构、企业结构、产品结构和能源消费结构，推进节能技术进步，降低单位产值能耗和单位产品能耗，改善能源的开发、加工转换、输送和供应，逐步提高能源利用效率，促进国民经济向节能型发展。

第二节　环境保护法律制度

一、环境保护法概述

（一）环境保护的基本含义

环境是指影响人类生存和发展的各种天然的和经过人工改造的自然因素的总体。环境可分为自然环境和人工环境。在环境保护科学中，自然环境不是指漫无边际的客观物质世界，而仅指其中与人类生存发展息息相关的那一部分，即指以人类为基本主体、以人类活动为中心的物质空间。一般来说，它包括以下几个部分：大气圈；水圈，包括河流、湖泊、海洋和地下水；土圈，主要指地球表层土壤；岩石圈，指山脉、矿藏等；生命系统，包括动物、植物和微生物。人工环境是指人类加工创造的各种设施和社会结构，如城市、农村、矿区、油田、工厂、商店、交通通道、文化中心等。

人们对环境概念和环境保护范围的认识，是个逐渐发展的过程。20 世纪 60 年代以前，工业“三废”是各工业国家最突出的环境问题，人们就把环境概念和环境保护内容局限在与工业污染有关的问题上，局限在与人类当前生活直接关联的范围内。20 世纪 70 年代初，随着科学技术和生产的发展，人们对环境问题的认识也不断深化，人们认识到，对关系人类生存和发展的物质条件造成破坏的因素很多，除了防治工业“三废”外，还应把环境概念和环境保护范围扩大到整个生态系统，扩大到包括各种自然资源在内的“生物圈”。在防治工业“三废”的同时，保护资源的合理利用，保持生态平衡，最大限度地避免和消除影响环境的各种因素。只有这样，才能从整体上综合地解决环境问题。当今世界各国环境立法和国际环境立法都采用大环境概念。

我国的环境保护法律制度也采用大环境概念。《中华人民共和国环境保护法》（1989 年 12 月 26 日通过，2014 年 4 月 24 日修订）规定：本法所称环境，是指影响人类生存和发展的各种天然的和经过人工改造的自然因素的总体，包括大气、水、海洋、土地、矿藏、森林、草原、湿地、野生生物、自然遗迹、人文遗迹、自然保护区、风景名胜区、城市和乡村等。

环境保护是指人们（政府、组织和个人）根据生态平衡等客观经济规律的要求，自觉地采取各种方法、手段和措施，以保护自然环境和自然资源，防治污染和公害所进行的一系列活动。

环境保护工作的措施和环节甚多，包括预防、治理、组织、协调、监测、监督、宣传、教育、理论研究等。贯彻和实现这些措施的环境保护手段有行政手段、经济手段、法律手段、宣传教育手段等，其中最重要的手段之一是法律手段。充分运用环境法律、法规，加强环境法制建设，是全面、持久、有效地治理环境、保护环境的基本举措和必要之路。

我国是个文明古国，我们的祖先很早就重视环境保护，在保护资源、改善环境方面作了大量工作，积累了丰富的经验，并且在许多方面业已上升为法规和理论。这些在保证我们中华民族的延续和壮大上起了积极的作用。由于我国长期处于封建社会，经济落后，后又沦为半殖民地半封建社会，战火连年，社会环境经常遭到破坏，环境问题非常严重。新中国成立后，我们在全国范围内大力整治环境、改造环境，取得了前所未有的成就。在这一治理和预防环境问题的过程中，我们颁布了一系列环境保护法律、法规，开始了我国的现代环境保护工作和现代环境立法的新时代。

（二）环境保护法的概念

环境保护法是解决环境问题、实行环境保护的法律工具。环境问题主要表现为人与自然的关系问题，因此环境保护法所要保护的环境对象是十分广泛的。“上管天，下管地，中间管大气”，从自然环境到社会环境，从生物到非生物，从人到动物，从人的生产到生活，整个“生物圈”内的生态平衡问题，都是环境保护法的保护范围。

但是，不应把环境保护法的保护对象和环境保护法的调整对象等同起来。环境保护中人与自然的关系，归根到底仍是人与人之间的关系问题，即社会关系问题（自然界本身原因造成的环境问题除外）。由于人类的无知或出于狭隘利益而污染和破坏环境的行为，必然影响社会和他人的权益，也必然会使国家和有关组织采取防治、管理和制裁的措施。所以说，环境保护法的调整对象仍是一定的社会关系。环境保护法是调整在保护和改善环境过程中所产生的各种社会关系的。具体而言，环境保护法的主要调整对象有：(1) 因保护自然环境和自然资源而产生的社会关系；(2) 因防治污染和其他公害而产生的社会关系；(3) 环境保护管理机构的法律地位及其在环境保护工作中与各方面发生的工作关系；(4) 其他有关环境保护和环境管理的关系。

这些关系主要由《环境保护法》规定和调整。有关环境保护的法律法规，除了《环境保护法》之外，还有按各种保护对象或各项环境问题而颁布的单行环境保护法规，以及其他法律部门（如行政法、民法、刑法）中所包含的若干环境保护的法律规范。它们共同组成了统一的环境保护法体系。

因此，环境保护法就是关于调整在保护环境和自然资源、防治污染和其他公害过程中所发生的社会关系，以及确立环境保护管理体制的所有法律规范的统一体。

在保护环境和防治污染过程中发生的社会关系，经环境保护法规调整之后，即上升为具有一定权利义务内容、由国家强制力保证其实现的环境保护法律关系（环保法律关系）。在这类环保法律关系中，主体为国家、组织或公民；客体则是环境保护法所保护的对象，它可能是环境质量、自然资源和财产，也可能是一定的经济权益和人的健康。这种法律关系的内容则是有关环境保护方面的权利和义务。

环境保护法是国家实现组织经济职能的重要法律手段。环境保护与经济活动密切相联。其实，环境保护也是一项经济工作，是社会主义经济经营管理中不可缺少的内容和组成部分。环境保护法律关系常常是纵横交错的。环境问题也常常是需要上下左右综合一体地予以解决的。因此，环境保护法属于广义的经济法体系，但它也有着自己鲜明的特点：

1. 结合性与综合性

结合性是指环境保护法的产生，是已有的环境经济学、环境管理学与法学结合而成的，也可称之为诸门科学的边缘学科。

综合性指的是其调整内容和调整手段。环境保护法的调整范围是极其广泛的。环境是一个由多种因素、多种系统和多层结构组成的有机整体。任何一种因素、一个系统或一层结构的改变，都可能引起环境质量的变化，造成环境损害。因此，必须把环境作为一个整体综合治理，运用多种手段综合调整。

2. 社会性与国际性

环境污染损害是不分性别、年龄、民族和阶级等差别的；环境保护的受益者也是没有上述差别的，这就是环境保护法的公害性和公益性，亦即其社会性。

与上述特点相联系，环境污染也是不管国界的。特别是对大气、海洋的污染，愈来愈成为各国必须共同解决的紧迫问题。国际环境法即由此应运而生。

3. 自然性与经济性

环境保护法的主要任务是保护自然环境和自然资源，它必须遵循自然规律，特别是生态平衡规律，在解决环境问题时必须依靠和运用多种自然科学和科学技术手段。这些都是环境保护法不同于其他法的自然性特点。

环境保护法的经济性更是表现在各个方面。环境问题因经济发展而产生，也只能靠经济发展去解决；环境与经济必须协调发展；在社会主义国家，环境保护应当纳入国民经济和社会发展计划；对环境的使用必须有经济观点，经济效益与环境效益相结合，核算效益时应将环境质量的消耗计算在内；经济责任应包括对环境保护工作的考核；在贯彻环境保护法时，应当广泛运用经济手段。所有这些都体现了环境保护法的经济性。

二、环境标准与环境影响评价制度

（一）环境标准制度

环境标准即环境保护标准，它是指为保护人民健康、社会物质财富和维持生态平衡，对大气、水、土壤等环境质量，对污染源、监测方法以及其他需要所制定的标准。它主要是由国家制定的一系列上升为法律、法规的技术规范所组成的，是环境保护法的一项重要法律制度。

我国现阶段的环境标准体系是由四种、两级标准构成的。

（1）环境质量标准。环境质量标准是指为了保护人民健康、社会物质财富和维持生态平衡而对有害物质或因素所作的综合性规定。它是根据有害物质或因素在一定区域和条件下的最高允许浓度做出规定的。环境质量标准是环境政策目标，是制定污染物排放标准的依据。

（2）污染物排放标准。污染物排放标准是指为了实现环境质量目标，结合技术、经济条件和环境特点，对排入环境的污染物或有害因素所作的控制规定。它直接规定污染源的允许排放水平，对污染源具有直接约束力。污染物排放标准是实现环境质量标准的可靠标准，也是控制污染源、促进污染治理的重要手段。

（3）环境基础标准。环境基础标准是指在环境保护工作范围内，对具有指导意义的名词、术语、符号、指南、原则等，所作的全国统一的规定。

（4）环保方法标准。环保方法标准是指在环境保护工作范围内，对全国适用的，以抽样、分析、试验、检查、统计、作业等各种方法为对象而制定的标准。

上述环保基础标准、环保方法标准，为保持全国统一，故只有国家一级的标准。而环境质量标准和污染物排放标准，则分国家和地方两级，国家未制定标准的，可以制定地方标准，也鼓励地方制定严于国家标准的地方标准。

（二）环境影响评价制度

1. 环境影响评价的概念

环境影响评价制度作为环境保护立法的一项制度，最早是由美国 1970 年公布的《国家环境政策法》提出来的。其后，世界上许多国家也陆续推行这一制度。我国 1979 年的《环境保护法（试行）》也把它确立为一项必须遵守的法律制度：在进行新建、改建和扩建工程时，必须提出对环境影响的报告书，经环境保护部门和其他有关部门审查批准后才能进行设计；在老城市改造和新城市建设中，应做出环境影响评价书。1989 年的《环境保护法》继续确认这一基本制度：建设项目的环境影响报告书，必须对建设项目产生的污染和对环境的影响做出评价，规定防治措施，经项目主管部门预审并依照规定的程序报环境保护行政主管部门批准。环境影响报告书经批准后，计划部门方可批准建设项目设计任务书。为了实施可持续发展战略，预防因规划和建设项目实施后对环境造成不良影响，促进经济、社会和环境的协调发展，2002 年 10 月 28 日第九届全国人民代表大会常务委员会第三十次会议通过了《中华人民共和国环境影响评价法》，从而正式确立了环境影响评价制度。2016 年、2018 年对该法作了两次修正。

环境影响评价，从学理的角度来说，是对人们某项活动给环境造成或可能造成的有利或不利结果的评价，是以人为本位所作的功利性评价。《环境影响评价法》规定：本法所称环境影响评价，是指对规划和建设项目实施后可能造成的环境影响进行分析、预测和评估，提出预防或者减轻不良环境影响的对策和措施，进行跟踪监测的方法与制度。

环境影响评价可分为现实评价和预评价。对历史上已形成的环境或当前的环境所作的评价，即为环境影响的现实评价；对人们活动可能给环境造成的影响进行预测性评价，则为环境影响的预评价。我国目前推行的主要是预评价制度，而且主要是对规划和建设项目的预评价。

环境影响评价必须客观、公开、公正，综合考虑规划或者建设项目实施后对各种环境因素及其所构成的生态系统可能造成的影响，为决策提供科学依据。国家鼓励有关单位、专家和公众以适当方式参与环境影响评价。

2. 环境影响评价的范围

根据《环境影响评价法》的规定，对于下列规划和建设项目，应当进行环境影响评价：

(1) 国务院有关部门、设区的市级以上地方人民政府及其有关部门，对其组织编制的土地利用的有关规划，区域、流域、海域的建设、开发利用规划；国务院有关部门、设区的市级以上地方人民政府及其有关部门，对其组织编制的专项规划，所谓“专项规划”是指工业、农业、畜牧业、林业、能源、水利、交通、城市建设、旅游、自然资源开发的有关规划；上述专项规划中的指导性规划。

(2) 在中华人民共和国领域和中华人民共和国管辖的其他海域内建设对环境有影响的项目。

3. 规划的环境影响评价

国务院有关部门、设区的市级以上地方人民政府及其有关部门，对其组织编制的土地利用的有关规划，区域、流域、海域的建设、开发利用规划，应当在规划编制过程中组织进行环境影响评价，编写该规划有关环境影响的篇章或者说明。规划有关环境影响的篇章或者说明，应当对规划实施后可能造成的环境影响做出分析、预测和评估，提出预防或者减轻不良环境影响的对策和措施，作为规划草案的组成部分一并报送规划审批机关。

未编写有关环境影响的篇章或者说明的规划草案，审批机关不予审批。

国务院有关部门、设区的市级以上地方人民政府及其有关部门，对其组织编制的工业、农业、畜牧业、林业、能源、水利、交通、城市建设、旅游、自然资源开发的有关专项规划（以下简称专项规划），应当在该专项规划草案上报审批前，组织进行环境影响评价，并向审批该专项规划的机关提出环境影响报告书。

专项规划中的指导性规划，应当在规划编制过程中组织进行环境影响评价，编写该规划有关环境影响的篇章或者说明。规划有关环境影响的篇章或者说明，应当对规划实施后可能造成的环境影响做出分析、预测和评估，提出预防或者减轻不良环境影响的对策和措施，作为规划草案的组成部分一并报送规划审批机关。

上述依法进行环境影响评价的规划的具体范围，由国务院生态环境主管部门会同国务院有关部门规定，报国务院批准。

专项规划的环境影响报告书应当包括下列内容：(1) 实施该规划对环境可能造成影响的分析、预测和评估；(2) 预防或者减轻不良环境影响的对策和措施；(3) 环境影响评价的结论。

专项规划的编制机关对可能造成不良环境影响并直接涉及公众环境权益的规划，应当在该规划草案报送审批前，举行论证会、听证会，或者采取其他形式，征求有关单位、专家和公众对环境影响报告书草案的意见。但是，国家规定需要保密的情形除外。

编制机关应当认真考虑有关单位、专家和公众对环境影响报告书草案的意见，并应当在报送审查的环境影响报告书中附具对意见采纳或者不采纳的说明。

专项规划的编制机关在报批规划草案时，应当将环境影响报告书一并附送审批机关审查；未附送环境影响报告书的，审批机关不予审批。

设区的市级以上人民政府在审批专项规划草案，做出决策前，应当先由人民政府指定的生态环境主管部门或者其他部门召集有关部门代表和专家组成审查小组，对环境影响报告书进行审查。审查小组应当提出书面审查意见。由省级以上人民政府有关部门负责审批的专项规划，其环境影响报告书的审查办法，由国务院生态环境主管部门会同国务院有关部门制定。

设区的市级以上人民政府或者省级以上人民政府有关部门在审批专项规划草案时，应当将环境影响报告书结论以及审查意见作为决策的重要依据。在审批中未采纳环境影响报告书结论以及审查意见的，应当做出说明，并存档备查。

4. 建设项目的环境影响评价

国家根据建设项目对环境的影响程度，对建设项目的环境影响评价实行分类管理。建设单位应当按照下列规定组织编制环境影响报告书、环境影响报告表或者填报环境影响登记表（以下统称环境影响评价文件）：

第一，可能造成重大环境影响的，应当编制环境影响报告书，对产生的环境影响进行全面评价；

第二，可能造成轻度环境影响的，应当编制环境影响报告表，对产生的环境影响进行分析或者专项评价；

第三，对环境影响很小、不需要进行环境影响评价的，应当填报环境影响登记表。

建设项目的环境影响报告书应当包括下列内容：（1）建设项目概况；（2）建设项目周围环境现状；（3）建设项目对环境可能造成影响的分析、预测和评估；（4）建设项目环境保护措施及其技术、经济论证；（5）建设项目对环境影响的经济损益分析；（6）对建设项目实施环境监测的建议；（7）环境影响评价的结论。

建设项目的环境影响评价，应当避免与规划的环境影响评价相重复。作为一项整体建设项目的规划，按照建设项目进行环境影响评价，不进行规划的环境影响评价；已经进行了环境影响评价的规划所包含的具体建设项目，其环境影响评价内容建设单位可以简化。

建设单位可以委托技术单位对其建设项目开展环境影响评价，编制建设项目环境影响报告书、环境影响报告表；建设单位具备环境影响评价技术能力的，可以自行对其建设项目开展环境影响评价，编制建设项目环境影响报告书、环境影响报告表。编制建设项目环境影响报告书、环境影响报告表应当遵守国家有关环境影响评价标准、技术规范等规定。接受委托为建设单位编制建设项目环境影响报告书、环境影响报告表的技术单位，不得与负责审批建设项目环境影响报告书、环境影响报告表的生态环境主管部门或者其他有关审批部门存在任何利益关系。

建设单位应当对建设项目环境影响报告书、环境影响报告表的内容和结论负责，接受委托编制建设项目环境影响报告书、环境影响报告表的技术单位对其编制的建设项目环境影响报告书、环境影响报告表承担相应责任。任何单位和个人不得为建设单位指定编制建设项目环境影响报告书、环境影响报告表的技术单位。

除国家规定需要保密的情形外，对环境可能造成重大影响、应当编制环境影响报告书的建设项目，建设单位应当在报批建设项目环境影响报告书前，举行论证会、听证会，或者采取其他形式，征求有关单位、专家和公众的意见。建设单位报批的环境影响报告书应当附具对有关单位、专家和公众的意见采纳或者不采纳的说明。

建设项目的环境影响报告书、报告表，由建设单位按照国务院的规定报有审批权的生态环境主管部门审批。海洋工程建设项目的海洋环境影响报告书的审批，依照《中华人民共和国海洋环境保护法》的规定办理。审批部门应当自收到环境影响报告书之日起 60 日内，收到环境影响报告表之日起 30 日内，分别做出审批决定并书面通知建设单位。

国务院生态环境主管部门负责审批下列建设项目的环境影响评价文件：(1) 核设施、绝密工程等特殊性质的建设项目；(2) 跨省、自治区、直辖市行政区域的建设项目；(3) 由国务院审批的或者由国务院授权有关部门审批的建设项目。上述规定以外的建设项目的环境影响评价文件的审批权限，由省、自治区、直辖市人民政府规定。建设项目可能造成跨行政区域的不良环境影响，有关生态环境主管部门对该项目的环境影响评价结论有争议的，其环境影响评价文件由共同的上一级生态环境主管部门审批。

建设项目的环境影响评价文件经批准后，建设项目的性质、规模、地点、采用的生产工艺或者防治污染、防止生态破坏的措施发生重大变动的，建设单位应当重新报批建设项目的环境影响评价文件。

建设项目的环境影响评价文件自批准之日起超过 5 年，方决定该项目开工建设的，其环境影响评价文件应当报原审批部门重新审核；原审批部门应当自收到建设项目环境影响评价文件之日起 10 日内，将审核意见书面通知建设单位。

建设项目的环境影响评价文件未经法律规定的审批部门审查或者审查后未予批准的，建设单位不得开工建设。

建设项目建设过程中，建设单位应当同时实施环境影响报告书、环境影响报告表以及环境影响评价文件审批部门审批意见中提出的环境保护对策措施。在项目建设、运行过程中产生不符合经审批的环境影响评价文件的情形的，建设单位应当组织环境影响的后评价，采取改进措施，并报原环境影响评价文件审批部门和建设项目审批部门备案；原环境影响评价文件审批部门也可以责成建设单位进行环境影响的后评价，采取改进措施。

生态环境主管部门应当对建设项目投入生产或者使用后所产生的环境影响进行跟踪检查，对造成严重环境污染或者生态破坏的，应当查清原因、查明责任。环境影响报告书、环境影响报告表存在基础资料明显不实等严重质量问题的，依法追究有关单位和个人的法律责任。

三、排污收费与环境保护税

排污收费是实现“谁污染谁治理”原则的一项具体措施。《环境保护法》规定，排放污染物的企业事业单位和其他生产经营者，应当按照国家有关规定缴纳排污费。排污费应当全部专项用于环境污染防治，任何单位和个人不得截留、挤占或者挪作他用。

2018 年 1 月 1 日起，《中华人民共和国环境保护税法》正式施行，在全国范围对大气污染物、水污染物、固体废物和噪声等 4 大类污染物、共计 117 种主要污染因子进行征税。依照法律规定缴纳环境保护税的单位和个人，不再缴纳排污费。

四、环境监督管理体制

（一）环境监测制度

环境监测是指根据保护环境和保障人体健康的需要，运用物理、化学、生物等科学技术手段和方法，对环境中的各种要素、环境质量的各种代表值，进行测定、分析、综合、评价判断等的一系列活动。

环境监测是通过对环境中各项要素进行经常性的监测，对排污单位的排污情况进行监测，掌握和评价环境质量状况及其发展趋势，为政府部门制定和执行环境法规、标准，全面开展环境法制工作，提供准确可靠的监测数据和资料。它是国家环境保护工作的耳目，是国家环境监督管理的基础。

国务院生态环境主管部门负责建立监测制度，制定监测规范，会同有关部门组织监测网络，加强环境监测管理。国务院和省、自治区、直辖市人民政府的生态环境主管部门应当定期发布环境状况公报。

（二）环境的监督管理

环境监督管理体制是国家为了保护环境、防治污染而建立的监督管理系统、机构及其工作活动方式的统称。我国《环境保护法》第 10 条确立了我国环境监督管理体制：国务院环境保护主管部门，对全国环境保护工作实施统一监督管理。县级以上地方人民政府环境保护主管部门，对本辖区的环境保护工作实施统一监督管理。县级以上人民政府有关部门和军队环境保护部门，依照有关法律的规定对资源保护和污染防治等环境保护工作实施监督管理。

五、环境污染的防治

（一）防治环境污染的基本含义

环境保护法和环境保护工作的另一项重要任务，就是要防治环境污染和其他公害。

防治污染和其他公害主要指防治废气、废水、废渣、粉尘、垃圾、放射性物质等有害物质，以及噪声、振动、恶臭、电磁波辐射等。

污染源即污染物发生源，是指产生物理的（声、光、热辐射）、化学的（无机物）、生物的（病菌、霉菌等）、有害物质的载体（设备、器具、场所等）。

污染源包括四类：工业污染源、农业污染源、交通运输污染源、生活污染源。当今世界“三大公害”为：大气污染、水污染、噪声污染。

环境污染的特点是：（1）公害性。环境污染不受人们任何差别（种族、阶级、性别、年龄等）的影响，一律受害；不受地区、国界的限制，到处为害。（2）潜伏性。许多污染不易及时发现，长期潜伏，“慢性杀人”，一旦暴发，往往不可收拾。（3）长久性。许多污染长期连续不断地影响，危害人民的健康和生命。有些污染源虽早已拆除，但污染物及其毒害仍长期不能清除，有的甚至根本不能消除。（4）复杂性。污染物种类繁多，性质各异，而且一旦释出后，通过物理、化学、生物等作用过程，又发生代谢、转化、分解等变化，形成新的污染物，令人防不胜防。（5）代价高。一方面，因污染使受害者付出健康甚至生命的高昂代价，若危害多人，则代价更高；另一方面，为治理污染也须付出巨额资金，有的比预防费用要高出许多倍，治理时又经常事倍功半，不易奏效。环境污染的这些特点，决定了防治污染必须贯彻预防为主的方针，防患于未然。

（二）防治环境污染的若干法律规定

（1）国家促进清洁生产和资源循环利用。国务院有关部门和地方各级人民政府应当采取措施，推广清洁能源的生产和使用。企业应当优先使用清洁能源，采用资源利用率高、污染物排放量少的工艺、设备以及废弃物综合利用技术和污染物无害化处理技术，减少污染物的产生。

（2）排放污染物的企业事业单位和其他生产经营者，应当采取措施，防治在生产建设或者其他活动中产生的废气、废水、废渣、医疗废物、粉尘、恶臭气体、放射性物质以及噪声、振动、光辐射、电磁辐射等对环境的污染和危害。排放污染物的企业事业单位，应当建立环境保护责任制度，明确单位负责人和相关人员的责任。重点排污单位应当按照国家有关规定和监测规范安装使用监测设备，保证监测设备正常运行，保存原始监测记录。

（3）国家实行重点污染物排放总量控制制度。重点污染物排放总量控制指标由国务院下达，省、自治区、直辖市人民政府分解落实。企业事业单位在执行国家和地方污染物排放标准的同时，应当遵守分解落实到本单位的重点污染物排放总量控制指标。

（4）国家依照法律规定实行排污许可管理制度。实行排污许可管理的企业事业单位和其他生产经营者应当按照排污许可证的要求排放污染物；未取得排污许可证的，不得排放污染物。

（5）国家对严重污染环境的工艺、设备和产品实行淘汰制度。任何单位和个人不得生产、销售或者转移、使用严重污染环境的工艺、设备和产品。禁止引进不符合我国环境保护规定的技术、设备、材料和产品。

（6）各级人民政府及其有关部门和企业事业单位，应当依照《中华人民共和国突发事件应对法》的规定，做好突发环境事件的风险控制、应急准备、应急处置和事后恢复等工作。

（7）生产、储存、运输、销售、使用、处置化学物品和含有放射性物质的物品，应当遵守国家有关规定，防止污染环境。

本章小结

1. 自然资源法与能源法是国家有效保护、合理利用自然资源和能源的法律规范的总称。由于其涉及国家的经济建设的物质基础，因此，自然资源法与能源法具有重要的地位。

2. 土地管理法、森林法、草原法、矿产资源法等都属于自然资源法的范畴，都应该遵循自然资源法的基本原则。这些法律针对自身调整的范围，规定了相关的内容。

3. 能源法针对不同能源的种类，规定了管理能源的基本制度及方法。

4. 环境是影响人类生存和发展的各种天然的和经过人工改造的自然因素的总体。环境保护法则是国家管理和保护环境的有效手段。

关键概念

自然资源	自然资源法	能源
能源法	环境	环境保护法
环境标准	环境影响评价	环境监测

思考题

1. 简述自然资源法与能源法的地位与社会意义。
2. 简述自然资源法的基本内容及应遵循的原则。
3. 简述土地管理法的基本内容与框架。
4. 简述森林法的基本内容与框架。
5. 简述草原法的基本内容与框架。
6. 简述矿产资源法的基本内容与框架。
7. 简述能源法应遵循的原则及其基本内容。
8. 简述环境保护法的概念、基本原则及社会意义。

图书在版编目（CIP）数据

经济法 / 吴宏伟主编. --3 版. --北京 ：中国人民大学出版社，2020.7
新编 21 世纪远程教育精品教材 . 法学系列
ISBN 978-7-300-26491-2

Ⅰ. ①经… Ⅱ. ①吴… Ⅲ. ①经济法-中国-高等学校-教材 Ⅳ. ①D922.29

中国版本图书馆 CIP 数据核字（2018）第 295674 号

新编 21 世纪远程教育精品教材 · 法学系列
经济法（第三版）
吴宏伟　主编
Jingjifa

出版发行	中国人民大学出版社		
社　　址	北京中关村大街 31 号	**邮政编码**	100080
电　　话	010－62511242（总编室）		010－62511770（质管部）
	010－82501766（邮购部）		010－62514148（门市部）
	010－62515195（发行公司）		010－62515275（盗版举报）
网　　址	http://www.crup.com.cn		
经　　销	新华书店		
印　　刷	北京宏伟双华印刷有限公司	**版　　次**	2003 年 12 月第 1 版
规　　格	185 mm×260 mm　16 开本		2020 年 7 月第 3 版
印　　张	14.25	**印　　次**	2020 年 7 月第 1 次印刷
字　　数	365 000	**定　　价**	36.00 元